KB028673

행복을 배우는 덴마크 학교 이야기

Il nuovo metodo danese per educare i bambini alla felicità a scuola e in famiglia
by Jessica Joelle Alexander.

ⓒ 2018 Newton Compton
First published in Italy by Newton Compton, Roma 2018
This edition is published in agreement with the publisher through MalaTesta Lit. AG., Milan
Korean Translation ⓒ 2019 by Thinking Garden

행복을 배우는
덴마크 학교 이야기

—— 덴마크 학교에서 가르치는 다섯 가지 삶의 가치 ——

제시카 조엘 알렉산더 지음
고병헌 옮김

생각
정원

추천사

이 책은 미국인 저자가 직접 덴마크 수업에 참석하며 접했던 다양한 사례들을 보여주면서, 행복을 추구하는 덴마크인의 교육관과 자녀교육의 원칙을 소개하고 있다. 부모와 교사, 그리고 아이들이 함께하는 교육. 덴마크만큼이나 아이들의 행복을 바라는 한국 독자들에게도 매우 흥미로운 통찰을 제공할 것이다. 주한덴마크 대사로서 이 책이 양국의 수교 60주년을 맞아 출간된다는 사실이 매우 기쁘다. '2019년 덴마크-한국 상호 문화의 해'에 펼쳐질 많은 문화 교류를 통해, 한국인들에게 덴마크에 대한 호기심과 이해가 싹틀 수 있도록 이 책이 충분한 자양분이 되어주길 바란다.

— 주한덴마크 대사, 토마스 레만

이 책은 덴마크 학교에서 가르치는 원칙, 즉 신뢰·공감·진솔함·용기·연대를 실제 사례들을 통해 보여준다. 또한 '튼튼한 자아'를 형성하기 위해, 성교육이 어떤 모습이어야 하는지 밝혀주어 책의 미덕을 더한다. 한국 교육부에서 제시하는 민주시민교육을 위한 절차적 가치인 자율·존중·연대를 학교에서 풀어낼 방법에 대해 고민하는 독자들이라면, 이 책을 통해 좀더 명확하게 파악할 수 있을 것이다. 이 책을 학교 시민교육의 기본을 다져줄 입문서로 추천한다.

— 전국사회교사모임 (전)대표, 학교시민교육연구소 소장 김원태

2장 공감: '너'의 입장에 설 수 있는 힘

3장 진솔함-성: '허세'와 '수치심' 없이 성을 이야기한다는 것

4장   **진솔함-죽음: 생명의 한계를 알 때 만나는 풍성한 삶**

5장 **씩씩함:** 실패할 용기와 오답의 힘

6장 **용감함: 왕따와 폭력을 무릎 꿇게 하는 단호함**

들어가며

: 행복할 줄 아는 것도 능력이다 :

"누구에게나 천재성이 있다.
다만 나무 타는 능력으로 물고기를 평가하면
물고기는 평생 자신을 바보라고 믿으며 살아갈 것이다."

―――

알베르트 아인슈타인(Albert Einstein)

40년간 행복을 '독점'해온 나라?

아이를 갖기 전까지 나는 사람들이 생각하는 '어머니 같은 느낌'이라곤 눈곱만큼도 찾아볼 수 없는 사람이었다. 사실 나는 아이를 가져야 한다는 생각을 진지하게 해본 적이 없었을 뿐만 아니라, 4개 국어를 구사하면서도 내가 쓰는 문장에 '아이(kid)'라는 단어가 포함된 적이 거의 없었을 정도였다. 아이가 우연히 내 방에 들어오면 반사적으로 그 자리를 벗어나려고 했던 사람이 바로 나였다. 고백건대, 아이를 갖는다는 생각이 나에겐 공포 그 자체였다.

그로부터 18년이 흐른 지금 나는 《나의 덴마크식 육아: 회복력 있고 정서적으로 안정된 행복한 아이를 키우는 새롭고 강력한 방법》이라는 베스트셀러의 저자가 되었다. 이 책은 전 세계 25개국이 넘는 곳에 소개되었고, 그 수는 계속해서 증가하고 있다. 게다가 나는 내 삶을 변화시켰던 경험을 가정, 교실, 혹은 회사 중역회의실에 적용해보려는 사람들을 위해 전 세계를 돌아다니며 강연하고 있다.

이쯤 되면 궁금해질 것이다. 도대체 내게 무슨 일이 있었던 거냐고. 18년 전 덴마크인 남편을 만난 뒤 내 삶은 완전히 달라졌다. 결혼 후 덴마크 문화 깊숙이 스며들어가 살았던 경험, 그리고 그 안에서 우리 아이들을 낳고 길렀던 경험이 나를 아주 깊은 차원에서부터 변화시켰다.

18년 전, 난생처음 가본 덴마크에서 맞닥뜨렸던 그곳 아이들의 모습은 충격적이었다. 어떻게 아이들이 저리도 밝고 행복해보일 수 있을까. 동시에 어떻게 저리도 공손하고 예의 바를 수 있을까. 그중에는 시끄럽게 떠들거나 고함치는 아이가 단 한 명도 없었다. 처음 만난 덴마크 아이들에게 완전히 감동한 나는 남편에게 "저 아이들 같은 아이라면 당장 애를 낳겠다"고 말했다.

그리고 몇 년 후 첫 딸을 임신했을 때, 난 건강상의 문제로 몇 달간 꼼짝없이 침대에서 생활해야 했다. 그때의 나는 '내 삶에서 가장 두려운 변화를 겪는 중'이라고 생각했고, 그 시기를 잘 버티기 위해 육아와 양육에 관한 책들을 산더미처럼 쌓아놓고 읽었다.

그러나 진짜 변화는 딸이 태어나고부터 생겼다. 그전까지 나는 어떤 문제가 생기면 무조건 책에서 해결책을 찾는 사람이었다. 그런데 이제는 육아·양육과 관련된 도움이 필요할 때면(그것이 음식 같은 소소한 문제라 해도) 곧장 덴마크 부모나 친구를 찾게 된 것이다.

둘째가 태어나고 어느 날, 남편은 딸과 놀고 있었고 나는 신문을 읽고 있었다. 그때 경제협력개발기구(OECD)가 세계에서 가장 행복한 국가로 또다시 덴마크를 뽑았다는 기사가 눈에 들어왔다. 그 기사에 따르면 덴마크는 세계에서 가장 행복한 나라로 또다시 선정되었을 뿐만 아니라, 지난 40년 동안 단 한 번도 행복한 국가 순위에서 3위 밑으로 밀려난 적이 없었다.

미국에서 자란 내게는 정말 흥미로운 사실이었다. 미국 독립선언서에는 행복추구권이 명시되어 있다. 그런 맥락에서 미국도 나름 행복추구에 신경 써왔다고 봐야 한다. 하지만 단지 선언만으로 그치지 않고, 40년 넘게 행복을 '실제로' 독점해온 나라가 있다는 것이 아닌가! 도대체 덴마크 사람들이 세상에서 가장 행복한 삶을 영위할 수 있는 비결은 무엇일까. 그리고 어째서 지금까지 누구도 그 비법을 알아보려 하시 않았던 것일까.

덴마크식 행복의 비밀

바로 그때, 어떤 생각이 내 머릿속을 스쳤다. '덴마크식 육아법'을 공부하여 내 아이들에게 적용해보고자 노력했던 그 시간 동안 가장 크게 변한 것은 나 자신의 삶이었다. 부모로서, 그리고 하나의 개별적인 존재로서 나 자신이, 내 삶이 '덴마크식 행복의 비밀'을 풀어줄 열쇠가 될 수도 있겠다는 생각이 불현듯 떠올랐다.

어릴 때 행복해야 부모가 되어서도 행복할 수 있다. 그리고 부모가 행복한 삶을 살아야 아이들도 행복하게 키울 수 있다. 덴마크식 행복의 비밀은 이러한 선순환에 있다. "아이의 '아' 자도 꺼내지 말라"는 말을 입에 달고 살았던 내가 이토록 달라진 것을 보면, 누구라도 덴마크식 행복의 선순환을 경험하면 변화할 수 있으리라는 믿음이 생긴다. 덴마크 사람들(그들이 부모였든 아니었든 간에)과 함께하는 삶을 통해 깊은 삶의 변화를 경험한 것은 참으로 감사한 일이었다. 강연에서든 토론에서든 편지에서든, 덴마크와 관련된 이야기를 사람들에게 전할 때면, "덴마크 교육은 어떤가요?"라는 질문을 꼭 한 번씩 받는다.

솔직히 나는 덴마크 교육에 관해 말하는 것을 꺼려왔다. 부모가 자기 자녀를 양육하는 경우에는 얼마든지 덴마크식 육아법을 적용해볼 수 있지만 교육기관이나 제도가 개입된 공적 교육에서는 그러기 힘들다고 생각했기 때문이다. 양육이나 육아와는 다른 까다로운 문제가 있다고 생각했던 것이다.

그러나 덴마크에서 내 아이들이 경험하는 학교생활을 지켜보면서 점점 '올바른 교육'에 관심을 갖게 되었다. 덴마크 사람들이 꼽는 덴마크 교육의 성공 요인과 그 이유를 들여다보기 시작한 것이다. 물론 나처럼 다른 문화권에 속한 사람들은 우선 자신이 속한 문화의 고유한 특성부터 점검해봐야 한다.

나는 미국 문화의 본질적 특성뿐만 아니라, 그것을 유독 잘 체화한 우리 부모 세대가 자녀 세대의 내면에 프로그래밍한 신념 혹은 사고체계가 바로 문제의 핵심이라고 생각한다. 이렇게 각인된 사고회로는 마치 모든 핵심 요소가 들어 있는 컴퓨터 주기판(motherboard)의 불변하는 회로와 같다. 이런 식으로 교육이 이루어지면 아이들은 고정된 신념과 사고체계에 갇혀서 객관적이고 주도적인 성찰능력을 잃는다. 그러다 어떤 문제를 마주하면 내면에 새겨진 아주 좁고 융통성 없는 회로를 통해서만 해답을 찾으려 한다.

한편 미국 문화와는 전혀 다른 교육 스타일을 가진 문화도 많다. 예를 들어 노르웨이에서는 영하 20도의 혹한에도 어린아이들이 실외에서 야영한다. 스페인에서는 자정이 다 된 시간에도 길거리에서 달리는 아이들을 만날 수 있다. 일본에서는 고작 9~10세인 아이들이 혼자 전철을 타고 등·하교하는 모습을 볼 수 있다. 모두 미국 문화에서는 상상조차 할 수 없는 일이다. 덴마크 교육 또한 마찬가지였다.

사실 미국인에겐 '미국 문화가 늘 옳다'라는 뿌리 깊은 편견이 있다. 따라서 '익숙하지 않은' 것을 만나면, 그 생경함만으로도 '이건 옳지 않다'고 판단해버리곤 한다. 하지만 이러한 '낯선 것에 대한 낮은 역치'로 인해 '뭔가를 다르게 본다는 것'이 미국 문화에 일으키는 파장은 패러다임의 변화 그 이상으로 이어질 가능성이 높다. 한번 자기에게 익숙한 틀 너머를 보고 나면 이전으로 돌아가기가 쉽지 않기 때문에 '나와 다른 것'을 보고 느낄 수 있는 힘은 변화를 만들어내는 가장 강력한 동력이 될 수 있다.

자신 안에 내면화된 생각과는 다른 시선으로 자기 자신을 들여다보면 어떤 변화가 일어날까? 또한 우리에게 새겨진 사고회로 밖에서 세상을 낯선 시선으로 다시 바라본다면 무엇을 새로 발견할 수 있을까?

경쟁 속에서 시들어가는 아이들

미국 아이들은 아무리 사소한 것이라도(상상할 수 있는 거의 모든 것이 포함된다) 반드시 '시험'을 거쳐야 한다. 가령 '영재' 프로그램에 참여하거나 '경쟁력 있는' 교육기관에 입학하려면 서너 살 때부터 테스트를 받아야 한다. 게다가 (대도시 공립학교 학생들을 기준으로) 유치원 입학 전부터 12학년까지 의무적으로 봐야 하는 시험만 대략 112가지나 된다. 그러니까 1년에 평균 8회 이상의 시험을 치러야 한다는 말인데, 여기에는 교사가 임의로 실시하는 시험이나 거의 매주 치르는 쪽지시험은 포함되지 않는다.

미국에서는 학생들의 시험 성적이 좋아야 학교가 더 많은 예산을 지원받을 수 있고, 교사도 업무평가에서 높은 점수를 받는다. 이러한 미국 교육의 악순환 속에서 많은 교사들이 시험 범위에 속하지 않는 내용을 가르치길 포기한다. 경쟁을 조장하는 교육환경에서 학생들에게 좀더 넓은 안목을 길러줄 교재를 개발한다거나, 학생들의 상상력과 창의성을 자극할 다양한 시도들을 해보는 것은 모두 사치가 된다. 결국 시험 결과를 걱정하는 학생들, 학생들의 성적으로 평가받아야 하는 교사, 자녀에게 시험 공부를 강요해야 하는 부모 모두가 느끼는 심적 부담은 실로 엄청나다. 이러한 악순환을 들여다보면 학교는 양질의 제품을 생산하기 위해 열심히 기계를 돌리는 공장과 본질적으로 다를 바가 없는 셈이다.

그러나 다시 생각해보면, 공교육의 기본 취지나 목적은 공교육 개념이 처음 도입된 산업혁명 초기 이래 크게 바뀐 것이 없다. 애초에 공교육은 공장에서 일할 사람을 생산하기 위한 제도였다. 수업의 시작과 끝을 알리는 종소리, 분리된 시설과 교과목들, 순응, 표준화 등의 구조를 갖춘 생산라인에서 교사는 대략 20~30명 규모의 아이들에게 거의 변하지 않는 내용의 지식을 획일적으로 가르친다. 교사는 자신의 학생이 '평가받는다는 사실'만으로도 이미 강한 심리적 부담을 느끼는 '시험불안장애'를 가지고 있는 것은 아닌지, 혹은 시험 범위 외의 영역에서 탁월한 재능을 보이는 것은 아닌지에 대해 관심이 없거나 관심을 가질 여력이 없다. 이것이 미국 교육의 현실이다. 이런 상황이 그저 미국 문화로 치부되거나, 더 나아가 최선으로 여겨진다. 문제는 지금 같은 상황에선 미국의 선택이 정답이라는 것이다.

미국 코네티컷대학교의 인간발달학 교수인 새러 하크니스(Sarah Harkness)는 여러 문화권의 다양한 자녀양육법에 관해 연구한 적이 있다. 그녀는 부모가 자기 자녀에 대해 이야기할 때 명석함, 재능, 특출함 등의 용어를 사용하는 빈도를 확인해보았다. 그 결과 미국 부모들이 다른 문화권의 부모들보다 30퍼센트 이상 자주 사용했다. 마치 미국 부모들은 자녀가 명석하고 재능이 탁월해야 성공할 수 있다고 생각하는 듯했다. 만약 그렇다면 성공을 위해 우리 아이들은 자신의 행복한 삶을 얼마나 희생해야 할까.

최근 15년 동안 정신질환을 앓는 아이들의 수가 급격하고도 꾸준하게 증가했다. 현재 우리는 과학기술의 발전과 함께 감각적 자극은 강렬해지고 정보는 홍수처럼 넘쳐나는, 역사적으로 가장 자극적인 시대를 살고 있다. 이러한 시대적 변화에도 '교실에서 장시간 계속되는 수업에 집중하지 못하는 아이'에게는 여전히 '주의산만'이라는 딱지를 붙이는 것이 지금의 교육 현실이다. 참고로 주의력결핍과잉행동장애(ADHD)의 유병률은 43퍼센트, 10대 우울증은 37퍼센트 증가했고, 10~14세의 자살률은 두 배나 늘었으며, 병원 치료를 필요로 하는 아이들은 네 배나 많아졌다. 아이들이 가장 많이 겪는 정신질환은 불안장애라고 한다. 또한 비만 아동의 비율은 미국의 경우 1970년대 이래로 세 배나 증가했다. 전 세계적으로도 아동 비만은 걱정스러울 만큼 빠른 속도로 증가하고 있다.

덴마크 사람들은 매년 '좋은 삶 테스트'를 치른다

행복에 관한 한, 세계 선두주자인 덴마크에서는 점수에 목매는 미국 교육보다 훨씬 더 강하게 정서발달과 사회성 함양, 그리고 '좋은 삶(wellbeing, 덴마크어로 trivsel)'을 중시한다. 삶의 질에서 좋은 점수를 받는 것이 시험에서 좋은 등수를 받는 것보다 훨씬 더 중시된다는 뜻이다.

덴마크 사람들은 삶의 질이 높고 안정적이면 학습 능력 또한 자연스럽게 좋아진다고 믿는다. 기분이 좋아지면 공부도 덩달아 잘하게 된다는 말이지만 이런 믿음이 사실인지 확인할 방법은 없다. 왜냐하면 덴마크 학교에서는 시험을 보지 않고 성적도 매기지 않으며, 숙제 또한 없기 때문이다. 학교에서 실시하는 시험은 9년간의 기본교육 과정을 마치는 마지막 해에 시행되는 국가졸업시험이 유일하다. 덴마크 교육에서는 경쟁보다 협력을 중시한다. 따라서 따뜻한 인간관계를 맺는 능력이 중시된다.

덴마크 학교에서는 학생들의 행복이 교사평가의 주요 항목이기 때문에 '행복 지수'를 무엇보다도 중요하게 여길 수밖에 없다. 그래서 덴마크 사람들이 매년 치르는 '표준화된 시험'이 하나 있다면, 그것은 바로 '좋은 삶 테스트(trivsel test)'다.

모든 덴마크 교사들은 근무하는 학교의 행복 지수를 통해 평가받는다. 교사평가 항목들 중에 특히 '행복'은 학생들이 학교에서 교사로부터 충분한 관심을 받고 그들의 이야기가 경청되는지, 학생들의 사회·정서적 발달이 순조롭게 이루어지는지 등의 지표를 통해 평가된다. 학생들의 학업성과과는 전혀 관련 없이 말이다.

그리고 평가 결과는 모든 덴마크 학교가 '좋은 삶을 위한 계획(trivsel plan)'을 수립하고 실행하는 데 활용된다. 이 계획의 한 가지 목표는 학생들의 행복과 재능 계발이다. 다시 말해 덴마크에서는 모든 학교가 좋은 삶을 위한 계획을 수립하고 학기 내내 수정·발전시켜나가는 것이 법적 의무로 규정되어 있다.

북유럽 고어(treven, trivelig)에서 유래한 '트리브젤(trivsel)'은

'식물'과 관련되어 있다. 그 의미대로 인간을 기계가 아닌 식물과 같은 유기체적 존재로 본다면, 인간도 식물과 마찬가지로 성장하기 위해서는 적절한 돌봄이 필요하다는 당연한 결론에 이른다.

덴마크 교사들은 학생들을 '구별해서 보는(differentiere, differentiate)' 훈련을 받는다. 구별해서 보기를 통해 교사는 학생들을 고유한 개별 존재로 보고 개개인의 장단점을 파악하며, 이를 통해 학생들의 성장을 '일대일 맞춤형'으로 돕는다. 덴마크 교사들은 서로 협력하여 학생 한 명 한 명이 배우고 성장하기 위한 최적의 조건을 파악한다. 덴마크 부모들 또한 마찬가지다.

난초나 민들레의 성장에 필요한 영양분이 서로 다르듯, 우리 아이들도 하나같이 독특하기 때문에 똑같은 시간과 획일적인 방식으로는 성장을 도울 수 없다. 성장 과정에서 각자에게 최적화된 관심과 돌봄을 받아야 비로소 우리 아이들도 아름다운 꽃들처럼 활짝 피어날 수 있다. 반면 각자에게 맞는 적절한 돌봄과 관심을 받지 못한다면 아이들은 힘들어하다가 이내 시들어버린다.

아이들의 창의성을 죽이는 주범

8세 무렵 질리언은 학교생활을 무척 힘들어했다. 의자에 차분하게 앉아 있지 못해 몸을 뒤틀며 수업에 집중하지 못했다. 계속 안절부절못하다가 벌떡 일어나 교실을 이리저리 돌아다니곤 했다. 결국 담임선생님은 질리언에게 학습장애가 있는 것 같다는 편지를 부모에게 보냈다. 질리언의 엄마는 전문가를 찾아가 질리언이 숙제를 하지 않는 것은 기본이고 수업시간에 집중하지 않고 몸을 흔들어대는 바람에 옆 친구들에게 방해가 된다고 말했다. 참고로 그때는 ADHD라는 전문 용어가 만들어지기 전이었기 때문에 정확한 진단을 내릴 수 없는 상황이었다.

의사는 질리언에게 말했다. "질리언, 네 엄마와 조용히 나눌 이야기가 있어서 잠깐 나갔다 올게." 의사는 방을 나가면서 슬쩍 라디오를 켜두었다. 그리고 복도에서 방 안에 혼자 남은 질리언을 관찰했다. 그들이 나가자마자 질리언은 의자에서 일어나 라디오 음악에 맞춰 춤을 추기 시작했다. 쉬지 않고 몇 분 동안이나. 의사는 질리언의 엄마에게 말했다. "린 부인, 따님은 전혀 문제가 없습니다. 따님은 무용에 타고난 재능이 있는 것 같습니다. 무용학교에 한번 보내보시기를 권합니다."

다행히도 그녀는 의사의 조언을 따랐다. 훗날 뮤지컬 작곡가인 앤드루 로이드 웨버(Andrew Loyd Weber)와 함께 작업하며 뮤지컬 〈캣츠〉나 〈오페라의 유령〉과 같은 세계적 작품들의 안무를 담당한 질리언 린(Gillian Lynne)의 이야기다. 질리언은 전 세계 수많은 사람들에게 즐거움을 선사했고 엄청난 부자가 되었다. 질리언은 학습장애가 있었던 것이 아니었다. 다만 조용히 앉아서가 아니라 '움직이면서 생각'했던 것이다. 그때 그 의사를 만나지 못했더라면 질리언은 병원 치료를 받아야 했을지 모른다. 아니면 얌전히 앉아 있으라는 소리를 귀에 못이 박이도록 들으며 자라야 했을 것이다.

몇 년 전, 미국항공우주국(NASA)은 창의성 연구자인 조지 랜드(George Land)와 베스 야르멘(Beth Jarman) 박사에게 NASA에 근무하는 과학·공학자들의 창의성을 평가할 도구를 개발해달라고 했다. 가장 창의적인 직원들을 찾아서 '가장 난해한 문제를 전담하는 팀'을 구성하기 위해서였다. 두 박사가 개발한 평가도구는 매우 변별력 있었고, 덕분에 NASA는 천재라고 평가받는 직원들 중에서도 소수 정예로 팀을 꾸릴 수 있었다.

그런데 여기서 랜드와 야르멘 박사는 한 가지 의문을 갖게 된다. 창의적 재능은 타고나는 것일까, 학습되는 것일까?

이러한 의문을 풀기 위해 두 연구자는 장기적인 종단연구를 계획하고는 자신들이 NASA를 위해 개발했던 평가도구로 4~5세의 아이들 1600명에게 실험을 실시했다. 그중 몇 명이나 뛰어난 창의성을 가지고 있었을까? 두 연구자는 98퍼센트의 아이들에게서 타고난 창의적 재능을 발견할 수 있었다.

두 연구자는 그 아이들이 10세가 되던 해에 똑같은 검사를 시행했다. 그러자 매우 창의적이라는 판정을 받은 아이들은 30퍼센트로 줄었다. 아이들이 15세가 되던 해에 다시 한 번 검사를 실시한 결과 매우 창의적인 아이는 12퍼센트대로 더 떨어진다. 그렇다면 이 아이들이 어른이 된 후에 실시한 최종 검사 결과는 어땠을까? 실험에 참가한 전체 아이들 중 단지 2퍼센트만이 '매우 창의적'이라는 결과가 나왔다. 물론 이 연구에 사용된 창의성 평가도구의 신뢰도와 타당성에 의문을 품는 사람이 있을 수 있다. 그러나 이 평가도구는 100만 번 이상 반복해서 사용된 검사로서 확인된 것이니, 참고하길 바란다.

그렇다면 이 연구 결과의 시사점은 무엇일까? 우리의 두뇌는 발산적 사고(divergent thinking)와 수렴적 사고(convergent thinking)라는 두 가지 방식으로 생각한다. 발산적 사고는 본질적으로 상상력과 관련된(자동차의 가속 페달 기능) 반면, 수렴적 사고는 판단·비판·평가(자동차의 브레이크 기능)를 한다고 알려져 있다. 현행 교육체제는 이 두 가지 사고방식을 '동시에' 가르친다.

앞선 연구는 이러한 교육 방식이 아이들의 창의성을 죽이는 주범임을 시사한다. 이를테면 아이들은 반짝이는 아이디어가 떠오르는 순간, '이미 했던 생각이잖아', '쓸모없는 생각일 거야', '비현실적이야'라며 자신의 아이디어를 비판하도록 인지적 훈련을 받고 있다. 그것도 '교육'에 의해 말이다.

문제는 이런 인지훈련을 계속 받으면, 결국 아이들은 실패에 대한 두려움 때문에 '정답'만 찾는다는 것이다. 언제 어디서 누가 시도하더라도 같은 결과를 얻을 수 있는, 실패로부터 안전한 정답 말이다. 더 늦기 전에 이런 식의 교육이 아이들의 미래에 과연 어떤 영향을 끼칠지 냉정하게 검토해봐야 한다.

평범함 속에서 특별함을 발견하는 힘

스티브 잡스(Steve Jobs)나 일론 머스크(Elon Musk)처럼 창의성이 뛰어난 사람들의 자녀가 '탈학교(unschooling)'하는 데에는 무슨 특별한 이유가 있는 것일까? 아이들은 '탈학교', 즉 학교 시스템을 벗어남으로써 시간표에 따라 진행되는 획일적 수업이나 평가에 적응할 필요가 없다. 자기만의 리듬에 따라 자연스럽게, 어떠한 것이든 호기심을 갖고 몰입할 수 있다.

이와 유사한 '홈스쿨링(home-schooling)' 또한 전 세계적으로 꾸준히 늘고 있다. 영국에서는 최근 6년간 홈스쿨링이 두 배나 증가했다. 현재 미국에서는 학령기 인구의 10퍼센트 정도가 학교에 다니지 않고 있으며, 그중 홈스쿨링을 하는 아이들의 수는 대략 200만 명에 이르는 것으로 추정된다.

세계경제포럼(World Economic Forum)은 지금의 아이들 가운데 65퍼센트가 아직 등장하지 않은 새로운 일자리를 가질 것이라고 전망했다. 그렇다면 우리 아이들에게 정말 중요한 것은 구체적인 과업을 수행하는 능력이나 정답을 재생산하는 기술이 아니라 아직 '알려지지 않은 일'을 잘 해낼 역량을 기르는 일이 아닐까? 평가, 숙제, 시험 등과 같은 것들이 과연 미래에도 성공을 담보하는 '옳은 길'일까?

우리가 목매는 '등수'라는 개념을 생각해보더라도 마찬가지다. 지구상에서 가장 행복한 나라의 순위를 매기는 평가에서 덴마크는 40년 이상 연속 3위 안에 들지 않았는가! 이토록 놀라운 성적을 그토록 오랫동안 지켜왔다는 것은 분명 대단한 일이다. 그러니 눈에 낀 콩깍지 같은 자기 문화 고유의 편견을 벗고 열린 마음으로 다가서면, 덴마크 문화는 분명 타문화에 속한 사람들에게 어떤 중요한 가르침을 줄 것이다.

그럴 것 같지 않은가? 그렇다!

문화 연구자인 나는 한 문화권에서는 지극히 평범하고 일반적인 아이디어가 다른 문화권에서는 매우 새롭고 획기적인 아이디어로 변모하는 모습을 자주 본다. 어떤 문화권의 보석 같은 지혜들은 그곳 문화라는 촘촘한 구조물에 가려져 보이지 않기 마련이다. 그렇기 때문에 다른 문화라는 돋보기 없이 자기 문화 속의 보석들을 발견하기란 쉽지 않다.

덴마크에 대한 내 글들은 대개 덴마크 사람들의 눈에는 전혀 새롭지 않다. 그래서 그들은 '도대체 세상 사람들이 왜 이런 것들에 관심을 갖는지' 의아하게 여기곤 한다. 하지만 이방인인 나는 이 책을 쓰면서 많은 것을 배웠고, 이는 새로운 관점으로 교육을 생각해볼 기회로 이어졌다. 뿐만 아니라 이러한 일련의 깨우침은 내게 부모의 역할에 대해, 그리고 다른 사람들과 소통하는 방식에 대해 깊이 성찰할 수 있는 힘을 주었다. 궁극적으로 이 모든 과정은 나라는 존재의 인간적 성장을 도왔다.

우리 아이들을 위한 '새로운 길'

덴마크 문화를 다른 문화와 비교연구를 해온 것이 올해로 17년째다. 그동안 나는 양육, 교육, 공감 등의 영역에서 유명한 덴마크 전문가들과 함께 연구해왔다. 한편으론 덴마크 전역을 돌아다니며 학생, 부모, 교사, 교장, 상담사, 심리학자들을 인터뷰했다. 그러면서 덴마크 사람들에게 교육은 단지 '지식을 학습'하는 것 이상의 의미를 갖는다는 사실을 깨달았다.

덴마크 사람들에게 '교육'은 몸, 감정, 창의성, 공감, 인간관계능력 등을 모두 포함하는 개념이다. 덴마크 교육에는 '호기심의 씨앗을 심고 싹을 틔우며, 그 새싹들에 최적의 조건을 제공함으로써, 혁신적이고 활력 넘치며 균형 잡힌 인간으로 성장하도록 돕는다'는 취지가 담겨 있다. 무엇보다도 덴마크 교육은 겉으로 드러난 성공이 아닌 진정한 행복을 성공의 핵심 척도로 삼는다.

많은 사람이 이 책은 단지 교사나 부모만을 위한 것이 아니라고 한다. 맞는 말이다. 나는 덴마크 교육 시스템을 완벽하게 알고 싶어 하는 사람보다는 스스로의 행복을 한 뼘이라도 더 키워보려는 사람들을 위해 이 책을 썼다. 나는 마음만 먹으면 변화는 불가능하지 않다는 믿음을 가지고 있다. 누군가는 이런 내게 순진하다거나 세상물정을 모른다고 말할 수 있겠지만, 달라지는 것은 없다. 나는 변화에 대한 희망을 포기하지 않을 것이다.

나는 '바로 지금 이 순간' 변화를 위한 노력이 시작되어야 한다고 생각한다. 그러기 위해 부모로서, 교사로서 혹은 조부모로서 아이들에게 행복한 삶이라는 유산을 물려줄 방법을 찾아야 한다. 즉 세상에서 가장 행복한 덴마크 사람들에게 어떤 지혜를 배워서 우리 교육에 어떻게 적용할지 그 방법을 찾아나가는 것이다. 이젠 그 여정을 본격적으로 시작할 때가 되었다.

우리는 지금 기로에 서 있다. 지금껏 옳다고 믿으면서 한 치의 의심도 없이 걸어온 이 길을 앞으로도 고집할 것인가, 아니면 고개를 돌려 우리와 다른 길을 걸었던 사람들의 지혜를 배우고 새로운 여정을 시작할 것인가. 이 '새로운 길'은 앞으로 끊임없이 변화하는 미래 사회에서도 우리 아이들이 행복하도록 삶의 기술을 길러줄 것이다.

어느 쪽이든 시험에서 좋은 점수를 얻는 것과 실제로 행복한 삶을 사는 것은 아무런 상관이 없다는 사실에는 변함이 없다. 시험을 중시하고, 그래서 시험으로 평가될 수 없는 것은 중요하지 않다고 치부하는 태도. 이것이 이제껏 우리가 옳다고 믿으며 걸어온 길이었다. 이런 구조 속에서 우리는 매우 재능 있고 창의적인 사람들이 자신의 탁월함을 알지 못하거나 스스로를 부정하는 경우를 종종 보게 된다. 단 한 번도 개인의 재능을 제대로 평가받은 적이 없기 때문에 일어나는 일이다. 성적이 좋지 않으면 사람들은 자신을 바보 같다고 생각한다. 무용에 천재적 소질을 지닌 수많은 질리언이 있다고 해도, 시험 성적이 좋지 않으면 그들의 재능과 가능성은 외면당하고 마는 것이다.

독자들도 이 책을 통해 지금까지 해보지 못한 생각을 단 하나라도 건진다면, 그래서 그것이 당신과 당신 자녀를 위해 잘 사용된다면, 나는 저자로서 가슴 벅찬 성공감을 느낄 것이다.

부디 이 책을 즐겁게 읽어주셨으면 좋겠다.

Trust

Empathy

Authenticity

Courage

Hygge

1장

: 신뢰 :

스스로를 믿는 아이는 쉽게 흔들리지 않는다

"성공에 이르는 첫째 비결은 자기 신뢰다."

———

랩프 윌도 에머슨(Ralph Waldo Emerson)

"안 돼", "하지 마", "그만해"가 없는 곳

부모의 과보호가 아이의 홀로서기를 방해한다

언젠가 내 아들이 높은 나무에 오른 적이 있었다. 아들은 엄마에게 뭔가 보여주고 싶다는 생각에 흥분한 상태였지만, 나는 아들에게 "위험해. 그만 올라가고 어서 내려와"라고 소리치고 싶은 심정이었다. 나는 서둘러 나무 밑에 두툼한 매트를 깔고 당장이라도 손을 뻗어 아들을 끌어내리고 싶었다. 하지만 입을 꽉 다물고 아무 말도 외치지 않았다. 덴마크 부모라면 그랬을 테니까.

내가 눈을 감고 숨을 고르며 두려움을 진정시키는 동안 아들은 나무 꼭대기까지 올라갔다가 내려왔다. 아들은 어려운 일을 자기 힘으로 해냈다는 기쁨에 밝게 웃으며 스스로를 뿌듯해했다. 나도 그런 아들이 자랑스러웠다. 덧붙여 끝내 아들을 제지하지 않은 나 자신 또한 대견하게 느껴졌다. 위험하고 어려운 일을 혼자서도 잘 해내는 모습을 엄마에게 보여주고 싶었던 아들의 마음, 그리고 아들의 도전을 곁에서 묵묵히 지켜봐줬던 엄마의 신뢰. 이러한 용기와 신뢰의 경험은 앞으로 아들이 살아가는 동안 언제든 꺼내볼 수 있는 좋은 기억으로 남을 것이다.

신뢰란 참 중요하다. 하나의 인간관계가 '좋은 관계'가 되기 위해서 신뢰는 반드시 필요하기 때문이다. 자신과 타인의 관계만큼이나 '자기 자신과의 관계'에서도 신뢰는 중요하다. 다양한 방식으로 형성되는 신뢰는 행복감과 직결된다. 개인적 인간관계에서든, 국가적 차원에서든 말이다.

덴마크 사람들이 느끼는 행복감은 세계 최고 수준이다. 그런데 행복감에 밀리지 않을 정도로 높은 수준을 보이는 항목이 바로 신뢰다. 신뢰를 바탕으로 형성된 덴마크의 사회문화는 교육과 양육 방식에 깊숙이 자리 잡고 세상에서 가장 행복한 아이들을 길러내는 바탕이 된다.

아이의 손에 삶의 도구를 쥐여줬다면, 그 도구를 잘 쓸 수 있는 힘이 아이 안에 있음을 진심으로 믿어줘야 한다. 그래야 비로소 아이는 자기 신뢰를 품고, 자유롭고 탄력적인 삶을 살아갈 수 있다. 이러한 '회복탄력성(resilience)'은 아이가 행복하고 능력 있는 성인으로 성장하는 발판이 된다.

요즘 사람들이 심하다 싶을 정도로 "안 돼"라는 말을 자주 한다고 느껴본 적이 있는가? 사람들은 "안 돼!", "조심해!", "주위를 살펴야지!", "아니 안 되겠어!", "왜 그랬어!" 같은 주의와 경고의 메시지를 아이들에게 쉴 새 없이 외친다. 부모로서 혹은 교사로서 우리는 얼마나 자주 "안 돼!"라고 외치는지 전혀 의식하지 못한다. "안 된다"는 말을 하면 왜 안 되는지 그 이유를 잘 모르기 때문이다.

주의와 경고의 메시지를 무분별하게 사용한다는 말에 많은 사람들이 문제의식을 느끼지 않는다. 오히려 위험을 경고하고 행동을 바로잡을 수 있는 상황에서 그러지 않는 것이야말로 진짜 문제가 아니냐고 반문하곤 한다.

안 된다는 말을 습관적으로, 그리고 무의식적으로 하는 부모나 교사들은 (그들 자신처럼) 안 된다는 말을 수시로 하는 부모 밑에서 자랐을 수 있다. 혹은 아이에 대한 간섭은 꼭 필요하다는 주위 사람들의 무언의 압박에 시달릴 수도 있고, 그것이 사랑의 표현이라고 착각할 수도 있다.

또는 이것을 문화적 화법의 차이로 해석하기도 한다. 하지만 어떤 이유에서든, 이렇게 아이들을 통제하고 과보호한다면 아이들은 자기 힘으로 사물이나 세상과 만나고 배울 용기를 잃어버린다. 아이들이 세상에 다가가는 것을 막는 말은 궁극적으로 아이가 세상 속에서 자기 자신을 새로이 발견할 기회를 없애버리는 것이다.

결론적으로 아이의 일거수일투족을 통제하는 행위는 아이에게 신뢰할 만한 관계를 맺는 일을 불가능하게 한다. 더욱 심각한 것은 자기 자신과의 신뢰를 형성하는 것, 즉 아이가 자기 신뢰를 획득할 기회가 원천적으로 사라져버린다는 것이다.

문제는 이뿐만이 아니다. 과보호는 앞서 NASA 사례에서 언급했던 창의성 계발에도 지장을 준다. 처음에는 뛰어난 창의성을 보였던 98퍼센트의 아이들이 (규격화된 사고를 훈련받으며) 성장할수록 창의성을 잃어갔던 연구 결과를 기억하는가?

이러한 안타까운 결과가 도출된 이유를 다시 한 번 설명하자면, 아이들이 창의성을 발휘하는 순간에 브레이크를 거는 수렴적 사고('말도 안 돼!' '이런 멍청한 생각을!' 등)를 하도록 교육받았기 때문이다.

세계적으로 유명한 놀이터 설계자인 덴마크인 헬레 네벨롱(Helle Nebelong)은 말했다. "아이들에게 '안 돼!'라고 자주 말하는 것은 아이들 내면에 공포심을 심어주는 것과 같아요." 왜냐하면 "처음부터 공포심을 가지고 태어나는 아이는 없으며, 본능적인 호기심으로 주변의 모든 것에 완전히 마음을 여는 게 아이들"

이기 때문이다.

"조심해!", "다친다!", "주위를 살펴야지!" 등과 같은 경고성 발언은 사실 무의식적 습관, 그 이상도 이하도 아니다. 좀더 의미를 부여해봤자 과도한 기대의 표출일 뿐이다. 그에 비해 결과는 아주 치명적이다. 경고하고 통제하고 걱정하는 말에 함축된 '나는 너 혼자 그 일을 잘 해낼 거라고는 믿지 않아'라는 신뢰가 사라진 메시지는 아이의 자존감이나 자기 효능감 형성을 방해한다. 결국 아이는 자신의 경험은 믿지 못한 채 부모나 교사의 판단만을 살피고 과도하게 눈치를 보며 자란다.

자존감과 자신감 사이의 커다란 차이

덴마크 사람들이 말하는 신뢰에는 여러 유형이 있다. 그중 자기 내면에 형성된 신뢰, 즉 자기 신뢰를 가장 중요하게 여긴다. 자기 신뢰는 자존감과 진실함의 토대가 된다. 이런 이유로 자기 신뢰는 나이와 상관없이 평생 지켜야 할 중요한 삶의 요소가 된다.

영어로는 'to rest well within yourself(마음의 쉼)'로 해석되는 덴마크어로 'at hvile i sig selv'라는 말이 있다. 'at hvile i sig selv'는 매우 고차원적인 인간의 품성을 뜻한다. 덴마크 사람들이 지닌 이러한 품성은 그들을 만나는 사람에게 어떤 평온한 기운으로 전해지곤 한다.

마음의 쉼이란 '자기가 하는 일'이 아니라 '자기 자신'에 대해 긍정적으로 느끼는 능력이다. 자기 자신에 몰입할 수 있는 사람은 자기가 하는 일을 통해 자기 과시로 인정욕구를 채울 필요가 없다. 또한 바로 앞에서 언급했듯, 자기 신뢰는 자신감(self-confidence)이 아닌 자존감의 토대가 된다.

덴마크에서는 가정에서나 학교에서나 자존감을 매우 중시한다. 예를 들면 입학식 날에 교장 선생님은 신입생 부모들에게 자존감과 자신감의 차이에 대해 설명한다(대다수의 사람들이 크게 신경 쓰지 않지만, 사실 자존감과 자신감은 완전히 다른 개념이다). 덴마크 사람들은 아이들의 행복에 중요한 것은 자신감이 아니라 자존감이라고 굳게 믿는다.

반대로 미국 문화에서는 자신감을 강조한다. 미국인들은 자기 일, 자신의 강점(혹은 자녀의 재능), 경제적 성공 등에 대해서 이야기하길 좋아한다. 그들은 학위, 표창장, 훈장, 트로피 등 자신이 이룬 성취를 보여주는 것이라면 무엇이든 전시하고 싶어 한다. 여기서 미국 문화의 특성이 여지없이 드러난다. 미국 아이들은 더 많은 일을 해내는 사람, 자신의 분야에서 최고로 평가되는 사람이 훌륭한 사람이라고 교육받는다. 나 또한 이런 문화에서 성장했다.

실제로 미국인들도 아이들에게 자신감과 자기 신뢰를 길러줘야 한다고 말하기는 한다. 다만 이 두 가지가 완전히 다른 개념이라는 사실을 알지 못했을 뿐이다. 미국인들이 자신감과 자존감의 차이를 이해한다면, 엄청난 패러다임의 변화가 일어날 것이다. 가정, 학교, 개인에게 일어날 그 변화는 그들을 진정한 '마음의 쉼'으로 이끌 것이다. 자기 충족적인 아늑한 휴식을 배우면, 미국인들은 더 이상 다른 사람들에게 끊임없이 자기 능력을 증명하지 않고도 행복에 이를 수 있다. 결국 마음의 쉼은 행복의 뿌리인 셈이다. 덴마크 사람들은 마음의 쉼을 위해 오랫동안 정성을 쏟아왔다.

덴마크의 대표적인 교육사상가인 예스퍼 율(Jesper Juul)은 자존감과 자신감의 개념적 차이를 다음과 같이 설명한다.

자존감은 자신이 누구인지에 대한 지식과 경험이다. 자존감은 자신에 대해 얼마나 알고 있는지, 그리고 자신이 아는 것에 대해 어떤 감정을 지니고 있는지에 관한 것이다. 자존감은 일종의 기둥 혹은 중심으로 묘사될 수 있다. 자존감이 충만한 사람은 자제력이 있으며, 자기 자신에 대해 편안함을 느낀다. 자존감은 '난 존재 자체로 괜찮은 사람'이라는 마음이다. 자존감이 낮은 사람은 매사에 확신이 없고 자기 비난적이며, 심하면 죄책감까지 느낀다.
반면 자신감은 자신이 무엇을 할 수 있는지, 즉 무엇에 유능하며 어떤 재능이 있는지를 판단하는 개념이다. 결국 자신이 무엇을 성취할 수 있는지에 관한 개념이다. 자신감은 학위, 상장, 실적과 같이 외부적으로 드러나는 자질에 관한 것이다.

예스퍼 율은 "건강한 자존감을 가진 아이는 자신감에도 문제가 없지만 그 역은 성립하지 않는다. 자신감이 강하다고 해서 자존감이 높은 것은 아니라는 말이다. 자신감이 강한 아이라도 자존감은 낮을 수 있다"라고 말했다.

많은 사람이 온갖 재능과 성취, 그리고 성공이 나열된 긴 목록이야말로 자신을 보호해주는 번쩍이는 갑옷이라고 생각한다. 그러나 이 갑옷이 과연 낮은 자존감에서도 자신을 보호해줄까?

좋은 점수를 받거나 남을 이길 실력을 키우라는 취지로 아이들을 칭찬하고 격려할수록 아이들의 자존감이 커진다고 흔히 생각한다. 하지만 절대 사실이 아니다. 오히려 어떤 경우에는 자존감이 훼손되기까지 한다. 아이들이 뭔가를 시도하고 도전하고 성취하는 것과 '사랑한다는 것'을 혼동할 때 특히 그렇다.

많은 사람이 자기 자신의 존재만으로는 별것 아니라고 느낀다. 그래서 목표를 이루거나 얻거나 성취했을 때, 특히 사람들의 기대를 충족시켰을 때 비로소 자기 가치를 느끼곤 한다. 이렇듯 자신의 존재 자체가 아니라 자기가 하는 일에 대해서만 긍정적인 상태는 구멍이 숭숭 뚫린 모래탑 위에 자존감을 놓아두는 것과 별반 다르지 않다.

덴마크 교육이 행복한 삶과 자존감을 중시한다고 해서 덴마크 아이들의 성취욕이 낮은 것은 아닌지 걱정할 필요가 없다. 덴마크식 교육을 받은 사람이라면 달 위를 걷든 해변을 산책하든 언제 어디에서든 항상 마음의 쉼을 향유할 수 있고, 바로 이것이 덴마크 사람들이 말하는 행복한 삶의 비결이다.

'자유롭게 놀기'가 가진 힘

덴마크 부모나 교사들은 아이들에게 시행착오를 해볼 기회를 제공하면서 스스로 문제를 해결하는 힘을 길러준다. 그들은 아이들이 어릴 때부터 규칙을 정하거나 감독을 하기보다 자기 힘으로 뭔가 해보려는 아이들의 노력을 존중해준다. 다시 말해 아이들이 책임감을 기를 수 있는 기회를 최대한 많이 만들어주려고 노력한다. 아이들이 뭔가를 체험할 때, 규칙을 줄일수록 문제해결 능력과 책임감이 커진다는 것이 핵심이다.

놀이의 경우, 아이가 무엇을 어떻게 가지고 놀든 자유롭게 내버려둔다. 이것은 아이들이 다양한 지식을 자연스레 익히는 동시에 자기 신뢰를 형성하는 아주 멋진 교육법이다.

'자유롭게 놀기'가 덴마크 교육에서 매우 중요한 요소로 자리

잡은 것은 바로 이러한 교육철학 때문이다. 덴마크에서는 학생들이 학교에서 하루에 최소 한 시간은 쉬는 시간을 갖도록 교육법으로 규정하고 있다.

실제로 많은 학교가 한 시간 이상 쉬는 시간을 두고 있다. 아이들이 교실 밖에서 자유롭게 뛰놀며 몸도, 상상력도 마음껏 써야 뇌도 활성화된다는 믿음 때문이다. 덴마크 아이들의 놀이는 대부분 교실 밖에서 하는 것들이며, 이처럼 바깥에서 자유롭게 놀아야 아이들의 학습 능력도 향상된다. 미국 학교에서는 쉬는 시간이 계속 줄고 있다. 무슨 이유로 계속해서 아이들의 쉬는 시간을 빼앗는지 나는 그저 어안이 벙벙할 따름이다.

덴마크에서 '자유롭게 놀기'는 단순한 놀이를 넘어 교육적으로 중요한 의미를 지니고 있다. 1871년 하나의 교육이론으로 등장한 '자유롭게 놀기'가 현재는 덴마크 교육의 핵심적 방법론으로 자리 잡고 있다. 이는 놀이를 통해 아이들은 공감, 협상력, 창의성, 자기 절제력, 회복탄력성을 비롯한 여러 가지 중요한 능력들을 기를 수 있을 뿐만 아니라 신뢰도 형성할 수 있다는 교육철학에 기초한다. 참고로 덴마크에서는 6~10세 아이들을 대상으로 완전히 놀기만 하는 이른바 '여가학교(Free Time School)'를 시에서 운영한다. 오후 1시 정도에 끝나는 저학년용 여가학교(skolefritidsordning)뿐만 아니라 오후 2~3시 정도에 마치는 고학년용 여가학교(klubben)도 운영된다. 덴마크의 많은 아이들이 정규 학교가 끝나면 여가학교에서 시간을 보낸다.

위험에 대처할 때 더 많이 성장한다

호기심을 통해 두려움에 대처한다

이외에도 덴마크에는 '학교 밖 학교(outdoor school)', '숲속 유치원(forest kindergarten)'을 비롯한 다양한 교육기관이 존재한다. 숲속 유치원에서 아이들은 아침부터 밤까지 숲에서 시간을 보낸다. 숲에서 아이들은 비가 오거나 추운 날씨에도 아랑곳하지 않고 안전그물망이 없는 나무를 오르거나 개울 근처의 진흙탕 속을 걷는다. 곳곳에 나무가 세워진 축축하고 가파른 언덕을 굴러 내려오고, 3~4세밖에 되지 않은 어린아이가 진짜 칼로 나뭇가지를 깎기도 한다. 하지만 숲속 유치원은 어릴 때부터 아이들을 혹독한 체험 속으로 밀어넣는 '급진적인 캠프'가 아니다. 덴마크에서는 아무도 특별하게 여기지 않는 평범한 교육기관일 뿐이다.

《발달심리학(Evolutionary Psychology)》학술지에 실린 논문에 따르면 실제로 다칠 수도 있는 위험한 놀이는 아이들에게 아주 유익한 교육 효과를 줄 수 있다고 한다. 아주 높은 나무를 오르거나 절벽에 다가갈 때, 혹은 진짜 칼을 다루는 법을 배울 때 아이들은 공포감을 느끼면서 스스로 조심하고, 위험 상황에 대처하는 방법을 배우며, 탄력적인 삶을 살게 된다는 것이다. 나아가 두려운 상황에 직접 대처해본 경험은 '병적 공포를 막아주는 효과(anti-phobic effect)'가 있어서 결과적으로는 아이들의 걱정이나 근심, 불안의 정도를 현저히 낮춰준다.

나를 포함한 미국인들은 아이들을 위험에 노출시키는 일에 기겁한다. 그러나 덴마크 교사들은 전혀 걱정하지 않는 것 같다. 그들은 아이들에게 매사에 스스로 하는 법을 가르친다. 어떤 점이 위험하고 어떤 것들을 조심해야 하는지 설명해주는 것이야말로 아이들에게 튼튼한 신뢰감을 형성할 토대를 만들어준다고 믿는다.

여기서 교사가 감당할 수 있는 범위 안에서 아이들이 상황 대처 능력을 탐험해나간다는 사실이 중요하다. 이때 교사는 한 걸음 물러나 있다. '교사가 감당할 수 있는 범위 안에서', 즉 목적과 장소가 분명하고 자기가 신뢰받고 있음을 인지하는 환경에서 아이들은 놀라울 정도로 규칙을 잘 따른다. 그러면서도 자신이 체험을 통해 얻은 사리분별력을 훌륭하게 발휘한다. 이러한 교육 방법은 정말 엄청난 힘을 갖는다. 미국을 포함한 다른 문화권에서 흔한, 부모나 교사가 마치 공중에서 맴도는 헬리콥터처럼 아이들 주변을 뱅뱅 돌면서 아이들을 보호하거나 사사건건 간섭하는 모습은 덴마크 사람들에겐 정말 이상하게 비칠 것이다.

아이들은 타고난 탐험가다. 그러니 해야 할 일과 주의사항만 간략하게 설명해주면 충분하다. 미리 실수를 바로잡아주거나 위험으로부터 보호하고 싶어서 안달하고, 아이들의 일을 대신해주고, 심지어 위험 요소를 제거해버리면 아이들에게 자신감과 자기신뢰를 길러줄 기회는 그만큼 사라지는 것이다.

미국 부모들이 덴마크 부모들처럼 한 걸음 뒤에서 아이들을 지켜보지 못하는 것은 애초에 부모들부터 그런 경험이 없기 때문이다. 그러나 살다 보면 넘어져서 무릎이 까질 때도 있지 않은가. 그럴 때마다 벌떡 일어서는 것. 덴마크 사람들은 이런 회복탄력성을 중요하게 생각한다.

숲속 유치원에 관한 다큐멘터리를 본 적이 있다. 기자가 아이들이 큰 나뭇가지를 서로에게 휘두르다가 다칠까봐 걱정되지 않느냐고 묻자, 유치원 교사가 무덤덤하게 대답했다.

"별로 걱정 안 해요. 물론 가끔 실수로 다른 사람을 칠 때도 있어요. 하지만 그런 경험들을 겪으면서 아이들은 배우는 거잖아요. 지난 17년 동안 다친 남자애를 병원에 데려간 적이 딱 한 번 있어요. 그 일 말고는 별일 없었어요. 그래서 별로 걱정하지 않아요."

인터뷰 중에 잠시 정적이 흘렀고, 기자는 근심 어린 어조로 다시 질문했다.

"그런데 그 아이는 어쩌다 다친 거죠?"

"어느 학부모가 운전하던 차가 아이의 발등 위로 지나갔어요."

몇 가지 규칙이 있을 뿐, 나머지 일들은 아이들 스스로 알아서 하는 곳. 우리가 보기엔 방치나 다름없이 운영되는 숲속 유치원에서 지난 17년 동안 발생했던 가장 큰 사고가 아이들이 아닌, 부주의한 어른 때문이었다니.

때로 진리와 마주하는 것이 불편하다고들 한다. 이런 경우가 그렇다. 우리 어른들이 조금만 인내심을 가지고 (그러면 아이들의 자기 신뢰가 향상될 것이라는 믿음으로) 한 걸음 뒤에서 지켜봐줄 수만 있다면 우리 아이들이 실제로 얼마나 능력 있는지를 보고 깜짝 놀랄 것이다.

놀이욕구는 아이들의 타고난 본능이라는 사실을 기억하자. 전쟁이 한창인 지역의 아이들에게도 놀이욕구는 존재한다. 놀이욕구는 칭찬, 성적, 우승컵 등의 외적인 보상에 의해 발생하는 게 아니다. 놀이는 아이들이 자기 자신을 알아가고 자신의 삶을 살며,

다른 사람들을 이해하는 과정 혹은 경로다. 또한 아이들은 놀이를 통해 하루의 스트레스를 풀기도 한다. 이렇게 매일의 긴장을 덜어 내면 미래의 삶이 그만큼 가벼워지고 경쾌해질 것이다.

부모의 간섭이나 보호 없이 자유롭게 놀 기회가 많아질수록 아이들은 자기 삶에 대한 관리 능력이 커진다. 그래서 학교는 놀이 시간을 많이 확보하기 위해 노력해야 한다. 아이들의 상상력을 마음껏 발휘할 기회가 필요하다. 때론 지루한 놀이가 창의적 아이디어로 이어지기도 하고, 아이들은 놀이를 통해 자신의 한계를 확인하기도 한다.

이는 쉼 없이 빽빽한 수업과 숙제를 최대한 줄이는 동시에, 학교에서 이루어지는 여러 활동이나 수업 내의 전반적 의사결정에 아이들이 적극적으로 참여하면 실현될 수 있다. 그러면 마침내 아이들의 자기 통제력이 함양된다. 본질적으로 자기 통제력이란 걱정과 불안은 줄이고 행복은 키우는 힘이다. 이 힘의 뿌리는 외부가 아닌, 아이들 내면에 있다.

스스로 결정할 때, 비로소 행복해진다

내적 통제 소재(internal locus of control)라는 심리학 용어로 쓰이는 '로쿠스(Locus)'는 '장소, 위치'를 뜻하는 라틴어에서 유래했다. 따라서 '통제 소재'라는 말은 문자 그대로 자신의 삶에 대한 통제가 이루어진다고 믿는 장소다. 통제력이 내부에서 실현되는 사람은 삶을 스스로 통제하고 상황을 바꿀 힘이 자신에게 있다고 믿는다.

반면 통제력이 외부에 있는 사람은 자기 삶을 스스로 통제할 수 없다고 믿기 때문에 어떤 일이 벌어질 때마다 외부 요인을 탓하는 경향이 있다. 통제 장소가 자신의 밖에 존재하기 때문이다.

어린아이부터 청소년과 성인에 이르기까지 연령에 상관없이 외부 또는 상황에 의존적인 자기 통제력을 지닌 (즉 자기 통제력이 내부에 없는) 사람들은 쉽게 불안해지거나 의기소침해진다는 연구 결과가 꾸준히 발표되고 있다. 운명을 움직일 힘이 자기 안에는 없다고 생각하는 사람들은 자연히 불안에 취약해진다. 이러한 무력감이 장기화되면 의기소침한 상태가 되어버린다. 반면 내면 깊은 곳에 자기 통제력이 있는 사람들은 자기 삶의 궤도를 그릴 힘이 자신에게 있음을 신뢰하고, 결국에는 매우 건강한 회복탄력성을 갖게 된다.

최근 30년간 회복탄력성과 관련된 연구가 활발히 이루어졌다. 특히 앤절라 더크워스(Angela Duckworth)가 선구적 연구자다. 그는 유명한 '열정적 끈기(grit)'에 관한 연구에서 성공을 결정하는 가장 중요한 요소는 재능, 지능 혹은 지능지수(IQ)가 아니라 바로 회복탄력성이라는 사실을 밝혀냈다.

또한 출생 전부터 30대까지 698명을 32년간 종단 연구한 발달심리학자 에미 워너(Emmy Werner)는 '회복탄력성과 자기 통제력은 서로 연결된다'는 흥미로운 연구 결과를 내놓았다. 실험집단 중 3분의 2 정도는 행복하고 안정적인 가정의 아이들이었고, 나머지 3분의 1은 이른바 '위기 가정'의 아이들이었다. 쉽게 예상하듯 위기 가정의 아이들은 대개 이상행동과 학습장애, 심한 경우 정신적 문제를 보였다. 하지만 위기 가정에서 성장한 아이들 중 3분의 1 정도는 능력 있고 스스로를 신뢰하며, 다른 사람을 배려하는 청년으로 성장했다. 그들은 가정적·사회적으로뿐만 아니라 학술적으로도 성공했고, 계속해서 자신의 가능성을 확장해나갔다. 회복탄력성 덕분이었다. 그들은 과연 어떻게 회복탄력성을 키울 수 있었을까?

어려운 가정환경에도 불구하고 회복탄력성을 잃지 않은 아이들로부터 워너는 공통점을 발견했다. 바로 스스로를 자기 삶, 자기 운명의 주체로 택했다는 (받아들였다는) 점이다. 이를테면 그들에게는 학업성적을 포함해서 자신의 모든 성취는 외부의 어떤 요인이 아니라 자신의 힘으로 이뤘다는 믿음이 있었다. 그들은 자기 통제력 검사에서 일반 집단보다 표준편차가 2점이나 높을 정도로 강한 자기 통제력을 가지고 있었다. 결국 이 아이들처럼 자신의 삶에 대한 통제력과 결정력이 자기 내면에 있음을 믿고 살아가는 사람은 그만큼 더 행복해지는 것일까?

《과학 연구와 관리 저널(Journal of Scientific Research and Management)》에 자기 통제력의 위치(내부적·자기 신뢰적 혹은 외부적·상황 의존적), 행복, 자존감과 관련된 연구들을 분석한 논문이 실렸다. 논문에 따르면 이 세 가지 요소 가운데 자기 통제력의 위치와 행복은 상당한 상관관계가 있음이 밝혀졌다.

서툴러도 괜찮아! 혼자서 해봐!

주목할 점은 이러한 상관관계는 나이에 관계없이 모든 연령층에서 관찰된다는 사실이다. 심리학자 주디스 로딘(Judith Rodin)은 어느 요양원에 거주하는 무기력한 사람들을 대상으로 일상생활에서 아무리 사소한 일이라도 스스로 해보게 하는 연구를 진행했다. 작은 변화라도 '스스로의 힘'으로 만들어볼 기회를 주는 것이다.

가령 자기가 원할 때 에어컨을 켜고 끈다든가, 원하는 텔레비전 채널을 선택한다든가, 자기 방의 가구를 새로 배치해본다든가, 저녁 식사 메뉴를 매번 다르게 고른다든가 하는 것들이었다. 로딘은 삶의 극히 작은 부분에 자기 통제력을 적용하게 했다. 그러자 그들 중 93퍼센트가 기력과 활기를 되찾고 나아가 더 행복해졌다고 한다.

이와 비슷한 연구를 교도소에서도 진행했다. 의자의 위치를 바꾸거나 전등이나 텔레비전을 켜고 끄는 등의 극히 사소한 선택일지라도 재소자에게 결정권을 줬을 때 요양원 연구와 비슷한 결과를 얻을 수 있었다. 믿기 힘들 정도로 놀라운 결과였다.

아이들에게 자기 통제력을 키워주는 일은 생각보다 훨씬 적은 수고로도 충분하다. 이를테면 숨 쉴 틈 없이 빽빽한 아이들의 스케줄을 줄이고 놀이 시간을 조금 늘리며 학습 과정이나 의사결정 과정에 아이들을 참여시키는 것이다. 이런 작은 결정만으로도 아이들의 자기 통제력은 크게 신장된다. 물론 이런 결정을 내리기 위해서 인식의 전환이 선행되어야 한다.

덴마크 사람들은 가정에서든 학교에서든 의사결정 과정에 아이들을 최대한 참여시킨다. 실제로 덴마크의 많은 학교에서 학생들과 관련된 결정을 내릴 때, 당사자인 학생들이 그 과정을 주체적으로 보고 들을 수 있게 한다. 이는 '의사결정에 참여하기'로서 학교 강령에 포함되는 내용이다.

덴마크 교사는 새 학기가 시작되면 학생들 모두와 개별 면담을 한다. 이때 교사는 각각의 학생들이 1년 동안 무엇을 하고 싶은지, 그것을 어떻게 해나갈지에 대한 대화를 나눈다. 그리고 이를 토대로 함께 1년 계획을 세운다. 학생들의 목표는 다양하다. 수학이나 읽기 실력을 향상시키겠다는 학업과 관련된 목표도 있고,

좀더 외향적인 사람이 되어보겠다는 정서와 관련된 목표도 있다. 축구를 배워보겠다는 신체 활동 목표를 세우기도 하고, 새로운 친구를 사귀겠다는 사회적 목표를 세우기도 한다.

목표가 세워지면 그것을 어떻게 달성할지 교사와 학생, 부모가 한자리에 모여 이야기를 나눈다. 이는 학교와 가정이 교육을 위해 서로 힘을 합쳤기에 가능한 일이다. 교사는 학생이 계획을 성공적으로 이루도록 1년 내내 지원하며, 필요하다면 적절하게 계획을 수정하기도 한다. 중학교 이전까지 시험이 전혀 없는 덴마크 학교에서는 이러한 1년 계획표가 학업적인 면에서도, 개인적인 면에서도 학생의 성장을 확인하는 매우 중요한 잣대 역할을 한다.

덴마크 사람들은 삶이라는 비행기를 조종하는 기장이 아이들 자신이라고 생각한다. 따라서 주변 어른들은 아이들 대신 비행기 조종간을 잡아서는 안 되며, 오직 비행기가 목적지를 향해 잘 비행하도록 기장 옆에서 도와야 한다고 생각한다.

아울러 대부분의 덴마크 교사들은 교사란 본질적으로 '학생들과 함께 배우는 사람(co-learner)'이라고 생각한다. 사실 요즘 같은 정보화 시대에 학생들은 교사보다 훨씬 풍부한 정보에 빠르게 접근할 수 있다. 이런 관점에서 보면 덴마크 교사들의 생각은 아주 현실적인 셈이다.

이렇듯 교사, 부모와 더불어 아이들이 '주체적으로' 역할을 맡는 덴마크 교육은 구시대적인 교육과는 본질적인 차이가 있다. 여기서 구시대적 교육이란 마치 주유소 직원(구식 교사를 비유하는 덴마크식 표현)이 자동차에 기름을 채우듯 교사는 학생들의 귀에 지식을 퍼넣고, 아이들은 수동적으로 암기하는 것을 말한다.

그런데 안타깝게도 이런 식의 교육이 아직도 존재한다. 교사는 '가장 잘 알고 있는 사람'이고, 학생의 본분은 '선생님의 말씀을 잘 받아 적고 암기하는 것'이라는 구태의연한 교육 방식이 여전히 많은 학교에서 유지되고 있다. 그럼에도 수많은 '동기이론'들은 하나같이 덴마크식 교육의 효과를 증명한다. 동기이론에 따르면 교육 목표 설정에 학생들이 참여하는 경우 이후 학생들의 학습에 긍정적인 결과가 나타난다. 학생들이 학습의 목표와 의미를 진정으로 이해함으로써 학습의 주체가 될 수 있기 때문이다.

선생님과 학생이 함께 배우다

이 책의 구성 순서를 'TEACH(가르침)'라는 약어에 따라 배치한 것은 '가르치다(at lære)'를 뜻하는 덴마크어가 영어 'to teach'와 언어적으로 매우 흥미로운 차이가 있기 때문이다. 덴마크 생활 초창기에 덴마크 사람들이 영어로 "내가 학생들을 '배울' 때(when I learn the student)"라고 표현하면 나는 그들이 영어가 서툴러서

"내가 학생들을 '가르칠' 때(when I teach the student)"를 잘못 표현한 것이라고 오해하곤 했었다. 사실은 그게 아니었다.

덴마크어 '아트 레르(at lære)'는 '가르치다'와 '배우다'라는 뜻을 모두 가지고 있어서 어느 의미로든 사용할 수 있었다. 영어가 모국어인 나는 내가 속한 언어·문화적 습성에 젖어서 그들의 말을 제대로 이해하지 못했다. 내가 덴마크어 'at lære'에 담긴 이런 (환상적인) 이중적 의미를 알아챌 수 있었던 시기는 덴마크 사람들이 아이들을 기르고 교육하는 방식을 섬세하게 관찰하고 성찰한 후였다. 능력 있고 재기 넘치는 아이들이 각각 '개별적 존재'임을 진심으로 인정한다면, 아이들을 정말로 있는 그대로 들으려고 노력한다면, 이는 아이들의 신뢰와 자존감의 기초를 다지는 일이 될 것이다.

고전에 '가르침은 가르치는 자와 배우는 자가 함께 만드는 것'이라는 말이 있다. 신뢰란 궁극적으로 공유된 가치와 믿음 위에서 가능해진다. 아이들이 배움의 과정에서 자신이 '소외되지 않는' 존재라고 느낄 때 비로소 아이들의 동기, 자존감 그리고 행복이 자라난다. 이러한 원리는 육아에도 그대로 적용된다.

덴마크의 10대 아이들이 사춘기를 상대적으로 무난하게 넘길 수 있는 것도 같은 맥락에서 이해된다. 어릴 때부터 존중받고 신뢰받으며 참여의 주체로서 성장한 아이들은 입장이 바뀌어 의사결정 과정에 자기 부모를 참여시켜야 할 때 훨씬 더 잘 배려할 수 있게 된다. 실제로 덴마크 아이들은 다른 나라의 또래들에 비해 놀라울 정도로 성숙하다. 그리고 이 모든 것들은 아이들이 자기 삶의 계획을 스스로 세우고 관리하고 통제할 힘을 형성함과 동시에 자기 신뢰(부모님과 선생님이 내 생각의 가치를 인정한다는 것, 그리고 내 안에 스스로 목표를 세우고 성취할 능력이 있다는 것에 대한 신뢰)와 자존감의 토대가 된다.

우리 모두는 이미 알고 있다. 학습의 주체인 아이들을 의사결정 과정에서 제외하고 계속 "이거 해라, 저거 해라" 하는 식으로 지시하면 얼마 가지 않아 아이들은 자기 통제력과 자기 신뢰를 잃게 된다는 것을. 이러한 상실은 불안감이 되고, 결국 아이들은 자기 '삶의 목적'을 찾아나갈 기회를 박탈당한다.

동기이론의 대변인인 사이먼 사이넥(Simon Sinek)의 테드(TED) 강연은 전 세계적으로 엄청난 조회 수를 기록했다. 그중에서도 '왜(why)의 힘'을 주제로 한 유명한 강연에서 그는 세계적인 지도자들의 의사소통 방식에는 하나의 분명한 공통점이 있다고 주장했다. 이들은 하나같이 과정(how)이나 결과(what)가 아닌, '왜(why)'에 초점을 두고 의사결정을 한다는 것이다. 그는 가장 중심에 '목적'이 자리한 '골든 서클(golden circle)'로 자신의 이론을 간단하게 설명했다. 아주 기본적인 생물학적 원리에 근거

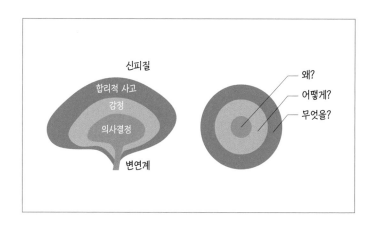

한 설명이었다.

　인간의 뇌를 위에서 아래로 내려다보면 세 개의 주요 부분으로 나뉘어 있다. 가장 바깥 부분은 가장 최근에 진화한 '신피질'로, 이성적·분석적 사고와 언어를 담당한다. 가운데 두 부분은 '변연계'로, 성실함 혹은 신뢰를 비롯한 인간의 감정을 담당한다. 인간의 행동이나 의사결정 또한 변연계의 역할이지만 변연계는 언어와는 무관하다.

　사이먼 사이넥은 골든 서클을 토대로 우리가 무엇을(what) 어떻게(how) 하라고 지시하는 방식으로 (즉 뇌의 외부에서 내부 쪽으로) 의사소통하면 상대방에게 정보를 전달할 수는 있지만 실제 행동을 이끌어낼 보장은 없다고 말한다. 하지만 감정과 목적(why)을 담당하는 뇌의 안쪽 부분에서 바깥쪽으로 향하는 의사소통을 하면 원하는 행동을 유도해낼 가능성이 높다. 이는 인간 행동을 담당하는 뇌의 영역을 직접 자극하기 때문이다.

이 부분은 인간의 직감과도 연결되어 있다. 요컨대 어떤 일을 하든 무엇을 배우든, 그 이유나 목적을 모르면 내적으로든 외적으로든 신뢰가 형성되기 어려울 뿐만 아니라, 일이나 학습 내용도 쉽게 잊어버릴 수 있다. 하지만 배우는 목적을 이해하고 그것을 감정과 연결한다면, 배움은 훨씬 의미를 갖고 학습 내용 또한 오랫동안 기억에 남게 된다.

아이들의 삶을 바꾸는 질문, '왜?'

덴마크에서는 연구나 실험에서 학생들이 답을 찾는 데 도움이 된다고 판단되면 컴퓨터, 계산기 혹은 친구의 도움까지도 자유롭게 활용하게 한다. 즉 덴마크 학생들은 답 자체가 아니라 답을 찾는 과정에서 사고하는 법, 참고자료를 활용하는 법 등을 평가받는다. 덴마크에서는 어떤 계획을 세우고 어떤 창의적인 전략을 통해 문제에 접근하는지, 그리고 이때 다른 사람과 얼마나 잘 협력하는지가 평가의 핵심 항목이 된다. 바로 이런 면면을 통해 덴마크 교육의 본질을 이해하게 된다. 덴마크 사람에게 배움이란 관람석에서 눈으로 즐기는 경기가 아니다. 배움의 주체가 반드시 직접 참여할 수 있어야 한다.

지금은 언제 어디서든 인터넷에 접속해 검색만 하면 쉽게 답을 찾을 수 있는 시대다. 감당할 수 없을 만큼 정보가 넘쳐나는 시대에서는 어떤 정보를 찾느냐가 아니라 정보의 망망대해에서 항로를 잃지 않고 항해를 해내는 것이 중요하다. 그러려면 '목적지'를 분명하게 이해해야 한다. 그래서 무엇을 어떻게 하라고 지시하는 대신 아이들에게 스스로 생각하는 법을 가르치고, 각자가 배움의 이유를 찾도록 돕는 교육 방식이 중요하다. 그리고 그 중요성은 점점 더 커질 것이다.

세계경제포럼이 발간하는 《인적자본보고서(Human Capital Report)》 최근호에 '미래의 일자리에 대비하기'라는 글이 실렸다. '오늘날 많은 국가의 교육체계가 현재 노동시장에서 필요로 하는 기술력을 전혀 제공하지 못하고 있다'라는 문제 제기를 하는 글이었다. 현재 학교 교육이 비판적 사고 능력이나 문제해결 능력, 창의성, 협력 등과 같은 자질을 길러주기보다는 이전 시대의 전통적인 과목들 중심의 인지기술(cognitive skills)에만 여전히 집중하는 현실을 지적한 것이었다.

세계에서 가장 영향력 있는 사람 중 한 명으로 급부상한 알리바바그룹의 마윈(馬雲) 회장은 2030년쯤에는 인공지능 로봇이 800만 개의 일자리를 대체할 것이라면서 지금과 같은 지식 전달식의 교육을 지속해서는 안 된다고 주장했다. 지식에 관한 한, 인공지능 로봇이 인간보다 훨씬 뛰어나기 때문이다. 그러니 우리는 인공지능 로봇이 해낼 수 없는 인간 고유의 자질, 다시 말해 자유롭게 생각하고 가치를 생산하며, 협동하고 타인을 배려하는 등의 능력을 계발해야 한다는 뜻이다. 그는 말한다. "유연한 기술(soft skills)이란 자유로운 사고, 협동, 배려 등과 같은 능력이다. 지식 전달식 교육으로는 이런 유연한 기술을 가르칠 수 없다."

접촉수업: 신뢰와 배려를 기르기 위한 교육활동

쓰다듬으며 괴롭히는 사람은 없다

덴마크에서는 흔치 않은 어느 화창한 날이었다. 나는 메트 선생님이 담임인 1학년 교실에 앉아 있었다. 부드럽고 달콤한 목소리를 가진 메트 선생님이 학생들에게 교실 바닥에 원형으로 빙 둘러앉아 앞사람의 등을 보라고 했다. 그다음에는 바로 앞사람 등에 두 손을 얹어보라고 했다.

"자, 이제 친구의 등에 큰 원을 그린다고 생각하면서 문질러보세요. 너무 꽉 누르지는 마세요. 그리고 기분이 좋아지면 등을 문질러준 친구에게 그 기분에 대해 이야기해주는 거예요."

아이들이 앞에 앉은 친구가 느끼기에 딱 기분 좋을 정도의 세기로 등을 문지르기 시작했다. 반 아이들 모두가 행복해질 때까지. 메트 선생님은 친구의 등을 두드릴 때는 가랑비가 내리는 것처럼, 주무를 때는 빵을 반죽하는 것처럼, 문지를 때는 글자를 쓰는 것처럼 하라고 알려줬다. 아이들은 무척 재밌어하면서 서로를 마사지해줬다. 아이들은 모두 편안하고 안정되어 보였다.

4학년 반의 '접촉수업(contact class)'도 참관한 적이 있었다. 학생들이 둘씩 짝지어 의자에 앉아서 상대방의 등을 서로 마사지해주었다. 그런데 마사지 전에 담임선생님은 교실 전면에 있는 스크린에 그림과 음악이 나오는 애니메이션 영상을 띄웠다. 한 여자아이가 새로운 학교를 찾아가면서 겪는 일들을 보여주는 내용이었다. 영상에는 이런저런 물체가 내는 소리 등 다양한 사운드만 나왔고 내레이션은 담임선생님이 직접 했다. 신기하게도 영상에 나오는 소리나 움직임들은 아이들이 서로를 마사지하는 소리나 움직임들과 꼭 같았다.

아이들은 영상 속의 아이가 타닥타닥 걸을 때 친구의 등을 부드럽게 타닥타닥 두드렸고, 모래를 털어낼 때 똑같이 친구의 어깨를 쓰다듬었으며, 아이가 길바닥에 쪼그리고 앉아 손으로 'X'자를 그릴 때 같은 모양새로 서로의 등을 문질렀다. 영상이 끝나자 담임선생님은 다른 영상을 틀었고, 학생들은 서로 역할을 교대했다. 그리고 다시 마사지 시간이 이어졌다. 고작 10분 정도 이어진 활동이었지만 아이들이 차분해지고 기분이 좋아지는 데는 충분해 보였다.

덴마크 아이들은 아주 어릴 때부터 정해진 일과처럼 접촉수업을 한다. 접촉수업이 교실에서 아이들의 행복을 증진시킨다는 사실이 검증되면서부터 덴마크의 많은 학급에서 적어도 일주일에 한 번 정도는 이 활동을 한다. 접촉수업 활동은 신선도의 측면에서도, 효과의 측면에서도 놀라웠다. 접촉의 긍정적 영향이 나에게는 문화적 충격으로 다가왔다.

덴마크 사람들은 흔히 "쓰다듬으며 괴롭히는 사람은 없다"고 말한다. 접촉하고 만지고 쓰다듬는 행위는 신뢰감은 높이고 공격성은 억제하는 호르몬인 옥시토신(Oxytocin)의 분비를 촉진하여 교실 속 아이들의 행복감을 향상시킨다. 어찌 보면 참 단순한 원리지만 정말 효과 만점이다.

접촉수업에 대한 과학적 근거

행동장애가 있는 유치원생들을 대상으로 실시한 장기 연구에 따르면 하루에 단 5~10분만이라도 다른 사람과 접촉하거나 마사지를 받으면 공격성이 눈에 띄게 줄어든다고 한다. 연구에서는 아이의 부모나 연구원이 '아동 행동 체크리스트(Child Behavioral Checklist)'로 해당 아이가 치료받기 전의 행동에 등급을 매겼다.

치료 후 3개월, 6개월, 12개월마다 아이의 행동 등급을 관찰했다.

그 결과 행동장애 아동의 공격성이 상당히 낮아졌을 뿐만 아니라 주의력 결핍이나 신체적 이상 증상, 사회성 결핍 또한 눈에 띄게 줄었다. 12개월 후에도 공격성과 신체적 이상 증상의 발생 빈도가 지속적으로 줄어드는 것이 확인되었다. 단지 마사지만으로 말이다!

공격 성향이 높은 청년들을 무작위로 뽑아 일주일에 두 번씩 5주간 마사지를 받게 한 연구에서도 비슷한 결과가 나타났다. 마사지 치료가 끝날 무렵, 실험 대상자 스스로도 적대감이 많이 사그라들었다고 보고했고, 그들 부모들 역시 자녀의 공격성이 상당히 낮아졌다고 진술했다.

6~8세 초등학생 105명을 대상으로 마사지 치료와 '스토리텔링(story-telling)' 치료를 6개월 넘게 병행한 또 다른 연구에서는 이 두 가지 치료가 서로 상승효과를 낸다는 사실이 밝혀졌다. 아이들은 타인에 대한 호의, 공감, 존중과 함께 자기 돌봄(self-caring)과 자기 관리(self-regulation)에도 적극적인 모습을 보였다. 그 결과 학교에서의 학습 활동과 사회적 행동에도 긍정적 영향이 나타났다.

신뢰감은 이성이 아니라 옥시토신 호르몬이 결정한다는 이론으로 유명한 미국 클레어몬트대학원 교수 폴 잭(Paul Zak)은 하루에 여덟 번 정도 포옹하라고 권한다. "포옹하면 옥시토신이 분비되고, 옥시토신이 많이 분비될수록 신뢰감과 행복감이 상승합니다. 그러면 어떤 상황에서든 유대감을 높일 수 있습니다"라고 말한다. 그는 신뢰를 유발하는 본질적 요소라는 의미에서 옥시토신에 '도덕적 분자(moral molecule)'라는 이름을 붙였다.

서로의 아픔을 어루만지기 위한 믿음

모든 영장류는 사회적 접촉에 의존해 살아간다. 동물에 관한 연구들을 보면, 서로의 몸을 손질해주는 접촉은 옥시토신 분비를 자극한다. 이때 뇌에서는 통증을 억제하는 아편제(opiates)가 방출되면서 심리적 안정감을 증대시킨다. 동물들도 공감을 표현한다는 사실을 밝혀낸 세계적인 영장류학자인 프란스 드 발(Frans De Waal)은 침팬지들이 서로의 털을 골라주는 행위를 '서비스 시장(marketplace of services)'이라 표현했다. 한 예로 침팬지는 이전에 함께 털 고르기를 했던 상대와 음식을 나눠 먹는 경향을 보인다. 무리에서 싸움이 벌어지고 나면 그 긴장감을 완화시키는 것도 바로 털 고르기 행위다.

침팬지 사회에서 가장 화해하기 힘든 상황 중 하나가 바로 두 수컷이 엄청나게 화가 난 채로 털을 뻣뻣이 세우고 대치할 때라고 한다. 이때 암컷 침팬지가 수컷 침팬지들에게 다가가 양쪽의 털을 번갈아 골라줌으로써 이들의 흥분과 긴장을 누그러뜨리고, 결국 대치 상태를 풀어내곤 한단다.

공격적 분위기가 아주 팽배한 교실에서 접촉수업을 진행한다고 상상해보자. 이미 많은 선행연구를 접한 우리는 이 활동이 아이들의 공격적인 행동이나 괴롭힘, 불안감 등을 줄여준다는 사실을 안다. 접촉은 스트레스 상황에서 분비되는 코르티솔(Cortisol) 호르몬은 줄이는 반면, 스트레스 반응을 억제하는 옥시토신 호르몬의 분비는 촉진함으로써 흥분을 진정시키는 효과가 있다. 또한 만족감, 소속감, 안정감 등을 증대시킴으로써 전반적인 행복에도 도움을 준다. 정말로 '쓰다듬으며 괴롭히는 사람은 없다'.

여기서 한 걸음 더 나아가 우리의 피부를 '사회적 기관(social organ)'이라고 부르는 과학자들도 있다. 이처럼 접촉이 상호 신뢰를 쌓는 강력한 비언어적 의사소통이라는 사실이 밝혀졌음에도 이를 일상생활에 적용해보려는 사람은 거의 없다. 대부분은 서로 접촉하지 않아도 되는 사회적 환경에서 살아왔기 때문에 신체 접촉을 거북해하기도 하고, 다른 사람들과 가까워지는 것에 대해 복잡한 심정을 갖기도 한다. 실제로 신체 접촉을 두려워하는 사람들도 가끔 있다. 그들은 대체로 접촉에 대한 욕구를 아예 억압하거나, 접촉에 오로지 성적 의미만 부여하는 경향을 보이곤 한다.

일정한 물리적인 거리를 두고 아이를 독립적으로 키우는 게 좋다고 생각하는 사람도 많다. 모유 수유를 하지 않는 것, 아이를 따로 재우는 것, 어린아이가 혼자 울게 내버려두는 것 등이 그런 생각에서 나온 대표적인 예들이다. 여기에는 '강해져라'든지 '남자답게' 같은 암묵적 메시지가 담겨 있을 가능성이 높다. 신체 접촉을 '사내답지 못한 행위'로 치환해버리는 나라가 전 세계적으로 아직도 많다.

아이들은 항상 누군가가 자신을 봐주고 자기의 말을 들어주길 바란다. 그런 방식으로 사랑받고 싶어 하는 것이다. 아이들이 공격적인 행동을 보이는 것은 이러한 욕구들이 충족되지 않았기 때문일 가능성이 높다. 그러니 옥시토신의 기능에 대해 정확히 알고 있다면, 인간의 신체 접촉이 행복을 증진시키고 폭력을 줄이는 강력한 효과가 있음을 잘 이해하고 있다면, 곧 다음과 같은 의문이 들 것이다.

"인간의 가장 기본적인 욕구 중 하나인 '접촉'이 우리에게는 정말로 불가능한 걸까?"

시리아 난민 친구를 위한 아이들의 토닥임

덴마크 북부 지역에서 근무하는 도르테 미켈센(Dorthe Mikkelsen) 선생님에게 담당 반으로 전학 온 시리아 난민 여자아이에 관한 이야기를 들은 적이 있다. 그 아이의 부적절한 행동들에 대해

들다 보니 '문제아' 같았다. 하지만 덴마크에서는 웬만하면 아이들에게 부정적인 낙인을 찍지 않는다. 덴마크 사람들은 문제가 발생하면 먼저 해결 방법부터 찾으려 노력한다.

덴마크에는 모든 아이가 본질적으로 착하고 순수하다는 믿음이 있다. 그래서 아이가 어떤 행동을 하면 이유를 제대로 파악해서 아이에게 필요한 것을 제공하려고 노력한다. 도르테 미켈센 선생님도 다르지 않았다. 그는 우선 아이를 세심하게 관찰했고, 실제로 수류탄 파편이 아직까지 아이의 위장 속에 박혀 있다는 사실을 알아냈다.

아이도, 아이 부모도 과거의 일을 다시 꺼내고 싶어 하지 않았으나 덴마크 문화에서 이런 일은 절대 '이미 끝난 문제'가 아니다. 도르테와 동료 교사들은 그 아이의 가족과 여러 차례 만나 덴마크에서 이런 문제는 결코 그냥 넘길 수 있는 사안이 아닐뿐더러 아이의 상처를 숨기지 않고 다 함께 이야기를 나누는 것이 당사자인 아이에게 꼭 필요하면서도 중요한 일이라고 강조했다. 아이의 내면 깊이 새겨진 상처는 '현재의 자의식'에 영향을 미치기 때문에 이미 끝난 문제를 다시 꺼내 함께 다룰 용기가 필요하다고 말이다.

도르테 선생님은 그 자그마한 아이에게는 누구보다 많은 접촉이 필요하다고 생각했지만, 아이는 스토리텔링 수업 시간에 아무

말도 하지 않고 가만히 앉아 힘들어했다. 도르테 선생님은 그 아이가 책을 읽을 때면 어깨에 가만히 손을 얹어 어루만져주곤 했다. 그래도 그 아이는 수업 시간에 아무 말 없이 조용히 앉아 있기만 했다. 하지만 얼굴 표정은 한결 행복해 보였다.

"외상 후 스트레스 증후군을 겪는 사람들은 자기 몸을 훨씬 더 많이 느낄 필요가 있어요"라고 도르테 선생님은 말했다. 실제로 그 아이에겐 그 누구보다도 많은 접촉이 필요했고, 접촉수업과 마사지 활동을 통해 밝고 긍정적인 변화를 겪을 수 있었다.

시리아 난민 아이의 이야기는 접촉을 통해 한 사람의 삶이 얼마나 달라질 수 있는지를 보여주는 훌륭한 사례다. 우리가 자신의 상처받은 몸과 만나지 않으려고 마음을 완전히 닫아버리면, 그것은 훗날 문제가 되어 우리에게 되돌아온다. 반면 늦게라도 자신의 몸과 만나는 법을 배워서 자기 치유로 향하는 길을 택한다면, 우리는 잃어버린 자기 신뢰 또한 되찾을 수 있을 것이다.

아이에게 "안 돼!", "조심해!"라는 말 대신 어떤 말을 해야 하는지 배우고 자존감과 자신감의 차이를 이해하며 하루에 여덟 번씩 안아주는 등 우리가 아이들의 자기 신뢰를 길러줄 방법은 다양하다. 아이들에게 자신을 신뢰할 수 있는 힘이 있음을 진실로 믿어줄 때, 아이들은 내면에 중요한 나침반을 만들고 삶이라는 항해에 나설 것이다.

세상에서 가장 행복한 덴마크 사람들의 시선으로 세상과 삶을 바라보자. 그러면 그들의 교육, 양육, 육아의 중심에는 아이들의 '행복'이 있음을 볼 수 있다. 아이들의 '행복한 삶'은 덴마크 교육의 정수인 동시에, 교육의 '이유'가 된다. 아이들은 기분이 좋아야 공부도 잘할 수 있다.

이제 성적 혹은 평가가 차지했던 자리에 진짜 성공의 비결인 '행복'을 놓아둘 때가 되었다. 앞으로는 좋은 성적을 받아야 하는 상황에 놓이더라도 '무엇을' '어떻게'가 우리를 괴롭히지 않을 것이다. 이러한 변화는 아이들의 놀이처럼 아주 쉽고 자연스럽게 이루어진다. 아이들은 그냥 신나게 놀지, 무엇을 가지고 어떻게 놀아야 할지를 힘들게 고민하지 않기 때문이다.

신뢰를 형성하기 위한 덴마크식 방법

🍃 "안 돼!" 대신 아이들 스스로 문제를 해결하도록 도와주자

"조심해!", "그러지 마!" 같은 말 대신 "저 통나무를 어떻게 건너갈 거야?", "저 바위언덕을 어떻게 올라갈 거니?", "저길 어떻게 올라갔다가 어떻게 내려올 거니?", "뭘 이용할 계획이야?", "저 나뭇가지가 네 몸무게를 지탱할 만큼 단단한 거니?" 같은 말로 아이들 스스로 위험을 알아채고 대비할 수 있는 힘을 길러줘라.

무조건 아이를 위험에서 보호하려고만 하거나, 뭐든 못하게만 하지 말고 "발을 좀더 빨리 움직여보면 어떨까?", "발을 좀더 단단하게 디뎌보자", "그럴 땐 손(혹은 발, 팔, 허벅지…)을 쓰면 좋지 않을까?", "좀 무섭지 않니?", "안전한 것 같아?", "좀 흥분되지?" 같은 말로 아이들이 스스로 문제를 해결하도록 도와주는 것이 바람직하다. 언제나 어른들의 경험이 아닌 아이들의 경험에 초점을 맞춰라. 그래야 아이들에게 자기 신뢰와 자존감을 길러줄 수 있다.

🌱 근심, 걱정, 두려움을 바라보는 관점을 바꿔라

아이들은 어른의 감정에 민감하게 반응하므로 말을 할 때는 세심한 주의를 기울여야 한다. 예컨대 당신은 고소공포증 때문에 비행기 타는 것을 무서워할 수도 있고, 벌레를 끔찍이 싫어할 수도 있다. 이때 "나는 비행기 타는 게 정말 무서워"라고 말하는 대신, "나는 비행기에서 내린 다음부터 펼쳐지는 여행이 훨씬 더 좋아"라고 말해보자. 혹은 "거미는 정말 무서워" 대신, "천장 구석에 거미줄을 치고 다른 벌레들을 잡는 거미를 보면 정말 놀라워"라고 표현해보자. 그러면 근심, 걱정, 두려움, 공포가 재구성된다.

아이들은 우리를 비추는 거울이다. 사람들은 불안해지면 부지불식간에 두려움을 느끼고, 두려움은 태도에 짙게 묻어난다. 이는 결국 상대의 신뢰를 갉아먹는다. 아이들은 호기심과 창의성을 타고난 존재들이다. 불안과 공포는 불안과 공포를 낳고, 신뢰는 신뢰를 낳는다. 그리고 호기심과 창의성은 신뢰 위에서 꽃핀다.

사고방식을 재구성하는 것은 스스로를 변화시키는 일종의 삶의 기술이며, 아이와 어른 모두 이 기술을 배울 수 있다. 그러니 무엇을 할 수 없는지가 아니라 무엇을 할 수 있는지에 중점을 두고 생각하려고 노력하라.

◈ 아이들이 더 마음껏 뛰어놀게 하라

아이들이 놀고 있다고? 아니, 아이들은 지금 배우는 중이다! 놀이 시간을 늘리는 것이 요즘 대세가 되고 있다. 지금 이 책을 읽는 당신이 부모라면 아이들을 마음껏 놀게 해야 한다는 생각을 가진 다른 부모들과 함께 힘을 합쳐 학교에서 놀이 시간을 늘리도록 노력해야 한다. 실제로 놀이를 통한 학습은 통제 위주의 학습이 지닌 문제들을 줄일 뿐만 아니라 학습 효과도 높은 것으로 밝혀졌다. 그렇기 때문에 놀이 시간을 늘리는 학교가 증가하고 있다.

덴마크에서는 제멋대로 행동하는 아이들에게 넘치는 에너지를 발산시킬 수 있도록 운동장을 몇 바퀴 돌게 한다. 몸을 움직이는 것이 집중과 학습에 미치는 효과가 크기 때문이다. 아이들은 다양하다. 그리고 그중에는 다른 사람보다 몸을 더 많이 움직일 필요가 있는 아이들이 있다. 부모들이 서로 협력하면 교사, 학교와 함께 학교에서 놀이 시간, 휴식 시간 등 몸을 움직일 수 있는 시간을 더 많이 늘릴 수 있다.

이와 관련한 더 많은 정보와 자료를 보고 싶다면 '자연놀이(Nature Play)' 사이트에 접속해보라(https://www.natureplayfilm.com).

◈ 아이들을 바깥으로 내보내자

자연과 교육은 함께 가는 것이다. 그러니 답사여행도 다니고 공원도 가면서 다양한 방식으로 자연을 학습에 끌어들이자. 스스로의 힘으로 만들고 탐구하는 것은 아이들에게 큰 도움이 된다.

◈ 아이들에게 생존 기술을 배울 수 있는 기회를 주자

불 피우기, 나무하기, 요리, 낚시, 물고기 손질 등의 생존 기술을 가르친 다음 뒤로 물러나면 아이들이 배운 것들을 놀라울 정도로 잘 해내는 모습을 볼 수 있다.

덴마크에선 생존 기술과 관련된 학습 활동이 매우 보편화되어 있다. 자신을 좋아하는 마음만 있으면, 위험 안에서도 자기 자신을 잘 돌볼 수 있다. 이를 통해 자존감과 자신감 모두 길러진다는 교육철학 덕분이다.

아이들에게 일단 무엇을 어떻게 해야 하는지를 가르쳐주고 나면 아이들이 해낼 때까지 인내와 신뢰를 가지고 기다려야 한다. 뭔가 바로잡아주고 싶은 마음이 든다면 심호흡을 하며 참는 것이 도움이 된다. 자기 문제를 스스로 해결할 수 있을 때, 아이들의 자기 신뢰와 회복탄력성도 길러진다.

☘ 아이들에게 허드렛일도 하게 하라

허드렛일은 아이들에게 책임감을 길러주는 훌륭한 방법이다. 허드 렛일이 과도하지만 않다면, 예컨대 함께 식탁을 치우거나 저녁식사를 준비하는 일은 아이들도 재미있게 할 수 있다.

덴마크 학교에서는 학생들을 몇 개의 조로 나눠 교대로 교실을 청소하거나 급식 준비를 돕게 한다. 이런 일을 맡은 조의 공식 명칭은 '일등 아이들(dukse, top boys and girls)'이다. 학생들은 허드렛일을 하면서 책임감, (자기 반과 학교에 대한) 관심, 존중감을 키울 수 있다.

☘ 자기 물건은 스스로 챙기도록, 책가방도 아이가 매게 하라

자기 간식 통을 챙기는 것을 비롯해 자기 일은 스스로 하게 하라. 덴마크 교사들은 아이들에게 책임감을 길러주기 위해 아침에 자기 책가방을 자기가 매고 등교하는 아이를 칭찬한다.

그들은 결코 책임감의 중요성을 귀에 못이 박이도록 말로 주입하지 않는다. 우리가 언제까지 아이들을 도울 수는 없다. 아이들이 조금이라도 일찍 배울수록 자기 신뢰도와 독립심도 커진다. 마리아 몬테소리(Maria Montessori)도 "아이 스스로 할 수 있는 일을 절대 대신해주면 안 된다"라고 말했다.

✤ 자신감이 아니라 자존감을 높여줄 의사소통을 하라

- 학교 성적이 곧 내가 아니라는 사실을 아이들에게 알려주는 것이 중요하다.

- 오늘 숙제가 뭔지 묻는 대신 하루를 어떻게 보냈는지 물어보자. 어른들끼리 대화할 때 한 사람만 계속 말하지 않는 것처럼, 아이들에게 오늘 하루에 대해 물을 때도 당신은 묻고 아이들은 대답하는, 인터뷰 같은 대화가 이어지지 않도록 주의해야 한다. 오늘 하루를 어떻게 보냈는지에 대해 아이와 당신이 '함께' 대화하는 것이 중요하다.

- 아이들이 성취했을 때가 아니라 도와주고, 배려하고, 사랑하고, 예의 있게 행동했을 때 칭찬해주라.

- 평가하는 느낌을 주는 단어 대신 인정하고 공감하는 화법을 사용하라.

✤ 아이들의 교육은 아이들과 함께 결정하라

가정에서든 학교에서든 모든 의사결정 과정에 아이들을 참여시키자. 학급 규칙을 결정하는 문제에서부터 작게는 학생 개인의 학습 목표를 정하는 일, 크게는 학교 차원의 계획을 수립하는 것에 이르기까지 모든 의사결정 과정에 아이들을 참여시키고 아이들의 생각을 묻자.

이로써 아이들 자신이 결정의 한 주체로 존중받고 있음을 알려주고, 모든 과정 자체가 하나의 배움이 되게 하라. 아이들이 의사결정 과정에 주체로서 참여해야 이들의 신뢰뿐만 아니라 민주주의도 성장한다. 자신이 존중받고 있다는 느낌은 아이들의 학교생활을 편안하게 만드는 원동력이 된다. '가르침은 가르치는 사람과 배우는 사람이 함께 만들어가는 것'이라는 생각은 진정으로 마음 깊이 받아들이기만 한다면 그야말로 놀랍도록 심오한 교육철학이 된다.

🌿 '실생활'과 관련된 활동을 통해, 아이들이 배우는 '이유'를 스스로 깨닫게 하라

어떻게 해야 아이들이 학습 활동의 '이유'를 스스로 깨우치게 할까? 어떻게 하면 아이들의 실제 경험을 수업 활동에 잘 녹여냄으로써 훨씬 깊은 차원의 학습이 이루어지고, 또래 친구들과 협력하는 기술까지 길러줄 수 있을까?

결론을 말하자면 특별히 걱정하지 않아도 된다. 아이들은 천성적으로 이런 것들을 매우 다양한 방식을 통해 자연스럽게 배운다. 자신의 감각, 감정과 함께 몸을 더 많이 사용하면서 아이들은 자신의 경험을 더 오래 기억하고, 창의성 또한 훨씬 더 강력하게 자극받는다. 아이들이 일단 배우는 '목적'을 이해하고 나면 '무엇을' '어떻게' 해야 하는지 그 방법을 찾는 것은 별로 어려운 문제가 아니다.

🌱 학생 주도의 협력적 조별 수업 활동을 하라

덴마크에서는 학생들이 서로 협동하며 주도하는 수업이 아주 보편적이다. 수업 활동의 60퍼센트 정도가 개인이 아닌, 조별로 진행된다. 아이들끼리 서로 도와가며 주도하는 조별 수업 활동은 협동심과 협업 능력을 길러주고 서로에 대한 신뢰를 키워주는 등 장점이 많다는 사실이 증명되고 있다.

🌱 '접촉수업'을 도입해보라

"쓰다듬으며 괴롭히는 사람은 없다"는 덴마크 격언이 말해주듯 미취학 영유아들에게든 초등학교 저학년생들에게든 접촉은 옥시토신 분비를 촉진하고 신뢰를 강화해준다는 사실을 기억하라. 접촉을 통한 관계 맺기는 나이에 관계없이 모든 사람에게 도움이 되는 것으로 밝혀지고 있다. 단지 5~10분 동안의 짧은 접촉도 효과가 있다.

접촉을 활용한 소통은 서로에 대한 공격성을 줄이고 신뢰를 쌓으며 삶의 질을 높여주는 가장 확실한 방법 중 하나다. 이는 과학적으로 증명된 사실이기도 하다. 덴마크 사람들의 행복한 삶, 공감 능력 그리고 높은 수준의 신뢰 등을 생각하면 결론에 자연스럽게 이르게 된다. 덴마크 이외의 나라에서도 접촉수업을 도입해야 한다고 말이다.

🌿 하루에 여덟 번 포옹하자

폴 잭 교수가 강조했듯이 포옹은 옥시토신 분비를 촉진한다. 그리고 옥시토신을 많이 분비할수록 사람들은 더 행복해지고 신뢰는 더 깊어지며 인간관계는 더 좋아진다. 그러니 포옹의 힘을 절대 과소평가하지 말자.

주의사항

트라우마가 있는 사람의 경우 때로 신체 접촉이 공포 혹은 공격성을 악화시킬 가능성도 있다. 때문에 신체 접촉을 시도하기 전에 해당 트라우마는 어떤 특성을 지녔는지, 신체 접촉을 하는 사람이 관련 분야의 전문가인지 등의 충분한 검토가 이루어져야 한다. 신체 접촉은 아주 신중한 접근을 통해 이루어져야 한다는 사실을 명심하라.

Trust

Empathy

Authenticity

Courage

Hygge

2장

: 공감 :

'너'의 입장에 설 수 있는 힘

"가슴 없이 머리로만 하는 교육은
교육을 전혀 하지 않은 것과 다름없다."

———

아리스토텔레스(Aristoteles)

학교에서 공감을 가르치는 이유

공감 능력은 선천적이라는 생각

예전에 아들이 엄청나게 화를 내면서 소리를 지르고 물건을 집어던진 적이 있었다. 대체 왜 저렇게 격렬하게 화를 내는지, 뭘 원하는지 도무지 알 길이 없어서 정말로 당황스러웠다. 그때 내 안의 유전자는 아들에게 '그만하라'고 소리 지르라고, '계속 그러면 네 방으로 보내버린다'고 위협하라고 속삭였다. 하지만 나는 덴마크 부모라면 그러지 않을 것이라는 사실을 알고 있었기에 덴마크 부모처럼 아들의 마음을 공감해보려고 노력했다. 나는 몸을 낮춰서 아들과 눈높이를 맞추고는 아들의 눈을 바라보며 아들의 목소리와 비슷한 톤으로 말했다.

"우리 아들이 엄청 화가 났구나!"

"우리 아들, 화가 많이 났다는 것, 엄마도 잘 알아!"

"우리 아들, 그렇게 화났어?"

그때 정말 놀라운 일이 벌어졌다. 갑자기 눈빛이 변한 아들이 나를 끌어안고 울음을 터뜨렸다. "그래, 나 정말 화가 났어!" 아들은 훌쩍이며 그렇게 말했지만, 이미 화는 사그라진 상태였다. 아들은 엄마가 자기의 감정을 분명하게 '보고, 들었다'고 느끼고는 엄마와의 연결감에 안도했던 것이다.

아들이 배고파서 그랬는지, 피곤해서 그랬는지, 무엇 때문에 그렇게 화가 났는지는 여전히 분명치 않았지만, 화내지 말라고 하거나 그러면 못 쓴다고 다그치지 않고 그저 아들의 감정 상태를 공감해준 것만으로 상황은 반전되었다. 공감이 모든 것을 해결해주는 마법은 아니겠지만, 실제로 공감의 힘을 경험하고 나면 공감은 마법처럼 느껴진다.

나는 여러 나라와 많은 지역에서, 또한 교육기관에서 대기업에 이르기까지 다양한 곳에서 공감을 주제로 강연을 해왔다. 이러한 청중의 다양성에도, 강연에서 "자신이 공감을 잘 한다고 생각하는 사람은 손을 들어보세요"라고 말하면 어김없이 거의 모든 참석자가 손을 든다. 이러한 장면에 나는 매번 놀라곤 한다. 사람들은 '공감은 인간에게 주어지는 선천적인 능력'이기 때문에 모든 사람이 공감을 할 수 있다고 생각한다.

　예전에 나는 공감 능력은 얼마든지 가르치고 배울 수 있다는 사실, 또한 공감에는 삶의 질을 획기적으로 변화시킬 힘이 있다는 사실을 전혀 몰랐었다. 우리 모두가 선천적으로 공감 능력을 가지고 태어난다. 하지만 여기서 중요한 것은 기계를 작동시키려면 전류가 흐르게 하는 법을 배워야 하는 것처럼, 먼저 다른 사람과 관계 맺는 법을 배워야 공감 능력이 삶의 질을 높이는 힘으로 작용할 수 있다.

　공감은 다른 사람과의 관계에 윤활유 역할을 함으로써 협동심을 길러준다. 공감은 용서와 같은 작용기전을 갖는다. 또한 누군가를 괴롭히려는 충동을 억제하면서 친밀감을 강화시키기 때문에 훌륭한 부모나 지도자가 되기 위한 중요한 요소이기도 하다.

　일반적으로 공감은 다른 사람의 입장에 설 수 있는 힘, 다른 사람이 느끼는 것을 함께 느낄 수 있는 힘으로 정의된다. 이러한 정의는 언뜻 명확해 보이지만, 결코 그렇지 않다. 이 정의에서는 다른 사람과 공감할 수 있으려면 자기 자신과의 공감이 우선되어야 한다는 사실이 간과되어 있다. 자신과의 공감이 먼저 필요하다는 깨달음은 적어도 나 자신에겐 생각지도 못한 놀라운 발견이었다.

　우리 대부분은 양육자의 행동을 보고 배운 것 말고는 특별히 따로 공감 훈련을 받은 적이 없다. 그렇기 때문에 사람들의 공감 능력은 각자가 속한 생활 환경이나 문화의 영향을 크게 받는다. 제대로 된 공감 훈련을 받지 않은 경우, 문화가 개인의 공감 능력에 직접적인 영향을 준다. 예컨대 어떤 문화가 얼마나 경쟁적인지, 혹은 얼마나 개인주의적인지와 같은 특성들이 육아와 양육 방식뿐만 아니라 공감 능력에도 어마어마한 영향을 미친다.

공감의 네 가지 특징

간호학 분야의 저명한 학자인 테레사 와이즈먼(Theresa Wiseman)은 공감(Empathy)을 연민(Sympathy)과 혼동해서는 안 된다고 말했다. 그는 특히 공감 능력을 필요로 하는 직업을 연구해 공감의 특징을 다음 네 가지로 정리했다.

① 상대방의 관점과 입장에서 생각할 수 있는 능력
② 상대방을 함부로 판단하지 않는 능력
③ 타인의 감정을 이해하는 능력
④ 자신이 이해한 타인의 감정을 또 다른 타인에게 전달할 수 있는 능력

당신이 지금 어떤 사람이 어려운 일을 겪고 있다는 사실을 안

다고 해보자. 하지만 지금 그 사람의 마음이 어떨지는 정확히 알 수 없는 상황에 있다고 해보자. 이런 상황에서도 당신은 그 사람의 감정에 다가가려는 노력을 할 수 있다. 그의 감정이 어떤지 예단하거나 결론 내리지 않으면서 말이다. 또한 그 사람의 감정을 정확히 알 수는 없어도 그의 감정을 있는 그대로 인정하고 존중해줄 수는 있다.

공감은 다른 사람들의 감정 상태가 좋아지게 만들려는 인위적 시도가 아니라 사람들의 감정을 함께 느끼는 것이다. 바로 이 지점에서 공감과 연민이 구별된다. 사람들은 종종 어려움을 겪는 사람을 보면 그가 희망을 갖도록 격려하는 것이 곧 그를 돕는 일이라고 생각한다. 그러나 "솔직히 지금은 뭐라고 말해야 좋을지 전혀 모르겠어. 하지만 내게 모든 것을 털어놓아줘서 정말 고마워"라는 말만으로도 충분할 때가 많다. 힘든 상황에서는 다른 사람이 나에게 도움이 되는 말을 해준다고 해도 위로가 되지는 않는다. 정말로 사람들의 마음을 위로하는 것은 서로 연결되어 있다는 느낌이다.

성장 과정은 그 사람의 공감 능력에 본질적인 영향을 미친다. 이를테면 성장 과정에서 '나'와 '나 아닌 것'을 구분하는 영역, 즉 심리·정신적 경계(boundaries)를 존중받지 못한 사람은 결국 진짜 자신의 감정이 무엇인지 알 수 없게 된다. 우리의 마음은 다른 사람들의 마음에 직접적인 영향을 받기 때문이다. 이러한 인간의 심리 특성 탓에 공감이라는 개념은 어려운 주제가 되어버린다.

인간은 스스로의 감정을 이해하고 조절하기 위해 다른 사람의 도움을 필요로 한다. 공감 능력도 마찬가지로 누군가 도와주지 않으면 충분히 계발되지 못하거나, 심하면 손상을 입는다. 만약 우리의 감정이 무시되고 방치되고 억압당하면, 또한 신체적으로나 언어적으로 혹은 감정적으로 학대당하면 우리의 대인관계 역시 손상된다. 우리가 자신의 내면과 연결되는 경험을 하지 못했을 경우 다른 사람의 내면과 연결되지 못하는 것은 당연한 일이다.

나와 너의 경계를 알아야 한다

헬리콥터 가정을 예로 들어보자. 헬리콥터 가정에서는 공중에서 빙빙 도는 헬리콥터처럼 부모가 아이 주위를 맴돌며 아이의 복잡한 감정은 무시해버린다. 어떤 일이 있어도 아이가 실패하지 않도록 항상 아이를 감싸는 반면, 아이들이 경험을 통해 보고 들은 것에 대해서는 아무런 반응을 해주지 않는다. 자연히 이런 가정에서 자란 아이들의 공감 능력은 현저히 뒤떨어질 수밖에 없다. 이런 헬리콥터 가정을 덴마크에선 '컬링 가족'이라고 부른다. 재치 있는 비유인 것 같다.

컬링은 네 명이 한 팀을 이루는 올림픽 경기 종목이다. 두 명이 무거운 컬링 스톤을 빙판 위에서 밀어서 굴리면 나머지 두 명은 스톤을 목표한 지점으로 유도하기 위해 스톤 앞의 빙판을 열심히 솔질하며 길을 낸다. 헬리콥터 가정의 부모가 자녀에게 그러듯이 말이다.

자녀에게 무책임할 정도로 관대한 부모는 자녀에게 남다른 특권을 주거나 사치를 허용하거나, 심할 경우 거만한 태도를 조장한다. 그러면 자녀의 공감 능력이 손상되는 것은 물론, 자녀를 완전히 자기 도취적인 사람으로 만들 위험이 있다. 실제로 미국인의 6퍼센트 정도가 이런 자기애성 성격장애(narcissistic personality disorder)를 겪는 것으로 나타났다. 이 수치에는 의학적 진단을 받지 않은 사람들은 포함되지도 않았다.

반면 과도하게 통제하는 권위적인 부모는 자녀가 어릴 때부터 강인함을 강요하거나, 과한 경쟁심 혹은 성취욕을 불어넣는 경향이 있다. "나는 이렇게 했어!", "이게 최선의 방법이야!", "도대체 슬퍼할 이유가 없잖아!", "화내지 마!" 등의 화법으로 자녀에게 매사 어떤 감정을 가져야 하는지를 강요하는 부모 역시 자녀의 공감 능력 형성에 악영향을 미친다.

성장 과정에서 늘 아이에게 자기 자신을 믿지 말라고 가르치면 자녀는 자신의 감정을 신뢰하지 않는 사람으로 자랄 수 있다. 이에 더해 공포심을 조장하거나 신체적 체벌까지 가하면 자녀에게서 공감 능력의 싹이 제거되고 만다. 그러니 신체적이든 정서적이든 학대란 결국 '나'를 보호하고 '나 아닌 것'과 건강하게 관계를 맺게 하는 '경계'를 완전히 분쇄함으로써 결과적으로 아이의 공감 능력을 파괴한다는 사실을 늘 유념해야 한다.

아울러 공감 능력 형성에 영향을 주는 요소가 무엇인지를 이해해야 우리 안에 내면화된 것이 무엇인지를 아는 데도 도움이 된다는 사실 또한 주목해야 한다. 성장 과정에서 자기 안에 내면화된 것들을 이해하면서부터 자의식(self-awareness)이 형성되기 시작되며, 자의식이 생겨야 진정한 삶의 변화가 가능해지기 때문이다.

덴마크에는 자기중심적인 아이가 없다

여러 연구에 따르면 최근 30년 동안 미국인의 공감 능력은 40퍼센트까지 떨어진 반면, 자기중심적 성향은 꾸준히 상승한 것으로 나타났다. 참으로 걱정스러운 상황이다. 하지만 조금만 주위를 둘러보거나 뉴스를 들어보면 이것이 미국만의 문제가 아니라 세계적인 추세임을 확인할 수 있다.

좀더 행복한 삶을 살기 위해, 좀더 적응력이 뛰어난 성인이 되기 위해 공감 능력이 결정적 역할을 한다는 사실을 잘 알면서도 왜 우리는 공감 능력을 가르치지 않는 것일까? 추측건대, 점수로 평가할 수 없으면 가르칠 필요도 없다는 경직된 사고 때문이 아닐까. 물론 우리 아이들이 뛰어난 학생들로 평가받는 것이 문제라는 말은 아니다. 다만 문화의 영향력, 다시 말해 하나의 문화는 거기 속한 사람들이 무엇을 중요하게 여기는지, 어떤 것을 탁월하다고 판단하는지에 깊은 영향을 준다는 사실을 숙고해본 적이 있는지를 묻고 싶은 것이다.

어떤 학생이 'A'를 받고 어떤 학생이 'C'를 받아야 하는지, 또 누가 평범한 학생이고 누가 영재인지를 제대로 판단하기 위해서는 아이들의 지적 수준을 분별력 있게 평가할 도구를 마련하면 된다. 그러나 평가 항목이 친절함이나 공감 같은 것들이라면 그 수준을 정확히 측정할 도구는 존재하지 않을 뿐만 아니라, 개발될 가능성도 적을 것이다. 사람들의 흥미를 유발하지 않기 때문이다.

자녀에 대한 과시적 자부심을 가진 부모일수록 친절이나 공감 같은 측정 불가능한, 애매모호한 항목으로 자녀를 자랑하고 싶어하지 않는다. 이런 문화권에서 성장한 나는 자기 자녀나 학생이 얼마나 '사회적'인지, 다른 사람들과 얼마나 잘 어울리는지, 얼마나 친절하게 다른 사람을 잘 돕는지, 다른 사람들을 얼마나 포용하는지를 중요하게 여기는 덴마크 부모와 교사들을 보며 신선한 충격을 받곤 했다.

기분이 좋아야 공부도 잘한다

덴마크 사람들은 기분 좋은 아이들이 공부도 잘한다고 믿는다. 실제로 이러한 믿음이 연구를 통해 증명되고 있다. 교육심리학자들이 학업성취도와 행복의 상관관계를 연구한 지 얼마 되지 않았음에도 벌써 흥미로운 연구 결과가 나오고 있다. 국제연구단체(RSI) 연구원들(주로 교육 관련 전문 연구원)과 행정가들, 교사들과 학생들, 변혁적교수학습지원센터(Center for Transformative Teaching & Learning) 연구원 등 다양한 기관과 개인이 한데 모여 초등학교부터 고등학교까지의 학생들 435명을 대상으로 내신평균점수(GPA)와 행복의 관계에 대한 연구를 진행했다.

(수많은 선행연구들과 마찬가지로) 이들 역시 행복과 학업성취도 사이에는 매우 의미 있는 상관관계가 있음을 밝혀냈다. 그리고 이 연구를 통해 더욱 흥미로운 사실도 밝혀졌다. 좋은 인간관계가 학생들의 행복한 삶에 필수적인 요소임이 모든 연령층에 걸쳐 확인됐다. 결론적으로 친구들과의 관계든 교사와의 관계든, 좋은 관계를 형성할 수 있는 학생들이 더 행복하다는 사실과 함께, 행복할수록 학업성취도가 올라간다는 상관관계 또한 확인됐다.

우리가 아이들에게 타인을 배려하는 마음을 가르칠 수만 있다면, 또한 타인과 따뜻한 관계를 맺는 힘, 다른 사람의 감정을 읽고 느끼는 힘을 길러줄 수만 있다면. 이러한 교육이 가능할 때 사회 전체에 퍼질 긍정적인 영향, 즉 사회적 차원에서의 행복에 대해 상상해보자. 아이들의 행복과 학업성취도 사이에 상관관계가 있다는 사실을 아는 데에서 한 걸음 더 나아가 행복감이 아이가 부모와 맺을 관계에 어떤 영향을 줄지도 한번 상상해보자. 만약 좋은 관계가 행복과 학업성취도 향상에 이처럼 결정적인 요소로 작용한다면, 우리는 이 행운의 열쇠로 더 많은 기회의 문들을 열어볼 수 있지 않을까. 설레는 마음으로 말이다.

감정 읽기: 아이와 세상을 잇는 특별한 방법

학교에서 배우는 공감의 언어

행복 순위에서 세계 최상위권인 덴마크 사람들이 공감 능력에서도 세계 최상위권이라고 해도 놀랍지 않다. 덴마크에서는 가장 어린 학년을 포함한 전체 학생들에게 공감 능력을 필수로 가르치기 때문이다.

읽기는 학생들이 꼭 배워야 할 중요한 기술이다. 이는 굳이 언급할 필요도 없는 상식이다. 모든 국가가 자국 아이들에게 언제, 어떻게 읽기를 가르쳐야 하는지에 대해 최선을 다해 고민해왔고, 실제로 아주 많은 읽기 프로그램이 개발되었다.

그런데 책 읽기 말고 자신과 타인의 감정 읽기에 대해서 배우는 곳이 있다면 어떤 생각이 드는가? 덴마크 교육이 특별한 이유가 바로 여기에 있다. 덴마크는 아이들에게 '감정 읽기'를 가르쳐야 한다는 교육철학을 바탕으로 책 읽기보다 감정 읽기를 더 중요하게 가르친다. 덴마크 교실에서 어린아이들이 서로 모여서 '감정 읽기'를 배우는 모습을 한번 상상해보라. 당신 마음에 어떤 파장이 이는가?

덴마크에서는 사람의 감정을 읽는 능력을 여러 가지 방식으로 길러준다. 나이가 어린 학생들에겐 그림을 보여주고 어떤 감정이 읽히는지를 묘사하고 토론하게 한다. 그러면서 왜 그런 감정을 느끼는지도 함께 생각해보게 한다. 이런 식으로 아이들이 '공감의 언어'를 계발하고 다른 사람의 감정을 읽을 수 있는 힘을 키워준다.

고학년 학생들에겐 놀이터에서 괴롭힘을 당하는 아이, 격렬하게 축구를 하는 아이, 혹은 놀림을 당하는 아이 등 다양한 상황에 처한 아이들의 그림과 영상을 보여준다. 그 얼굴 표정을 세심하게 '읽고' 어떤 감정이 읽혔는지, 그리고 왜 그렇게 읽었는지를 여럿이서 토론하게 한다.

학생들을 여러 조로 나눠서 조별로 딜레마 상황을 제시하고 함께 해법을 찾아보게도 한다. '저 아이가 저런 감정으로 행동하니까 반 아이들이 저 아이를 괴롭히는구나. 이럴 때는 문제를 어떻게 해결하면 좋을까?' '축구 경기를 하다 보면 과격해질 수도 있어. 하지만 저렇게 거칠게 하는 건 싫어. 감정이 거칠어지지 않으려면 어떻게 해야 할까?' '반 아이들에게 놀림당하고 있는 저 아이를 도울 방법이 없을까?' 각각의 딜레마 상황에 맞는 다양한 해법이 있을 것이다. 그러나 학생들이 딜레마 상황에 처한 당사자의 '나이를 고려한' 해법을 생각해내는 것이 이 수업 활동의 핵심 목적이다.

학생들이 토론할 때 교사도 지도를 한다. 하지만 수업 활동을 참관하면서 경이롭다고 느낀 지점은 교사의 지도 방법이 아니었다. 학생들이 일상에서 겪을 만한 현실적인 문제에 대해 진심 어린 관심을 가지고 타인의 감정을 함께 읽어가며 해결책을 찾기 위해 최선을 다하는 모습이 경이로웠다.

협동하며 만나는 친구의 감정

이렇듯 협동을 통해 해법을 찾는 경험은 학생들이 상황을 다양한 시선에서 바라보게 하는 기회가 되어준다. 또한 1장에서 살펴봤듯이 아이들을 의사결정에서 배제하지 않고 참여시키면 아이들의 기분이 좋아질 뿐만 아니라 자기 통제력도 커진다.

주변 어른의 조언이나 지시를 통해 딜레마 상황을 해결하는 방식으로는 불가능하다. 공감 능력을 가르친다는 것은 다른 사람을 판단하지 않으면서 깊이 있게 듣는 힘을 배우는 것이라고 할 수 있다.

이처럼 아이들의 정서도 다른 교과목들처럼 가르쳐야 한다는 생각이 우리에게는 여전히 낯설다. 우리 대부분은 훌륭한 교육의 전형적 표상으로서의 전통적인 교과목에만 초점을 맞춘 교육을 받고 자랐다. 그런 교육의 결과물인 나 또한 교육을 다른 시선으로 바라볼 힘이 없는 것이 사실이다.

수많은 부모와 교사가 (자기들 또한 구역질이 날 만큼 지겹게 해야 했던) 숙제, 시험, 성적 등에 집중하느라 자기 자녀나 학생들에게 교과 지식과 함께 사회적 능력도 가르치는 것이 얼마나 필요한 일인지 생각해볼 여력이 없다.

이런 생각들 때문에 나는 부모의 자녀 교육 방식을 돌아보게 된다. 부모라는 역할은 세상의 어떤 일보다도 쉽지 않다. 게다가 다른 직업들은 관련 기술부터 익혀야 하지만 부모는 절대 그렇지 않다. 사실 친구를 사귀고 어려운 감정들을 읽으며, 타인을 이해하고 사춘기를 잘 보내는 일 모두 하나같이 쉽지 않다. 그런데 성장할 때 필요한 힘을 아이에게 길러주는 일에 이처럼 무관심하고 무기력하다는 사실이 나로서는 도무지 이해되지 않는다.

덴마크 학생들이 감정 읽기를 배우는 또 다른 방식으로 역할놀이가 있다. 학급 전체가 지켜보는 가운데 몇몇 학생들이 어떤 상황을 재현한다. 각각의 에피소드는 하나의 독립된 상황이다. 가령 누군가가 괴롭힘을 당한다거나, 어떤 사람에게 위로가 필요한 상황 같은 식이다. 각 상황이 재현되는 동안, 교사는 언제든 즉흥적으로 개입할 수 있다.

예를 들어 교사는 연기 중인 학생에게 갑자기 멈추고 가만히 있어보라고 한다. 그러면 상황극을 지켜보던 나머지 학생들이 연기 중인 학생의 얼굴과 몸짓으로부터 감정을 정확히 읽고 추측할 수 있어야 한다.

만약 학생들이 감정이나 느낌을 잘못 읽었다면, 역할을 맡은 학생이 상황을 재현할 때 자신의 감정이 실제로 어떠했는지, 왜 그런 감정이 일었는지를 설명한다. 이러한 활동은 감정에 대해, 타인의 감정을 시각적으로 읽는 법에 대해, 우리가 가끔은 다른 사람들의 감정을 잘못 읽는 이유에 대해 함께 토론하고 의견을 나누는 데 매우 효과적이다.

덴마크에서는 '관용'도 매우 중요한 가치로 여긴다. 즉 사람은 모두 다르기에 같은 상황에서도 다른 감정을 느낄 수 있음을 강조한다. 이는 진지하게 새겨들어야 할 교훈이다.

"어떻게 그는 그런 행동을 할 수 있지? 내 마음을 너무 모르는 거 아냐?" "내 감정을 어떻게 모를 수 있지?" 우리가 자주 하는 말들이다. 그러나 이렇게 다른 사람을 비난하는 방식으로는 공감이 이루어질 수 없으며, 도리어 '타인과 분리되거나 고립되었다는 부정적 느낌'만 증폭될 수 있다.

다른 사람의 감정을 읽는 법을 배운 적이 없는 우리가 어떻게 사람들은 서로 다르게 느낀다는 것을 이해할 수 있을까. 감정 읽기를 배운 적이 없기 때문에 우리는 너무나 쉽게 서로의 감정을 잘못 읽는다. 다른 사람을 판단하거나 쉽게 낙인 찍는 일 없이, 겉으로 드러나는 행동 이면에 있는 다양한 감정과 관점 그리고 의미를 이해하는 것이야말로 공감에 대한 올바른 정의다.

교실에서 1년 동안 그려보는 행복 곡선

한 해 동안 학생들의 사회·정서적 발달이 제대로 이루어졌는지를 확인하는 좋은 방법이 있다. 교사가 무작위로 학생들을 선택해서 학생 스스로 자신의 '행복 점수'를 매기게 하는 것이다.

덴마크 교육에서 'trivsel'이 얼마나 중요한 개념인지 앞에서 설명했던 것이 기억나는가? 'trivsel'은 좋은 삶, 행복한 삶을 의미하는 동시에 아이의 건강한 성장과도 관련이 있는 말이다. 덴마크 학교의 가장 중요한 평가 항목이자 덴마크 부모들도 매우 신경 써서 관리하는 것이 'trivsel'이다.

덴마크의 모든 학교는 매년 행복 측정 표준검사를 실시하여 좋은 삶, 행복한 삶의 수준을 높일 계획을 세워야 한다는 내용이

법으로 규정되어 있다. 덧붙여 각 학교의 '행복 향상 계획'은 학교 홈페이지에 반드시 게시되어야 한다.

수업이 시작되기 전이나 하루 중 적당한 때에 교사는 학생들에게 종이를 한 장씩 나눠주고 자기가 생각하는 '행복 점수'를 적어서 상자에 넣으라고 한다. 행복 점수는 보통 1에서 10점까지로 이루어진다. '1점'은 '매우 기분이 나쁘다'를, '10점'은 '기분이 더할 나위 없이 좋다'를 뜻한다. 점수를 적은 다음 여학생은 'X', 남학생은 'O'를 종이에 표시할 뿐, 설문조사는 무기명으로 이뤄진다. 물론 이것은 하나의 예시일 뿐이다. 행복 점수를 확인하는 방식은 이것 말고도 다양하다.

이렇게 학생들의 자기 평가가 끝나면 교사는 칠판에 0에서 10까지 표시된 직선을 그린 다음 상자에서 평가지를 꺼내 점수를 표시한다. 학급 전체의 기분이 어떤지 학생들이 한눈에 확인할 수 있게 말이다. 이렇게 나온 결과 그래프는 '행복 곡선'이라고 불린다. 그 시점에 학생들이 느끼는 행복 수준을 빠르고 확실하게 보여주는 행복 곡선이 1년 동안 어떻게 변해가는지 교사는 계속 살펴본다.

내 딸의 학급에서 행복 곡선이 그려지는 것을 참관한 적이 있다. 이 활동에 아이들이 신나게 참여하는 광경이 놀라웠다. 자신의 기분이 지금 어떤지, 자기가 행복 점수를 그렇게 매긴 이유가

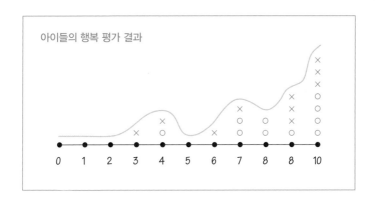

아이들의 행복 평가 결과

무엇인지 함께 이야기를 나누며 아이들은 정말 좋아했다.

행복 점수는 교과목 학습과는 아무런 상관이 없다. 대신 아이들이 다른 친구들의 기분은 어떤지, 그렇게 느끼는 이유는 무엇인지, 그리고 행복한 삶을 위해 무엇을 어떻게 해야 할지를 상상하는 데에는 정말로 탁월한 효과가 있다. 시간도 많이 걸리지 않는다. 이러한 수업 활동은 학생들에게 자기 존재가 다른 아이들에게 '보이고, 들린다'는 것을 체감하게 해줄 뿐만 아니라 서로를 이해할 수 있는 힘을 길러준다. 이 활동의 효과는 정말이지 대단했다.

따뜻한 마음씨에 활기 넘치는 리네 선생님이 담임이던 4학년 반을 참관할 때였다. 리네 선생님은 반 학생들이 조금이라도 더 행복해지도록 항상 노력하는 사람이었다. 그날은 학생들이 운동장에서 놀다가 교실에 들어오자마자 선생님이 행복 점수를 적어 내게 했다. 등교 후부터 그때까지 자기 반 학생들이 어떤 기분으로 지냈는지를 알아보기 위해서였다.

학생들은 각자가 생각하는 행복 점수를 적어서 상자에 넣었다. 선생님은 상자를 열고 학생들의 행복 점수를 확인한 다음 칠판에 옮겨 적었다.

이 반의 학생 수는 모두 24명이었다. 그중 5명은 2점을, 나머지는 8점을 적어냈다. 리네 선생님은 정말 놀랍게도 이 결과에 대해 아이들이 적극적으로 얘기할 수 있도록 열린 분위기를 만들어냈다. 처음에는 말하기를 주저했던 학생들도 시간이 흐르자 용기를 내어 자기 생각을 표현하기 시작했다.

외로운 친구를 위한 '나 홀로 벤치'

어떤 학생은 "난 오늘 친구들하고 재밌게 지냈다"라면서 행복 점수를 높게 매긴 이유를 설명했고, 다른 학생은 "오늘 운동장에서 아무도 나랑 놀아주지 않아 혼자 외로웠다"라며 기분이 좋지 않았던 이유를 설명했다. 또 다른 학생이 손을 들고 자기는 행복 점수를 낮게 줬지만 지금은 그 이유를 말하고 싶지 않다고 했다(하지만 나중에 리네 선생님에게 그 이유를 말해주기로 약속했다). 어느 누구도 아이들에게 의사표현을 강요하지 않았으나 학생들은 자발적으로 행복 점수에 대해 발언했다.

모든 이야기가 끝나자 리네 선생님은 다음번 행복 평가에서 점수를 높이기 위해 무엇을 어떻게 하면 좋을지를 학생들에게 물었다.

"자, 우리 친구들이 서로 어떻게 도와주면 좋을까요?"

서로 배려하고 돕는 것 또한 덴마크에서 매우 중시되는 가치이기 때문에 이런 주제에 대해 아이들은 책임감을 가지고 수시로 대화한다. 교실 뒤편에 조용히 앉아 있던 프레자가 조심스레 입을 열었다.

"운동장에 있는 벤치들 중에 '나 홀로 벤치'를 지정하면 어떨까요?"

"'나 홀로 벤치'라니, 무슨 뜻이지?" 리네 선생님이 물었다.

아이는 주저하며 말을 이어갔다.

"음… 제 생각에는… 오늘 저처럼 운동장에 혼자 외롭게 있는 애들이 가끔 있거든요. 그런데 만약에… 운동장에 '나 홀로 벤치'를 지정해두면, 혼자인 아이는 거기로 가면 되잖아요. 만약 그 벤치에 이미 혼자 앉아 있는 친구가 있으면 그 친구랑 함께 놀면 되잖아요?"

"우와, 정말 멋진 생각이네!" 리네 선생님이 말했다.

반 전체가 '나 홀로 벤치' 아이디어에 동의했다.

프레자도 미소를 머금고 고개를 끄덕이며 말했다.

"그러면 쉬는 시간에 우리 모두 운동장에 나가 '나 홀로 벤치'를 정하면 되나요?"

지금 이 사례는 학생들이 자기 삶의 질을 향상시킬 방법을 스스로 생각하도록 어떻게 격려할지를 보여주는 하나의 예일 뿐이다. 교사는 무엇을 하라거나 어떻게 하라고 지시하지 않았다. 학생들의 생각을 판단하거나 훈계를 하지도 않았다. 그저 학생들을 의사결정에 참여시키고, 아이들은 서로 얼굴을 보며 의견을 나눴을 뿐이었다.

이처럼 자기와 관련된 의사결정에 참여해서 자신의 생각이 존중받는 경험을 해보면 바로 앞 장에서 살펴봤듯이 자기 신뢰는 물론, 인지 능력과 책임의식 또한 향상된다. 이러한 경험을 통해 아이들은 자기 시선 안에만 갇혀 있지 않고 다른 사람이 어떤 감정을 느끼는지를 이해하며, 어떻게 다른 사람을 도울지를 생각할 수 있게 된다.

특히 최선을 다해 다른 사람을 돕고 싶어 하는 아이들의 진심 어린 모습은 정말로 감동 그 자체였다. 아이들은 남을 돕는 일에 진정 목말라하고 있었다. 우정과 유대감은 아이들의 삶에서 매우 큰 비중을 차지한다.

다른 사람을 돕는 경험은 아이들에게 공감하는 힘을 길러줄 뿐만 아니라 그들이 더 깊은 유대감, 더 좋은 관계로 나아갈 수 있는 다리 역할도 해준다. 나아가 아이들의 삶에 긍정적인 영향을 미칠 다른 잠재 요소들 또한 일깨워준다.

성적보다 중요한 우정

행복은 성취보다 마음 상태가 좌우한다

덴마크에서는 감정에 대해 이야기할 때 각각의 감정과 연결된 '몸의 느낌'도 함께 얘기한다. 배나 허리가 아프거나 턱뼈가 당기는 등의 통증을 느낄 때 몸의 어느 부분이 반응하는지를 설명한다. 학생들은 그것을 종종 그림이나 도형을 활용해서 묘사한다.

사람들은 모두 다르다. 그래서 우리는 각자 다양하게 반응하며 몸으로 감정을 드러낸다. 때문에 몸이 주는 신호를 감지하면서 자신을 읽는 방법을 배우는 일이 아주 중요하다. 많은 사람들이 자주 경험하는 복통을 비롯해 다양한 신체적 증상들은 세심하게 주의를 기울여야 할 몸의 신호임에도 대부분은 그런 신호들을 읽고 해석하는 법을 배워본 적이 없다. (우리 몸에 대입해서 표현하자면) 안타깝게도 학교 교육은 주로 목 위에만 관심을 가져왔다.

학교 교육에서 몸은 머리로 향하는 통로일 뿐, 다른 중요한 의미는 전혀 갖지 못했다. 어쩌다 이렇게 되었는지 의아할 따름이다. 학교에서는 아이들에게 교과 수업과 함께 사회성도 함양하고 신체·정서적으로 행복하게 살아갈 힘도 길러줘야 한다. 그것이 논리적이고 합리적인 생각 아닌가.

인간은 머리만 달린 생명체가 아니라 몸도 있는 유기체다. 장기적으로 학생들의 행복을 제대로 예측해줄 지표는 학업 능력이 아니라 친구들과 유대감을 형성하고 좋은 삶을 영위할 수 있는 능력이라는 것이 연구 결과로 새롭게 입증되고 있다.

런던정경대학교의 리처드 레이어드(Richard Layard) 교수가 같은 대학교 '경제활동센터(Center for Economic Performance)'의 '웰빙 연구 프로그램' 연구원들과 함께 9천 명이 넘는 사람들을 대상으로 연구를 진행했다. 그 결과 무엇보다 아이들의 정서적 건강이 삶에 대한 만족감을 높이는 것으로 드러났다. 또한 이 연구는 어린 학생의 경우에는 학업성적이 뛰어나든 그렇지 못하든, 성인의 경우에는 물질적으로 여유가 있든 없든 모든 연령층에서 정서적 건강과 삶의 만족 간에 상관관계가 있음을 밝혀냈다. 어릴 때의 인지적 수행 능력은 아이가 어른이 되었을 때 스스로 만족하며 살지를 예측해주는 변수가 되지 못했다. 이 놀라운 연구 결과는 우리의 기존 상식을 깬다.

부모가 학교생활을 위해 중요한 이유

덴마크 사람들에게 깊은 영향을 남긴 유명한 철학자이자 신학자인 크누 아일러 뢰스트롭(Knud Ejler Løgstrup)은 부모라면 아이의 머릿속에 지식을 넣어주는 수준을 넘어서서 풍요로운 정서 능력과 공감 능력도 길러줄 책임이 있음을 강조했다. 그의 주장에 따르면 우리의 언어로 들려주는 타인에 대한 이야기는 아이들이 타인의 입장에 서는 법을 배우는 중요한 통로가 될 수 있다.

아이들은 어른을 비추는 거울이다. 아이들은 어른을 '따라 하기' 때문이다. 신경과학계의 연구에 따르면 뇌의 '거울 뉴런'은 다른 사람의 행동을 지켜볼 때 활성화된다. 즉 타인의 행동을 지켜볼 때, 그것을 마치 자신의 행동처럼 느끼게 한다. 이때 관찰되는 행동을 일으키는 신경회로 패턴과 똑같은 패턴의 신경회로가 관찰자의 뇌에 형성된다. 이런 관점에서 보면 학습은 실제로 어떤 행동을 주의 깊게 관찰하는 것에서부터 시작된다고 말할 수 있다.

아이들은 부모의 언행을 거의 똑같이 재생산한다. 그렇기 때문에 부모는 자녀에게 본보기가 되어야 한다. 부모가 자녀에게 모범을 보이는 것은 그저 말로만 하는 것과는 비교되지 않을 정도로 영향력이 강력하다. 이때의 영향력은 가정에서 끝나지 않고 궁극적으로는 학교 교실에도 이어져 아이들이 친구들과 관계를 맺는 데에 그대로 영향을 준다.

그래서 우리는 반드시 스스로를 돌이켜보아야 한다. 자신이 평소 자녀에 대해, 혹은 다른 사람들에 대해 어떤 식으로 말하는지를 말이다. 타인을 통해 그 사람 고유의 관점을 이해해보려고 하거나 긍정적인 이야기를 들으려고 하는가? 아니면 주로 타인을 판단하곤 하는가? 말이나 표정, 행동 등을 통해 겉으로는 드러내지 않았다 하더라도 아이들은 부모가 타인을 판단한다는 사실을 알아챈다.

덴마크에선 부모를 '조용한 반 친구'라고 부른다. 문자 그대로 자녀는 부모의 언행을 그대로 교실에 가져간다는 뜻이다. 이처럼 부모가 반 친구의 입장이 되어 자녀에 대해 더 많이 공감하면 교실의 행복을 간접적으로 향상시킬 수 있다. 실제로 덴마크 교사들은 때때로 부모를 만나 가정에서 자신의 언어를 인식하는 법과 더욱 긍정적으로 관점을 바꾸는 법, 그리고 공감하는 언어를 사용하는 법을 알려주곤 한다. 실제로 우리 대다수가 공감 능력을 훈련받지 않았기 때문에 교사의 이런 조언이 얼마나 도움이 될지 생각해보면 참으로 흥미롭다.

덴마크 부모나 교사들은 자녀나 학생에게 단지 "왜 그러니?", "화난 것 같네", "이게 많이 부담스러운 것 같구나" 정도로만 말할 뿐, 수치심을 주거나 판단을 하거나 부정적인 낙인을 찍지 않는다. 부모가 아이를 질책하지 않고 아이의 생각과 의견에 진심 어린 관심을 가져준다면 아이는 자신을 '문제 있는 사람'으로 보지 않는다. 오히려 자신의 존재가 드러나고 의견이 존중된다고 느낀다. 바로 이것이 공감이 갖는 핵심적 의미다. 공감은 가장 강력한 의사소통 방식이며, 이는 모든 인간관계에 똑같이 적용된다.

유명한 덴마크 철학자 쇠렌 키르케고르(Søren Kirkegaard)는 "어떤 사람을 내가 원하는 곳으로 데려가려면, 무엇보다도 그 사람이 어디 있는지를 알아야 한다. 그리고 그가 서 있는 곳에서부터 시작해야 한다"라고 말했다. 그는 다른 사람이 뭔가를 이해하도록 도우려면 우리가 어떤 자세를 취해야 하는지를 보여주었다. 아이를 강압적으로 다그치지 말고 비난과 모욕을 삼가며 그들의 눈높이에서, 그들이 지금 서 있는 지점에서 시작하라는 뜻이다.

덴마크어로 교육은 두 가지 개념을 함축하고 있다. 하나는 전통적인 교과목에 초점을 맞춘 '우단엘세(uddannelse)'다. 다른 하나는 좋은 사람, 훌륭한 시민, 행복한 사람, 행복한 시민을 길러내는 것을 목적으로 하는 '단엘세(dannelse)'다. 덴마크 교육에는 이 두 가지 개념이 완전히 녹아들어 서로 뒤얽혀 있다. 그리고 좋은 사람을 기르는 교육인 '단엘세'는 다시 다른 사람의 입장을 이해하고 존중하는 법을 배운다는 뜻과 연결된다.

문화 연구 분야에서 세계적 명성을 얻은 네덜란드의 심리학자 헤이르트 호프스테더(Geert Hofsteder)는 '권력거리(power distance)'라는 개념을 만들어 여러 국가에 대한 비교연구를 진행했다. 그러고는 덴마크는 권력이 인간관계에 거의 영향을 주지 않는 국가라고 평가했다. 덴마크에서는 학생들이 교사를 이름으로 부르는 것은 물론, 회사에서도 '누가 존경받을 만한가'라는 관점에서는 최고경영자와 환경미화원이 모두 공평한 잣대로 평가받기 때문이다.

달리 표현하면 덴마크 사람들은 상대를 대할 때 서로 시선을 맞춘다. 덴마크에서는 아이들을 위에서 내려다보는 대신 그들의 눈높이에서 마주 보며 대한다. 사회적 위상이 다르더라도 인간의 존엄성이라는 관점에서는 모두가 평등하다는 신념이 반영된 태도다. 그리고 이는 자녀를 대할 때뿐만 아니라 다른 사람들과의 관계에도 그대로 적용된다.

덴마크에서는 부모도 교사도 모든 아이를 '평등한 존엄성(equal dignity)'을 지닌 인격체로 공평하게 존중한다. 평등한 존엄성이란 말은 덴마크의 대표적인 가정교육 전문가 예스퍼 율이 만든 용어다. 그에 따르면 평등한 존엄성이란 "온전한 한 명의 개별 인격체로서 의견을 존중받고 진정으로 대우받고 싶은 모든 사람들의 근본적인 욕구"다. 당연히 아이 또한 이런 근본적인 욕구를 가진 사람에 포함되기 때문에 어른은 마치 특별한 임무를 지닌 교육자나 설교자의 말투로 아이와 대화해서는 안 된다. 아이들은 궁금할 때 무엇이든 편안한 마음으로 질문할 수 있어야 하며, 어른들은 최대한 성실하게 답해야 한다.

덴마크어로 '바네쉰(barnesyn)'은 '아이가 보는 것', 즉 '아이의 관점'을 뜻한다. 덴마크 사람들은 '아이들의 입장에서 생각함으로써 그들의 진정한 필요를 충족시켜주는 것'을 정말 중요하게 여긴다. 그런데 흥미롭지 않은가! 덴마크 교육도 의사소통도 모두 공감 능력에서 비롯한다. 다양한 연령의 아이들이 각자의 입장에서 무엇을 느끼고 원하는지 제대로 이해하고 공감하는 데서부터 의사소통도, 교육도 비로소 가능해진다.

모든 사람은 존엄성을 지닌 인격체이기에 누구든 평등하게 대우받을 자격이 있다는 생각이 덴마크 사람들의 기본적인 신념이다. 나이가 어리다고 해도 결코 예외가 아니다. 오히려 아이들을 유능하고 역량 있는 인격체로 존중하는 것이 덴마크의 문화다.

예스퍼 율은 말한다. "정말 중요한 문제는 어른들이 힘을 가지고 있는지가 아니다. 어른들은 항상 힘을 갖고 있을 뿐만 아니라, 현실적으로 과도한 힘이 어른들에게 집중되어 있다. 그래서 이미

힘을 지닌 어른으로서 그 힘을 사용할지 말지를 잘 판단해야 한다. 아이들에게 지시하거나 설교하는 말투를 쓰지 않을 때, 그들에게 수치심을 느끼게 하거나 낙인 찍는 언행을 하지 않을 때, 그때 비로소 아이들은 평등하게 존중받는다고 생각한다. 슬프거나 화나는 상황에서도 우리가 서로를 평등한 존엄성을 가진 인격체로 존중해줄 수 있다. 무엇도 이를 방해할 수 없다."

민주적인 집의 아이들이 부모와 더 친하다

힘을 좀더 공평하게 나누고 상호 존중에 기초한 관계를 맺게 되면 이른바 '권력 싸움'이 필요 없어진다. 이는 단지 부모와 자녀의 관계뿐만 아니라 모든 유형의 인간관계에 이득이 된다. '평등한 존엄'을 가진 인격체로서 존중받는 것은 인간의 근본적인 욕구다. "내 말대로만 하면 틀림없어. 내가 가장 잘 아는 사람이잖아!"라는 식의 지시를 받거나 하대를 당하고 싶은 사람은 아무도 없다. 모든 사람은 어떤 상황에서든 자기 존재가 드러나고 의견이 존중되길 원한다.

그러니 이제 우리는 부모 세대와 우리 세대의 문화가 내면에 깊이 새겨넣은 남을 통제하고 싶은 마음, 항상 내가 옳아야 하고 더 나아야 한다는 마음, 내가 더 힘을 키워서 '승리'하고 싶은 마음을 어떻게 내려놓을지 고민해야 한다.

진정한 의미의 승리는 누군가가 다그칠 때보다는 존중해줄 때 그 가능성이 더 커지는 법이다. 자신에 대해, 자녀에 대해, 어떤 논쟁적인 주제에 대해, 자신의 신념에 대해 늘 새로운 부분을 발견하고 배울 수 있는 사람이 진정한 승자다. 다른 사람이 보는 것을 함께 볼 수 있을 때, 다른 사람이 느끼는 감정에 온전히 가 닿을 수 있을 때 비로소 당신은 승자가 된다. 다른 사람에게 공감하고 경청하기 위해 마음을 열 때, 자신의 생각을 다시 성찰해보겠다는 의지를 가질 때 당신은 크게 성장할 것이다.

덴마크어 '아트 레르(at lære)'에 대한 설명을 기억하는가? '가르치다'와 '배우다'는 서로의 의미를 '껴안은 채' 사용되고 있다는 내용이었다. '껴안다'라는 단어는 한없이 작아 보이지만 상식을 뒤엎는 개념이기도 하다. 아이와의 관계에서 어른이 훈계하는 사람이나 설교자가 아니라 아이와 동등한 인격체로 다가갈 때 아이는 불안감을 느끼지 않고 자기가 존중받는다는 느낌을 받는다. 그러면 관계도 자연스럽게 깊어진다.

예스퍼 율에 따르면 아이들이 부모와 자연스럽게 잘 지내는 것은 대체로 9~10세까지다. 이 시기에 부모가 뭐든 가장 잘 아는 사람임을 자처하거나 설교자 노릇을 하면 당연히 관계는 소원해진다. 그래서 "내가 잘 아니까 그냥 내가 하라는 대로 해!"라고 말하는 대신 "내 생각은 이런데, 너는 어떻게 생각하니?"라든지, 혹은 "난 네 말을 진지하게 듣고 있어. 그리고 네 느낌과 생각도 그대로 존중하고 있고"라는 식으로 접근한다면 부모는 자녀의 심리 상태가 가장 예민해지는 10대 시기에도 자녀와 좋은 관계를 유지할 수 있다.

공감하는 척하는 것으로는 전혀 효과가 없다. 핵심은 자녀가 자신이 진심으로 공감받고 있음을 느끼는 것이다. 그러려면 부모는 진심으로 공감하는 법과 신뢰를 주는 화법을 꾸준하게 연습해야 한다. 이때 공감이란 '무조건적인 동의'와는 다르다는 것에 주의해야 한다. 부모와 자녀 사이를 갈라놓는 것은 의견 차이가 아니라 권력 싸움이다. 공감이 전제된 성숙한 토론은 아무리 뜨거운 논쟁으로 이어지더라도 오히려 친밀한 관계를 만드는 데에 도움이 된다.

한 연구에서 미국 대학생들에게 윤리적 딜레마들을 제시하고 어떻게 해결할지를 물었다. 덧붙여 가능하다면 부모와 친구 중 누구에게 조언을 구하겠느냐고 물었다. 권위적이고 규범적인 가정에서 자란 학생들보다는 민주적인 집안에서 자란 학생들이 부모에게 조언을 구하겠다고 응답하는 비율이 높았다.

그러니 자녀와의 관계에서 감독관이 아니라 등대의 역할을 한다면, 당신의 자녀는 폭풍우가 휘몰아치는 칠흑같이 어두운 밤에도 질책을 당하거나 수치심을 느끼거나 벌을 받을 거라는 두려움 없이 길을 비춰주는 등대로서 부모를 계속 필요로 할 것이다. 부모의 신뢰로 강한 자기 신뢰를 갖춘 아이들은 어떤 기상 조건에도 방향키를 단단히 잡고 자신의 삶을 착실하게 항해해갈 것이다.

학교에서 케이크를 나눠 먹는 시간

누구라도 데니시 페이스트리는 한번쯤 들어봤을 것이다. 애교 넘치는 칼로리 폭탄, 윤기가 좌르르 흐르는 맛있는 아침 식사인 덴마크 빵. 그런데 '덴마크 학급 케이크(Danish classroom cake)'라는 말을 들어본 적 있는가? 그 학급 케이크가 아이들에게 공감 능력을 가르칠 때 중요한 역할을 한다는 사실은?

덴마크 학교에는 일주일에 한 번 '학급 시간(Klassen Time, class's hour)'이 있다. 일주일에 하루 특정한 날이 정해진 것은 아니지만 학급 시간은 덴마크 교육 과정의 핵심이다. 우리에겐 낯설지만 덴마크에서는 초등학교에 입학한 첫날부터 고등학교를 졸업할 때까지 학창 시절(6~16세) 내내 경험하는 것이라 특별하게 여기지 않는다.

학급 시간의 목적은 반 학생들 전체가 편안한 분위기에서 공동의 문제에 대해 이야기를 나누고 토론을 하면서 다 함께 해결책을 찾는 것이다. 이때 학생 둘의 관계든, 여럿이 관련된 사항이든, 모든 주제가 토론거리가 될 수 있다.

앞에서 봤던 '나 홀로 벤치' 사례에서 반 아이들 전체가 자기 반의 행복 점수에 대해 토론한 것도 학급 시간이 어떻게 운영되는지를 보여주는 하나의 좋은 예다. 사실 공감 능력을 배우거나 자기 신뢰를 기르거나 접촉수업을 하고, 또한 이후 다룰 자질이나 능력들을 가르치고 배우는 주 무대가 바로 학급 시간이라고 해도 과언이 아니다.

예를 들어 학급에 어떤 문제가 발생하면 담임선생님은 언제든 학급 시간을 제안할 수 있다. 그리고 학생들이 담임선생님의 도움이 더 필요하다고 판단할 경우, 일주일에 한 번이 아닌 여러 차례 학급 시간을 가지면서 선생님의 도움을 필요한 만큼 받을 수 있다. 덴마크 교사들이 자기 반의 행복 수준을 높게 유지하기 위해 학급 시간을 주로 활용하는데, 정말로 효과적이다.

학급에 별다른 문제가 없을 때는 어떻게 할까? 학생들은 함께 모여서 편안히 쉬거나 아늑하고 기분 좋은 '휘게' 시간을 갖는다. 학생들은 친구들과 미리 조를 짜고 놀이를 할 때도 있고, 반 전체가 함께 놀기도 한다.

'학급 시간 케이크'가 등장하는 때는 반 전체가 함께 놀이를 하는 학급 시간이다. 그래서 '학급 시간 케이크'라고 부른다. 그런데 이때의 케이크는 특별한 것이 아니라 흔히 아는 일반적인 케이크다. 다만 학급 시간 케이크가 일반 케이크와 다른 점은 학생들이 행사가 있을 때 순번을 정해 교대로 직접 구워오는 케이크라는 것. 만약 해당 학생이 케이크를 굽고 싶지 않을 경우, 다른 간식거리를 가져와도 상관없다. '학급 시간 케이크'는 나름의 조리법도 갖춘, '진짜 덴마크 문화'의 핵심적인 특성에 해당한다.

어떤 교사들은 교실에 '우편함'을 설치해서 학생들이 학급 시간에 함께 토론하고 싶은 문제들을 무기명으로 제안하게 한다. 이때 금기가 되는 토론 주제는 없다. 아무런 토론 주제가 없는 것이 유일무이한 금기사항일 뿐이다! 담임선생님은 학생들이 함께 토론할 가치가 있다고 생각하는 주제를 토론거리로 정한다. 그런 결정을 내릴 때의 교실 분위기는 모두에게 열려 있어야 하고 서로 인내해야 하며, 각자를 판단하지 않아야 한다.

한마디로 학생들은 교실이 '안전한 공간'이라고 느낄 수 있어야 한다. 어떤 교사는 토론 주제뿐 아니라 '어떤 친구의 친절한 행동'과 같이 학급에서 목격한 긍정적인 행동들도 적어서 우편함에 넣게 한다. 학급 생활이 긍정적으로 향상되는지를 전체 학생들이 함께 읽어볼 수 있게 하기 위해서다. 이처럼 긍정적이거나 잘한 일에 초점을 맞춰 학급 생활을 새롭게 재구성하는 일은 모두를 기분 좋게 한다.

"열 살인가 열한 살 때쯤, 종종 '여자아이들로만 구성된 모임'

에 대해 이야기했던 것이 기억납니다." 스토이어 지역 출신 고등 학생인 아네 미켈손이 말했다. "그때는 똘똘 뭉쳐 다니는 여자아 이들이 공통 주제였어요. 우리는 토론을 통해 그 문제를 어떻게 든 해결해보려고 했어요. 어떨 땐 문제의 본질을 좀더 정확히 보려고 노력하기도 했고, 또 어떨 땐 서로 뭉쳐 다니는 친구들을 다른 친구들과 어울리게 할 방안을 찾아보기도 했지요. 아무튼 우리는 그 문제를 함께 토론했고 그런 경험이 모두에게 항상 도움이 됐던 것 같아요."

공감 능력이 삶의 질을 높인다

오덴세 지역의 중학교 교사인 예스퍼 방(Jesper Vang)은 "말하는 사람은 다른 사람들이 자기의 생각을 듣고 있다는 것을 느껴야 합니다"라고 말한다. "교사들의 역할은 학생들이 다른 친구들의 감정에 공감하고 이해하도록 돕는 것이지요. 진실로 듣고 이해하는 경험을 통해 우리는 함께 해결책을 찾아갑니다."

매주 어떤 주제를 토론하게 될지는 분명치 않다. 하지만 학급 시간을 통해 학생들이 공감 능력을 기를 뿐만 아니라 다른 사람의 감정을 이해하고 존중하는 능력에 기초한 사회성 기술 또한 배우는 것은 분명하다. 만약 이 말이 믿기지 않는다면 덴마크의 학급 시간을 자기네 교육 과정에 통합시킨, 덴마크 이외 지역 교사들의 경험담에 귀기울여보라. 미국 뉴저지주의 어떤 교사는 이렇게 말했다.

"금요일의 학급 시간, 정말 멋졌어요! 우리 반 아이들은 학급 시간의 모든 것들을 사랑했어요. 친구들과 함께 생각을 나누는 것도 좋아했고 함께 나누는 간식도 사랑했지요. 아, 이런 거라면 왜 진작부터 하지 않았을까 정말로 안타까운 심정이에요. 학급 시간요? 언뜻 단순해 보이고 뭐 대단할까 싶잖아요? 근데요, 정말 멋진 생각이에요!"

"학급 시간이 우리 반 아이들을 얼마나 활동적이고 풍요로운 사람으로 바꿔놨는지를 보셨더라면 정말 놀라셨을 거예요. 올 한 해 동안 어떤 아이들은 눈에 띄게 배려심이 커졌고 또 어떤 아이들은 정말로 매력적으로 변했어요. 물론 그 아이들은 이전에도 매력적이었지만 이전보다 훨씬 더 매력적인 사람이 되었다는 뜻이에요. 아무튼 우리 반 아이들이 학급 시간을 얼마나 좋아하는지 상상도 못 하실 거예요."

"어제 학급 시간에 한 남학생이 글루텐을 넣지 않은 컵케이크를 구워와서는, '너희들과 컵케이크를 먹으면서 함께 즐거운 시간을 보냈으면 좋겠어'라고 하더라고요. 그때 그냥 눈물이 터지더군요!"

"매주 금요일의 학급 시간은 우리 반 아이들을 정말 끈끈한 유대 감으로 묶어주었어요. 전 아이들을 보면서 설렘이 일더라고요. 학급 시간이 저에게 안겨준 일종의 보너스라고나 할까요. 《위대한 개츠비》와 《시련》을 함께 읽는다는 사실에 그토록 열광적으로 흥분하는 아이들을 이제껏 본 적이 없거든요!"

내 딸 학급에서도 학급 시간이 시험적으로 운영되고 있다. 지금까지는 놀라운 효과를 내고 있다. 어떻게 단순해 보이는 수업 활동이 학생들의 행복에 이토록 강력한 영향을 주는 것일까. 학급 시간만으로 책 한 권을 써보고 싶다는 강한 충동이 들 정도로 감동적이다. 이런 느낌을 갖는 사람이 과연 나뿐이겠는가. 학급 시간이 어떤 변화를 만드는지 알게 되는 순간, 그 누구라도 '어째서 진작에 이런 것을 생각하지 못했을까' 하고 의아해할 것이다.

어떤 교사는 단지 몇 주 만에 자기 반 아이들이 서로를 대하는 태도나 학급 활동에 참여하는 적극성이 눈에 띄게 달라졌다고 말했다. 자기 반 아이들에 대해 몰랐던 많은 사실들을 새롭게 알게 됐다고, 학급 시간이 만들어낸 변화가 믿을 수 없을 정도로 대단하다고 덧붙였다.

아이들이 6세부터 16세까지 교과 수업을 일주일에 한 시간씩 줄여서 다른 사람을 이해하는 시간으로 사용하면 어떤 변화가 일어날 것인가? 이런 한 시간이 어린아이들에게 어떤 도움을 주고, 우리가 맺는 관계의 질은 어떻게 변화시킬 것이며, 10대 청소년들을 어떤 성인으로 성장시킬 것인가? 결과가 궁금하다면 매년 발간되는 행복과 관련한 세계 보고서를 참고해보라. 결국에는 우리도 덴마크의 학급 시간을 학교 교육 과정에 도입하여 아이들의 공감 능력을 비롯해 삶의 질까지 높여줄 수 있을까? 물론이다. 의지만 있으면 문자 그대로 건강에도 좋고 맛도 좋은 '학급 시간 케이크'를 가볍게 즐기듯 '누워서 떡 먹기'할 수 있다.

공감 능력을 기르기 위한 덴마크식 방법

🍃 먼저 스스로에게 공감하라

당신은 얼마나 공감 능력이 있다고 생각하는가? 덴마크의 대표적 공감 전문가인 헬레 옌센(Helle Jensen)은 다른 사람과의 공감은 자기 자신과의 공감에서부터 시작해야 한다고 조언한다. 자기 자신에게 공감하지 못하면서 다른 사람에게 공감하기는 무척 어렵기 때문이다. 당신에게 공감하는 힘이 생겼다면 어떤 요소가 작용한 덕분인가? 그리고 앞으로 공감 능력을 더욱 향상시키기 위해 당신은 무엇을 어떻게 해야 할까?

당신은 권위적이거나 과보호적이거나 학대하는 가정에서 자랐는가? 아니면 서로 공감하는 가정에서 성장했는가? 모두 공감과 관련해 성찰해야 할 질문들이다. 알다시피 공감은 본질적으로 내재적이라는 특성을 갖는다. 그렇기 때문에 공감 능력을 실제 상황에서 잘 활용하려면 무엇보다 우리 안에 내재된 공감 능력을 꺼내는 법부터 배워야 한다.

공감 능력을 계발하기 위해서는 꽤 여러 단계를 밟아야 하지만 그래도 마음만 먹으면 우리는 공감 능력을 향상시킬 수 있다. 먼저 당신 자신의 배경을 이해하는 데서부터 시작해야 한다. 당신 자신이 어떤 가정과 문화에서 성장했는지를 알아야 스스로를 제대로 이해할 수 있기 때문이다. 스스로를 이해하는 것, 여기서부터 공감은 시작된다.

◈ 당신의 말과 어조에 신경 쓰라

상대방에게 어떤 말을 하기 전에 먼저 당신 마음의 소리를 들어라. 당신은 자신에 대해서나 다른 사람들에 대해 비판적이지는 않은가? 당신은 다른 사람의 행동 이면에 숨겨져 있는 진짜 의미를 보려고 노력하는가? 아니면 쉽게 낙인을 찍곤 하는가? 당신이 어떤 일을 논하는 방식을 바꾸면 당신이 논하려던 그 일이 달라진다. 이는 우리 아이들과 우리 자신에 대해서도 마찬가지다.

덴마크 사람들은 아이들이 본성적으로 선하다고 믿으며, 부모나 아이들 모두 어떤 상황에서든 각자 최선을 다할 것이라고 생각한다.

그러니 당신 또한 상대를 판단하거나 낙인 찍거나 수치심을 주지 않기 위해 최선을 다해 노력하면, 그리고 덴마크 사람들처럼 자기 자신과 상대방에게 믿음을 갖는다면, 당신의 삶은 분명 달라질 것이다.

🌿 책임감을 가지고, 모든 인간은 존엄하다는 믿음에 기초하여 의사소통하라

부모나 교사, 어느 조직의 책임자나 코치의 위치에 있는 사람에게는 의사소통에 대한 책임이 있다. 그렇다고 해서 의사소통을 빌미로 아이들을 힐책해서는 절대 안 된다. 자녀를 존중하며 대화를 나누기 위해서는 부모의 인식이 달라져야 한다. 인간의 평등한 존엄에 기초한 의사소통의 중요성은 변하지 않는다. 자녀와 대화할 때, 우리는 어른이고 그들은 아이들이라는 사실을 결코 잊지 말자.

예스퍼 율은 "어른이 권력을 쥐고 있다는 것은 의문의 여지가 없는 사실"이라면서 "문제는 어른들이 그 힘을 어떻게 사용하는가"라고 말했다. 아이들이 서 있는 바로 그 자리에서 그들의 눈높이에 맞춰서 아이들을 만나라. 그러면 아이들은 자기가 보이고 들린다는 것을 자연스럽게 느끼면서 자신도 상대방의 말을 더 잘 듣고 더 잘 협력하기 위해 노력할 것이다. 물론 이러한 원리는 어른들 사이에서도 똑같이 적용된다.

◈ 아이들이 친절하게 행동하고 타인에게 공감할 때 칭찬하라

가족 내 형제자매 사이에서든 모둠 활동 중에든 아이들이 서로를 친절하게 대하면 칭찬하라. 어느 학급에서는 작은 통을 만들고 반 친구가 베푼 친절을 쪽지에 적어 통에 넣게 한다. 또 다른 학급에서는 반 친구의 친절을 쪽지에 적어 교실 벽에 줄줄이 매달게 한다. 그러다 통이 차거나 쪽지가 길게 매달리면 학급 전체가 칭찬 쪽지를 함께 읽는 시간을 갖는다.

또 생일을 맞은 사람에게 반 전체가 좋은 말을 써주는 멋진 활동도 있다. 이는 다른 사람의 장점을 알아보는 힘을 길러줄 뿐만 아니라 학생들의 기분도 좋아지게 한다. 이와 비슷한 '황금의자'도 있다. 그 의자에 앉은 학생에게 반 친구들이 그 학생이 했던 친절한 행동을 하나하나 다시 들려주는 수업 활동이다.

◈ 해결책을 찾는 것보다는 감정을 알아주는 것이 더 중요하다

상황을 호전시키기 위해 해결책을 제시하거나 조언을 해야겠다는 생각이 들 때가 종종 있다. 하지만 그런 경우에도 무엇을 하기보다는 그 감정 상태에 충분히 머물도록 내버려두는 것이 더 나은 경우가 많다. 이와 관련된 연구에 따르면 감정이 좋지 않은 상태일 때, 어떤 감정인지 확인하고 그대로 인정하는 것만으로도 충분히 진정되며, 결국 그러한 감정을 좋은 방향으로 풀어나갈 수 있다고 한다.

"길들이려면 이름을 부르라"던 대니얼 시겔(Daniel Siegel)의 명제를 빌리자면, 감정을 다스리려면 그 감정의 이름을 부를 수 있어야 한다. 사람들은 이게 어렵다고 생각하는데, 그것은 아마도 실제로 그렇게 해본 적이 없어서 그럴 것이다. 힘든 사람을 돕고 싶어 하는 마음은 누구에게나 있다. 예컨대 배우자를 잃은 상실감에 젖은 사람과 함께 있는 것이 보통 사람들에겐 익숙지 않다.

그러니 편치 않은 마음에 어떻게든 그 순간을 모면하기 위해 사람들은 "마음을 단단히 먹어요"라든지 "시간이 지나면 괜찮아질 거예요" 같은 위로의 말들을 전한다. 문제는 이처럼 바로 해결책을 제시해야 한다는 조바심을 내거나 위로의 말을 표현해야 한다는 강박관념을 갖는 것이다. 지금의 감정에서 빨리 벗어나 마음의 안정을 찾으라는 식의 의례적인 위로의 말들은 오히려 상대를 더욱 외롭게 만드는 역효과를 낼 수 있다.

사람들은 형식적인 위로의 말을 들을 때가 아니라 다른 사람들과 깊은 연결감을 느낄 때 진정으로 위로받는다.

🌱 **사람의 감정을 '새로운 시선으로 읽는 법을 배우는 것'의 필요성에 대해 성찰하라**

일반적으로 우리는 아이들에게 읽고 쓰는 능력을 가르치는 것에는 과도하게 신경 쓰면서 막상 자기 자신과 다른 사람의 감정을 읽는 것을 가르치는 일에는 소홀하다. 아이들이 성장 과정에서 자연스럽게 터득하게 된다고 믿으면서 말이다.

아이들에게 감정을 읽는 법을 가르치고 어떤 감정과 행동이 발생하는 역학을 이해하는 힘을 키워주면 아이들의 공감 능력이 강화된다. 또한 관용을 길러주며 남을 괴롭히는 행동을 없애줌으로써 미래의 협동심도 향상시킨다. 실제로 아이들은 자신과 타인들의 감정에 대해 배우고 싶어 한다. '감정 읽기'는 아이들의 연령에 맞춰 다양한 방식으로 가르칠 수 있다.

🌿 '감정 읽기', 그것은 내면의 이야기를 듣는 것이다

감정은 그저 얼굴 표정에 국한된 문제가 아니라 몸과도 밀접하게 연결되어 있다. 하지만 대부분의 사람들은 이런 사실에 대해 별로 생각해본 적이 없다. 우리 문화가 불편한 감정을 이해하려고 노력하기보다는 아예 그 감정을 느끼지 못하도록 우리의 감정 시스템을 마비시키는 특징을 가지고 있기 때문이다.

'감정'이라는 단어에 대해 한번 생각해보라. 우리가 여러 가지 감정들을 '감정'이라고 식별해낼 수 있는 이유는 몸으로부터 전달된 어떤 신호를 느낄 수 있기 때문이다. 문제는 대부분이 이러한 신호를 제대로 읽고 감정에 적절하게 대처하는 법을 배운 적이 없다는 사실이다.

덴마크 사람들은 다르다. 덴마크 아이들은 아주 어릴 때부터 '어떤 감정'을 몸의 '어느 부위'에서 느끼는지를 그림으로 그리거나 글로 써보고 함께 토론하며 성장한다. 이를 통해 덴마크 아이들은 '같은 상황에서도 사람들은 서로 다른 감정을 가질 수 있다'는 사실을 자연스럽게 이해하게 된다.

예를 들어 아이들은 어떤 사람은 분노를 복통으로 느끼고 어떤 사람은 불안감을 허리통증으로 느끼며, 또 어떤 사람은 두려움을 어깨통증으로 느낀다는 사실을 이해하게 된다. 이런 이해를 바탕으로 덴마크 아이들은 각자의 '직관'을 신뢰하고 공감 능력도 키워나간다. 당신 안에서 어떤 감정이 일어난다면 그 감정이 추로 어떤 상황에서 발생하고, 또 몸의 어느 부위에서 그 감정을 느끼는지 주의 깊게 관찰해보라.

이런 활동은 어린아이들만이 아닌, 고학년 학생들에게도 효과가 있다. 어떤 감정이 일어날 때 그 감정을 판단하거나 억누르는 대신 있는 그대로 바라보고 인정하는 것만으로도 스스로를 진정시키고 그 감정을 헤쳐나갈 수 있게 된다. '문자를 읽고 쓰는 것'과 함께 '감정을 읽고 쓰는 것'도 배운다면 럭비공처럼 어디로 튈지 모르는, 우리 삶의 다양한 신호들을 이해하는 데에 큰 도움이 될 것이다.

🌿 완벽해지려고 하지 말고, 자신의 감정에 충실하려고 노력하라

완벽해지고 싶다는 욕구가 커질수록 다른 사람과의 유대감은 훼손된다. '완벽주의'는 당신 자신이 '판단하려는 충동'이라는 쇠창살로 만든 감옥과 같다. 모든 면에서 완벽해 보이는 사람조차 자기 자신을 가혹하게 평가하는 경우를 종종 볼 수 있다. 그러니 자기 자신과 다른 사람들을 판단하려는 충동에서 자유로워지도록 노력하라.

또한 자신의 가장 상처받기 쉬운 부분에 대해서도 편안해져야 한다. 요컨대 자신의 감정을 있는 그대로 바라보고 존중하라. 아이들에게 절실한 것은 이러한 삶의 자세다. 실수하지 않는 사람은 없다. 그러니 자기가 저지른 실수에 대해 주저없이 인정하고 사과하라. 또한 자신의 감정을 진술하게 표현하라. '인간다움'이란 바로 이런 모습이지, 결코 '모든 면에서 완벽해지는 것'이 아니라는 사실을 아이들에게 가르쳐야 한다. 당신이 자기 자신에게 친절해질 수 있어야 다른 사람에게도 그만큼 친절해질 수 있음을 명심하자.

🌿 당신의 좋은 삶, 행복 점수는?

가정에서든 학교에서든, 아이들 각자가 느끼는 좋은 삶, 행복한 삶의 점수는 얼마인지 물어보고, 1점에서 10점까지 점수를 매기게 하자. 그리고 그렇게 평가된 점수에 만족하는지 토론해보자. 만약 지난번 점수와 이번 점수가 다르다면 그 이유에 대해서도 함께 이야기를 나뉘보자. 이때 부모나 교사의 평가점수도 함께 공유할 필요가 있다.

행복 점수에서 시작된 토론은 가정과 학교에서 느끼는 감정에 대한 토론으로 이어지고, 결국에는 모두의 삶을 좀더 행복하게 만들기 위한 길에 대한 성찰과 토론으로까지 이어진다. 여기서 중요한 것은 아이들이 임기응변에 능하고 기지가 뛰어난 존재라는 사실이다. '나 홀로 벤치' 사례를 떠올리면 이 말이 무슨 뜻인지 분명하게 이해할 수 있을 것이다.

🌿 당신도 학급 시간을 도입해보라

일주일에 딱 한 시간만이라도 학생들이 자기들의 문제에 대해 함께 토론할 자리를 마련해주자. 토론이 아니라 반 친구들이 모두 함께 '휘게한' 시간을 즐기는 것만으로도 의미가 있다. 만약 이처럼 쉬우면서도 효과적인 수업 활동을 교사가 (정보 부족으로) 도입하지 않고 있다면 부모들이 교사에게 제안해도 좋겠다.

학급에 상자를 설치하고 학급 시간에 함께 토론하고 싶은 것을 쪽지에 적어 상자에 집어넣게 하는 등의 다양한 방식으로 학급 시간을 운영할 수 있다. 어떤 방식으로 운영하든 학생들 각자가 반 친구들에게 자기 존재가 드러나고 의견이 존중된다는 사실을 분명하게 느끼게 하는 것이 학급 시간의 유일한 목적임을 명심하자. 친구들과의 관계와 유대감의 강화는 자기 존재가 드러나고 의견이 존중되는 경험에서부터 시작된다. 가능하다면 케이크도 곁들여보자. 그러면 아늑하고 편안한 '휘게' 분위기가 교실에 감돌 것이다.

🌿 공감을 실천하고 싶어 하는 사람을 찾아라

부정당하고, 모욕당하고, 판단당하는 경험은 사람을 메마르게 한다. 그러니 공감하고 휘게를 실천하려는 사람을 곁에 두어라. 그러면 당신의 기분이 좋아지는 것은 물론, 아이들에게는 흉내 내고 본받고 싶은 행동을 비춰주는 '거울' 역할을 해줄 것이다. 혹은 덴마크의 교육 방식에 내재된 핵심 가치들을 진심으로 신뢰하면서 서로를 격려하고 지원하는 모임을 만드는 것도 좋은 아이디어다.

🌿 '마음 명상'을 하라

헬레 옌센은 덴마크뿐만 아니라 유럽연합(EU) 회원국들의 수많은 학교에서 공감 능력을 향상시키기 위해 '마음 명상' 프로젝트를 진행하고 있다. '마음 명상'은 학생들이 자기 자신과 좀더 친밀해지게 도와주는 명상법이다. 학급 시간에 다음과 같이 마음 명상을 해보자.

"자, 모두 의자에 앉아 마음을 차분하게 가라앉혀봅니다. 눈을 감아도 좋아요. 떠도 상관없습니다. 두 눈의 초점을 맞추기보다 편안하게 초점을 맞추지 않는 것이 중요합니다.

이제 발바닥과 발가락 모두가 교실 바닥에 잘 붙어 있는지를 느껴보세요. 천천히 위로 올라가면서 몸의 각 부분을 차례차례 느껴볼 거예요. 여러분의 다리는 의자 위에서 편안히 쉬고 있나요? 이제 허벅지 위에서 편안하게 쉬고 있는 양팔을 느껴보겠습니다. 숨을 깊이 들이마시면서 목과 머리, 그리고 몸을 편안하게 내려놓습니다.

이제 의자에 기대어 편안히 쉬고 있는 우리 몸을 느낄 차례입니다. 숨을 들이쉬고 내쉬면서 여러분의 몸을 느껴보세요.

이제 우리의 가슴을 느껴봅니다. 가슴으로 숨이 드나들고 있는 것을 상상해보세요. 훨씬 쉽게 가슴을 느낄 수 있을 거예요.

이번에는 여러분이 좋아하는 사람을 떠올려보세요. 친구나 부모님을 떠올려도 좋습니다. 반려동물도 상관없어요. 곰 인형도 좋습니다. 여러분이 사랑하는 것이라면 무엇이든 상관없어요.

여러분의 가슴에 무엇이 느껴지나요? 여러분 가슴에 뭔가 기분 좋은 것이 느껴지면 그 기분을 발가락 끝까지, 손가락 마디마디까지, 머리카락 한 올 한 올까지, 여러분 몸 전체로 퍼뜨려보세요."

이렇게 진행되는 '마음 명상' 시간은 학생들이 자기 몸으로 경험한 느낌들을 발표하는 것으로 마무리된다.

Trust

Empathy

Authenticity

Courage

Hygge

3장

: 진솔함 – 성 :

'허세'와 '수치심' 없이 성을 이야기한다는 것

"삶은 그 자체로 가장 환상적인 동화다."

———

한스 크리스티안 안데르센(Hans Christian Andersen)

'너'와 '나'의 경계를 위한 성

인간의 몸에 대해 진솔하게 접근하기

시댁 식구들이 선물해준 여러 권의 아동도서에 큰 충격을 받은 적이 있다. 아동용 도서인데도 이혼, 도둑질, 죽음, 슬픔, 성(性) 등으로 '도배'가 되어 있었다. '도배'라는 표현이 과언이 아닐 정도였다. 사실 어떤 주제에 대해서도 깊이 인식해야 할 필요성을 느끼지 못했던 나는 시댁 식구들이 내게 대체 어떤 메시지를 주기 위해 이런 책들을 선물했는지 가늠할 길이 없었다.

선물받은 책들은 4~5세용 아동도서였다. 대개가 해피 엔딩이 아니었다. 삽화 또한 익숙한 아동용 그림체가 아니었다. 덴마크 생활 초기에 이런 낯선 경험들을 하게 되면 '누가 덴마크 사람 아니랄까봐!'라는 생각으로 웃음을 터뜨렸을 것이다. 하지만 지금은 어릴 때부터 이런 주제들에 대해 서로 허심탄회하게 이야기할 수 있는 분위기야말로 이후의 삶에서 타인과 열린 마음으로 진솔하게 대화할 수 있는 토대가 되겠구나 하는 깨달음에 그저 놀라울 뿐이다.

그렇다고 덴마크 사람들이 죽음이나 성 같은 주제들을 아무 때나 편하게 떠드는 잡담거리 정도로 가볍게 여기고 있다는 말은 아니다. 덴마크 사람들이 이런 무거운 주제들을 아이들에게 접하게 하는 이유는 그것들이 살면서 맞닥뜨리게 되는 중요한 주제들이기 때문이다. 그들은 좋은 삶을 위해서는 필연적으로 겪게 되는 중요한 주제들에 대해 어릴 때부터 제대로 배워둘 필요가 있다고 생각한다.

이러한 신념을 바탕으로, 덴마크의 교육 과정에는 '죽음'이 정식 교육 주제로 포함되어 있다. 성교육 또한 모든 학년에서 의무적으로 시행된다. 덧붙여 가정에서는 아주 어릴 때부터 아이들에게 성과 관련된 책을 읽히기 시작한다.

모든 것은 각 연령에 맞게 적절하면서도 직접적이고 솔직한 방식으로 다뤄진다. 실제 생활과 관련된 모든 주제를 이렇듯 편안하게 접할 수 있는 환경이 덴마크 사람들을 행복하게 만드는 하나의 이유이기도 하다. 덴마크 사람들은 '장밋빛 색안경'을 끼고 삶을 보지 않으며, 허황된 기대 또한 하지 않는다. 덴마크 사람들에겐 무엇이 삶의 실제이며, 무엇이 그렇지 않은지를 현실적으로 구별해내는 힘이 있다. 삶에서의 회복탄력성은 삶에 대한 실제적 이해에서 비롯된다.

약간의 배경 설명이 필요할 것 같다. 내가 덴마크 사람들의 진솔한 삶의 태도를 처음으로 실감한 것은 성교육 어휘나 용어들을 접했을 때였다. 대부분의 사람들은 '음부'를 별칭이나 완곡한 명칭으로 부르고, 어떤 경우에는 아예 그에 대한 대화 자체를 회피하려는 경향이 있다. 솔직히 '음부'를 지칭하는 해부학적 용어를 입에 올린다는 생각만으로도 우리는 움찔하지 않는가.

《엠마가 엠마가 되었을 때(When Emma Became Emma, 덴마크어: Da Emma Blev Emma)》는 시댁 식구들이 선물한 책이었다. 나는 그 책이 있었는지조차 몰랐을 정도로 별 관심이 없었다. 그런데 어느 날 저녁, 내 딸의 방 앞을 지나가다 우연히 아이가 책 읽는 소리를 듣게 되었다. "매즈가 자기 음경을 에밀리의 질에 집어넣었을 때…." 그때 나는 그만 입이 딱 벌어져서 아래턱이 방바닥에 쿵 하고 부딪히는 줄 알았다.

고작 다섯 살이었던 딸아이는 그 책에 흠뻑 빠져서 내게 같은 페이지를 읽어달라고 여러 차례 보챘다. 내 딸을 사로잡은 그 책은 한 남자와 한 여자가 침대에 함께 있는 만화책으로, 춤추는 정자들이 한 면을 가득 채우고 있었다.

한동안 그 책은 아이가 가장 좋아하는 책이었다. 그래서 매일 밤 딸은 나에게 그 책을 읽어달라고 졸랐다. 책을 펼쳐 함께 읽으면서 나는 자연스럽게 의문을 가졌다. '내 딸이 인간의 몸에 대해서, 그리고 아이를 만드는 과정에 대해서 자연스러운 호기심을 갖는 것이 어째서 나를 불편하게 하는 걸까?' 아이들은 순수함 그 자체이기에 그들이 자기 몸에 대한, 그리고 자기 몸과 관련한 일들에 (자기 동생이 생기는 것을 포함해서) 호기심을 갖는 것은 정말로 자연스러운 일 아닌가. 이런 주제들을 입에 담기 부끄러워하는 것은 전형적인 어른의 태도다. 이는 임신을 포함해서 삶의 자연스러운 일들을 아이들의 시선이 아닌 어른들의 시선으로 보기 때문에 생기는 현상이다.

공감을 다룬 바로 앞 장에서 설명한 '아이의 관점', '아이들이 보는 것'이라는 개념을 상기해보자. 모름지기 아이들을 교육한다는 것은 다양한 연령층의 아이들이 각각의 나이에 '무엇을 알고 싶어 하는지'를 이해하는 데서부터 시작한다. 어른들의 관점에서 중요하거나 금기시되는 내용이 아니라 '아이의 관점'에서 정말로 중요한 것들, 더불어 아이들의 자연스러운 호기심을 이해하는 것이 선행되어야 한다. 이때 어떤 거짓말도, 판단도 덧붙여져서는 안 된다.

완곡어법 없이 성기를 표현하기

그래서 나는 진지하게 나 자신에게 되물을 수밖에 없었다. 그동안 나는 왜 사실 그대로 말하기가 그토록 힘들었는지. 우리는 다들 코를 코라고, 팔꿈치를 팔꿈치라고 거침없이 말한다. 그러나 유독 성과 관련된 신체 부위를 표현할 때면 그 부위를 일컫는 가장 정확한 공식용어가 아닌, 다른 표현을 찾느라 진땀을 뺀다. 사람들이 성과 관련된 단어를 용감하게 입 밖에 내지 못하는 것은 아마도 그런 용어들이 뭔가 음탕하고 불쾌하며, 심지어 섬뜩하다고 느끼기 때문일 것이다. 하지만 '진짜 이상한 것'은 그 용어들이 아니라, (이유는 잘 모르겠지만) 우리가 아이들에게 인간의 신체 중 유독 성기 부분만 감추려 한다는 사실이다.

하지만 덴마크에서는 달랐다. '음부'를 표현하는 완곡한 단어란 존재하지 않았다. '작은 고추'라는 식으로 아이들을 위한 귀여운 별칭을 사용하지도 않는다. 덴마크 사람들을 인터뷰해보면 하나같이 "성기를 지칭하는 적확한 용어가 있음에도 굳이 별칭을 쓰는 외국 사람들이 이상하고 놀랍다"라고 대답한다.

어릴 때부터 성에 관한 정확한 용어를 쓰는 덴마크 아이들은 인체 해부학적으로 공식용어가 무엇인지를 잘 알게 된다. 그렇기 때문에 성인이 되어 성과 관련된 은어나 성을 비하하는 단어를 접하더라도 큰 영향을 받지 않는다.

덴마크 학교에서는 아이들이 아주 어릴 때부터 자기 몸의 다양한 신체기관이 지닌 기능에 대해, 그리고 각 기관의 공식적인 명칭에 대해 정확하게 가르친다. 이때 중요한 것은 인간의 몸에서 부끄러워하거나 쑥스러워할 데라고는 단 한 곳도 없다는 사실이다. 그동안 입 밖에 내기를 꺼려 했던 '그것'도 마찬가지다. 성과 관련됐든, 그렇지 않든 우리 몸에서 부끄러워하거나 수치스럽게 여겨야 할 부분은 당연히, 아무데도 없다.

세계적으로 '벌거벗음'을 부끄럽게 생각하거나 수치스럽게 여기는 문화권이 많다. 부끄러움과 수치스러움의 색안경을 끼게 된 데에는 역사적·종교적 배경이 깔려 있다. 우리가 지금처럼 성에 대해 불편한 마음을 가진 데에는 수세기 전부터 성교육을 해야 한다는 사람들과 해서는 안 된다는 사람들 사이의 팽팽한 줄다리기에서 형성된 '수치심에 대한 집단의식' 때문이다. 이러한 집단의식이 문화라는 경로를 통해 내면화됨으로써 우리는 제대로 된 성찰 없이 거의 반사적으로 성이란 부끄럽고 수치스러운 것이라고 생각하는 습성을 지니게 되었다.

항상 근심, 걱정, 불안 때문이었다. 성교육을 하려는 사람들도 걱정스러우니 미리 잘 안내하자는 취지였다. 성교육을 막아왔던 사람들도 아이들이 알게 되면 불안하니 아예 호기심의 원천을 제거해서 아이들이 아무것도 보지 못하게 하자는 목적이었다. 성을 약간의 죄스러운 것으로 보든, 지옥에 떨어질 정도의 중죄로 보든, (원치 않는 무책임한 임신을 할 수도 있고 자칫 성병에 걸려 죽음에 이를 수도 있는) 엄청난 잘못으로 보든, 모든 생각의 근저에는 항상 근심, 걱정, 불안에 더해 수치심이 깔려 있었다.

이러한 불안과 수치심에서 시작된 편견은 십 수 년 동안 지속되는 부모의 양육을 통해, 그리고 문화적 규범을 통해 다음 세대로 대물림된다. 그러니 상상이나 할 수 있을까? 문화적 색안경을 벗어던지는 순간 당신이 마주할 새로운 현실을?

흥미롭게도 많은 나라에서 '벌거벗은 몸'에 대해 양가적인 태도를 보인다. 예를 들어 미국에선 공공장소에서 가슴을 노출시키는 것은 말도 안 될 뿐만 아니라 '불법'이다. 공개된 장소에서 아이에게 젖을 물리는 여성이 있다면 '상스러운 노출'이란 질타와 온갖 곤란을 당할 것이다. 공식적으로 지정된 누드 해변이 아닌 곳에서 여성이 상체를 벗고 해변을 거닐면 수군거림을 감당해야 한다.

반면 요즘 소셜미디어에서 벌어지는 일들은 생각해보자. 엠티비(MTV)에 출연해 포르노 스타처럼 온몸에 오일을 바르고 핫팬츠 차림으로 가슴을 흔들면서 '트워킹(twerking: 엎드린 자세에서 엉덩이를 격하게 들썩거림으로써 성적으로 도발하는 춤)'을 하는 소녀들을 보라. 이건 아무도 이상하게 보지 않는다.

2004년, 미국프로풋볼리그(NFL) 챔피언 결정전인 슈퍼볼 하프타임 쇼에서 재닛 잭슨(Janet Jackson)이 이른바 '의상 불량'으로 공분을 산 적이 있다. 공연 도중에 재닛 잭슨이 실수로 자신의 유두를 노출시키면서 미국 전체가 분노로 들끓었고 거의 모든 뉴스 프로그램이 여러 달 동안 이 사건을 다루었다. 닉슨 전직 대통령을 하야하게 만든 '워터게이트(Watergate)' 스캔들에 빗대어 '니플게이트(Nipplegate)'라는 이름이 붙었을 정도로 이 사건은 당시 사회에 큰 파장을 일으켰다.

그런데 똑같은 슈퍼볼 경기 중계방송 중에 나오는 광고들을 보라. 거품 목욕을 하는 아리따운 여성의 벗은 몸과 그것을 훔쳐보다 사다리에서 떨어지는 남자의 모습을 그대로 내보내는 광고 영상들을 보며 우리는 어떻게 반응했던가? 그냥 재밌게 웃어넘기지 않았나. 대중매체는 이렇듯 모순적이며 양가적인 메시지를 내보낸다는 사실을 사람들은 다 알고 있다. 그러나 이러한 상황이 우리의 시야를 가리면서 아이들에게 인간의 삶에서 가장 자연스러운 것들 중 하나인 우리의 몸과 성에 관해 무엇을 어떻게 가르칠지 성찰하지 못하게 한다는 사실을 진지하게 고민하는 사람은 과연 몇이나 될까?

덴마크에서 진행되는 성교육 현황

현재 미국에서는 성교육이 '포괄적 성교육(Comprehensive Sexual Education)'과 '금욕지향적 성교육(Abstinence-only sex education)'이라는 두 가지 방식으로 진행되고 있다. 포괄적 성교육은 인간의 성을 비롯해 피임법, 성병 예방법, (선택사항이긴 하지만) 금욕법 등 성과 관련된 모든 내용을 포괄적으로 가르친다.

반면 현재 미국 26개 주에서 선택적으로 시행되고 있는 금욕지향적 성교육은 혼전 순결에 기초하며, 피임에도 반대한다. 통계적으로만 보면 미국 학생의 절반 정도가 '결혼 전까지 순결을 지키는 것이 옳은 일'이며, 결혼이란 남자와 여자가 하는 것이라는 전제에 기초한 성교육을 받고 있는 셈이다.

이탈리아는 어떤가? 가톨릭교회가 사회 구석구석에 엄청난 영향력을 발휘하는 이탈리아에서는 공식적인 요청이 없으면, 학교에서 성교육을 실시하지 않는다. 결과적으로 성교육의 책임은 가정으로 전가된다. 그렇다면 가정에서는 성교육이 제대로 이루어질까? 성과 관련된 것이라면 유난히 수치스러워하는 분위기가 강한 문화적 풍토에서 성교육이 제대로 이루어질 수 있을까? 성을 수치스럽게 여기는 문화에서 성장한 부모가 주도하는 가정 내의 성교육이 어떻게 제대로 이루어질 수 있을까?

어떤 문화가 좋고 나쁘고를 평가하려는 것이 아니다. 다만 아이들을 가장 잘 보호하고, 아이들과의 관계를 훨씬 돈독하게 유지할 최선의 방법이 무엇인지를 알아보기 위해 다른 문화를 들여다보려는 것뿐이다. 자기에게 익숙한 문화를 벗어나 새로운 시각으로 뭔가를 바라보고 생각한다는 것은 결코 쉽지 않다. 특히 자기가 성장하는 내내 수치스럽고 부끄러우며 거북하다고 배웠던 성과 같은 주제와 관련해서는 더욱 그럴 것이다. 하지만 용기를 내서 단 한 걸음이라도 나아가보자. 그러면 내가 보는 세상은 달라질 것이다.

조지아대학교 연구자들이 금욕지향적 성교육이 실시된 미국 내의 모든 주에서 데이터를 수집하고 분석했다. 10대의 임신·출산율과 금욕지향적 성교육 사이에 상관관계가 매우 높은 것으로 나타났다. 즉 금욕지향적 성교육이 의도했던 바와는 완전히 반대되는 결과였다. 사회경제적 요인이나 학력 등을 포함하여 다양한 변인들을 통제한 연구에서도 같은 결과를 얻었다.

영국(구체적으로는 잉글랜드 지역)에서 믿기 어려운 일이 벌어졌다. 조심스럽고 보수적인 나라로 알려진 잉글랜드 지방정부가 마침내 4세 어린이부터 의무적으로 성교육을 받게 하는 법안을 통과시켰다. 이는 많은 정부들에 선례가 된다는 점에서 고무적이다.

성교육: 내 몸과 긍정적인 관계를 맺는 과정

성교육 시간에 무엇을 배울까?

덴마크식 성교육에 대해 이야기하기 전에 그들의 시선으로 세상을 바라보자. 그러면 과연 무엇이 보일까?

우선 덴마크 사람들은 다른 문화권 사람들이 아이들과는 성과 관련된 이야기를 하지 않거나, 인간의 신체 부위를 해부학적 전문용어로 부르려 하지 않는 것을 매우 이상하게 생각한다. 예컨대 그들은 아이들 앞에서 여성의 질이나 남성의 음경을 공식적인 전문용어가 아닌, 다양한 완곡어법을 통해 표현하는 것을 이해하지 못한다. 때로는 이러한 상황을 우습게 여기기도 한다.

덴마크 사람들은 성처럼 인간의 삶에서 큰 비중을 차지하는 주제를 '부정'이라는 덮개로 덮고 마치 존재하지 않는 것처럼 대한다든지, 더 심각하게는 이것을 부끄럽고 수치스러운 어떤 것으로 치환하는 태도를 도저히 이해하지 못한다. 만약 아이들이 삶의 중요한 요소들에 대한 사실적이고 정확한 정보를 부모에게서나 학교에서 얻지 못한다면 도대체 어디서 배워야 한단 말인가? 또한 부모가 대중매체나 인터넷을 통해 홍수처럼 쏟아지는 성과 관련된 정보들에 대응할 힘을 길러주지 않는다면, 도대체 어떻게 아이들이 성과 관련된 부정적이고 왜곡된 메시지들을 감당해낼 수 있을까?

당신이 새롭고 흥분되는 경험을 하면 도파민 수치가 폭발적으로 증가하도록 프로그램된, 감수성 예민한 10대라고 가정해보자. 그리고 당신의 부모를 포함해 신뢰할 만한 사람이나 기관이 몸에 대해서나 성에 대해 정확한 정보를 주지 않는다고 하자. 그럼에도 당신은 다양한 경로를 통해 성 관련 정보를 쉽게 접할 것이다. 특히 이러한 정보는 친구들을 통해 전달될 가능성이 높고, 그들은 잘못된 정보를 가지고 있을 확률이 높다.

이번엔 당신이 우연히 알게 된 어떤 사람을 인스타그램에서 팔로잉하기 시작했다고 상상해보자. 그 사람은 팔로워가 1천만 명이 넘을 만큼 인기가 있고 외모 또한 멋진 여성이다. 그녀는 마치 모든 사람의 성욕을 자극하기로 결심한 것처럼 과도한 성적

제스처를 취하면서 속물적이고 노골적인 언어로 끊임없이 정보를 쏟아낸다. 그런데 알고 보니 그녀는 아직 13세에 불과한 미성년자였다.

이런 환경에서 성장한 당신이 성에 대해, 자신과 타인을 건강하게 구별 짓는 '경계'에 대해 주체적인 생각을 가질 수 있을까? 그리고 어떤 것이 건강한 성관계이고 어떤 것이 그렇지 못한지를 나누는 보편적 기준으로서의 '정상적' 성관계에 대한 개념을 형성할 수 있을까? 만약 당신이 성관계란 부끄럽고 수치스러운 짓이라고 여기는 가정에서 성장했다면, 성관계 후에 자신이 단죄받을 만한 나쁜 일을 했다는 죄책감, 혹은 앞으로 심각한 문제가 발생할지도 모른다는 두려움을 가질지도 모른다. 확실하게 검증된 교육적 방법론이 없는 상황에서 도대체 어떻게 해야 정보기술이 주도하는 미래 사회를 잘 헤쳐갈 수 있을까?

나의 성장 배경인 미국 문화가 내 삶 여기저기에 깊이 새긴 흔적들을 최대한 객관적 시선으로 되짚어보기 위해, 그리고 덴마크 부모들처럼 내 아이들과 열린 마음으로 대화하기 위해 나에겐 많은 용기가 필요했다. 그만큼 상처도 많이 받았다. 모든 것이 나에겐 쉽지 않은 일이었다. 하지만 덴마크 가족들과 함께 살며, 그들의 삶의 방식과 그 결과로 얻어진 행복한 삶을 보며, 때로는 성에 대한 진솔한 접근이 중요하다고 설득하는 수많은 연구물들을 보며, 나는 힘든 과정을 버텨낼 수 있었다.

이번 장은 결코 논쟁을 불러일으킬 의도로 쓴 것이 아니다. 그럼에도 지금까지 다룬 내용만으로도 누군가는 매우 불편한 감정을 느낄 수 있다는 사실 또한 잘 알고 있다. 이런 이유로 나는 최대한 구체적이고 정밀한 글을 쓰기 위해 정말 힘든 시간을 보냈다. 아이들에게 성교육을 하는 것 자체가 문제라고 생각하는 사람들은 이번 장에서 다루는 내용을 받아들일 준비가 전혀 되지 않았을 것이다. 그래서 더 이상 읽을 필요도 없다는 결론을 내렸을 수도 있다. 충분히 이해한다.

좀더 설명하면, 나 역시 '매우 보수적인' 집안에서 성장했기 때문에 이런 글을 쓰는 지금의 나를 이전의 시선으로 보면 무척 낯설다. 나의 생각은 크게 바뀌었다. 내 생애 최대 사건 중 하나라고 표현해도 무방하다. '나 정도면 충분히 괜찮은 사람(혹은 부모) 아닌가?'라는 생각을 하던 꽤 보수적인 가정에서 성장한 나 같은 사람도 바꿔놓은 덴마크식 사고방식은 다른 사람들에게도 얼마든지 변화를 가져다줄 거라고 진심으로 믿는다. 한꺼번에 모든 것을 바꿀 필요는 없다. 삶에서 중요한 주제들 중 단 한 가지에 대해서라도 기존 생각을 바꿀 수 있다면 그것으로 충분하다.

여기까지 읽은 당신이라면 이후 내용도 읽겠다고 마음먹었을 것이다. 이제부터는 당신의 시야를 제한했던, 성장 배경으로서의 문화적 색안경을 잠시 벗어두고 덴마크 사람들의 시선으로 함께 세상을 바라보자. 그리고 무엇이 '옳은 길'인지를 찾아보자.

내 몸을 알아가는 시간

세계보건기구(WHO)는 덴마크를 포함한 북유럽 국가들이 세계에서 가장 양질의 성교육을 하고 있다고 발표했다. 이 사실은 중요하다. 세계에서 10대 임신율이 가장 낮은 나라들도, 그리고 10대 시기를 가장 무난히 보낸다고 알려진 나라들도 바로 북유럽 국가들이기 때문이다. 이 지역의 아이들은 의사결정 과정에서 고집을 부리지 않고, 서로를 존중하고 신뢰하는 분위기 안에서 토론하며 성장한다는 점에서 남다르다. 이 지역 10대들은 결코 성이 함께 이야기하기에 부적절한 주제라고 생각하지 않으며, 성에 대한 일련의 편견(성이란 부끄럽거나 수치스러운 것이다)도 없다.

덴마크가 삶의 중요한 주제들에 대해 진솔하게 접근한다는 말은 교육이 반드시 그것을 가르쳐야 한다는 뜻을 담고 있다. 삶의 중요한 주제로는 성은 물론 죽음, 감정적 불편함 등 정말 많다. 이러한 삶의 주제들을 경험하는 경로이자 수단이 바로 우리 몸이다.

그래서 삶의 중요한 주제들이 지닌 의미에 대해, 그리고 그 주제들이 실생활에서 어떻게 작동하는지에 대해 충분히 이해하지 못하거나 사실을 있는 그대로 존중하지 않으면, 신체적이든 정신적이든 위험이 발생할 수 있다. 삶의 중요한 주제들이 펼쳐지는 무대인 우리 자신에게나 다른 사람들에게 말이다.

덴마크 사람들은 성과 자기 몸에 대한 인식은 나이가 들어감에 따라 끊임없이 변화하기 때문에, 어른이든 아이든 모두가 이런 주제들에 대해 제대로 숙지해야 한다고 믿는다. 성에 대한 대화는 어색한 논의를 쌓아가는 식이 아니라, 평생 이어지는 자연스러운 대화 가운데 '하나'여야 한다.

자기 몸과의 긍정적인 관계와 건강한 성생활이 삶의 행복도를 높이는 결정적 요소라는 사실을 증명하는 연구들이 계속 쏟아지고 있다. 그럼에도 적지 않은 사람들이 편견에서 벗어나지 못한 채 자기 몸이나 성을 여전히 부끄럽고 당황스러운 것으로, 혹은 뭔가 좋지 않은 것으로 여긴다. 이것은 마치 성에 대해 이야기를 나누는 것이 아이들의 마음속에 외설적인 씨앗을 심는 짓이 아닐까 하는 두려움을 갖는 것과 같다. 진실이야말로 우리를 이런 두려움에서 벗어나게 해줄 것이다.

덴마크에서는 모든 학교, 모든 학년, 모든 교사가 1년에 한 번 일주일 내내 성교육을 진행한다. 바로 '성(性) 주간(Week Sex)'이다. 성 주간은 숫자 '6'과 깊은 관련이 있다. 숫자 '6'은 영어로 '식스(six)'이고 덴마크어로는 '섹스(seks)'다. 다시 말해, 덴마크어로 숫자 '6'을 뜻하는 '섹스'는 영어로는 '성관계(sex)'를 의미한다.

이런 의미를 담아 덴마크에선 새해가 시작되고 여섯 번째 주인 2월 둘째 주를 성교육 주간으로 지정하고 집중적인 성교육을 진행한다. 하지만 성교육이 한 주 동안만 진행된다고 오해 없으시길 바란다. 덴마크 학교에서 성교육은 필요할 때마다 언제든지 실시되기 때문이다. 다만 성 주간을 전후해서 덴마크 전역의 모든 학교에 성교육과 관련된 자료들이 배포되고, 덴마크 언론이 집중적으로 다루는 등 평소보다 훨씬 더 조직적으로 성교육이 진행된다.

바람직한 성교육을 위해 설립된 덴마크 국립기관인 '성과 사회'는 부모와 교사를 대상으로 성교육 관련 연수도 하고, 교사에게 각 연령층에 적절한 성교육 교재도 공급한다. 부모들에게는 온라인과 오프라인에서 두 가지 유형의 교재를 제공하며, 연수에서는 '자녀와의 허심탄회한 의사소통'을 특히 강조한다.

어떤 교사들은 '성과 사회'에서 운영하는 교육 프로그램을 수료한 고학년 학생들을 자기 반에 초대해서 성교육에 대한 다양한 견해를 듣기도 한다. 아이들은 또래를 더 편안해하기 때문에 또래 학생에게 보조교사 역할을 맡기면, 질문도 훨씬 자유롭게 나온다. 성교육 또한 전반적으로 순조롭게 이루어진다. 요컨대 교사 연수든, 학부모 대상 교육 프로그램이든, 중요한 것은 학습 구성이 간단하고 분명해야 하며, 특히 전하려는 내용이 일관적이어야 한다는 것이다.

소셜미디어 속에서 현실과 환상을 구별하기

매년 실시되는 성 주간에는 그해의 주제가 있다. 이를테면 이번에 다루는 주제는 '소셜미디어'였지만, 몇 년 전에는 '나'와 '나 아닌 것'을 잘 구별하면서 '나'와 행복한 관계를 맺는 힘으로서의 '경계'가 주제이기도 했다. 덴마크는 이처럼 매년 달라지는 주제에도 불구하고 맞춤형 교재들을 교사와 학부모에게 공급하는 지원 시스템을 갖추고 있다.

현재 덴마크를 제외한 국가에는 성 주간과 같은 성교육 프로그램이 존재하지 않는다(이 정도의 프로그램을 도입하려면 시간이 더 필요할 것이다). 덴마크 수준까지는 아니더라도 성에 대해 더 현실적인 이해가 가능하도록 노력하는 것, 각 연령층의 아이들과 열린 마음으로 성에 대해 대화하려고 노력하는 것은 우리도 마음만 먹으면 당장이라도 해볼 수 있지 않을까. 이때 어른인 우리부터 성관계를 자연스럽고 건강한 행위로 느낄 수 있어야 한다. 그런 다음 아이들은 우리와 동등한 존엄을 가진 평등한 인격체로서 성관계에 관한 정확한 정보를 접할 권리가 있다는 사실을 명심하며 성교육에 접근해야 한다. 여기서 한 가지 조언하면, 곧바로 '성'이라는 주제를 다루는 대신, 몸에 대한 이야기에서부터 시작하면 훨씬 부드럽게 수업을 진행할 수 있다.

성 주간은 단지 성뿐만 아니라 몸에 대해서 제대로 배우는 기간이다. 성 주간의 핵심 목적은 몸의 각 부분을 제대로 인식하고, 어떤 부분에 대해서도 이유 없이 부정적이거나 수치스럽게 생각하지 않으며, 자신의 몸을 섬세하고 따뜻한 마음으로 다룰 수 있는 힘을 길러주는 것이다.

'몸의 행복(Kropsglad)'은 무엇을 먹을 것인지, 몸을 어떻게 움직이고 돌봐야 하는지와 같은 중요한 문제들과 긴밀하게 연결되어 있다. 그렇기 때문에 덴마크에서는 이것을 매우 중요한 교육 주제로 삼는다.

또한 성 주간에 소셜미디어를 정식 주제로 다루는 이유는 요즘 시대에 세상을 바라보는 관점, 자신과 타인을 느끼고 이해하는 시각에 소셜미디어가 엄청난 영향을 미치기 때문이다. 아이들이 아무런 준비 없이 미디어에서 쏟아져 나오는 인간의 몸 혹은 성과 관련된, 검증되지 않은 이미지들에 노출될 경우 불안이나 우울, 혹은 외로움을 느낄 가능성이 높다. 그렇기 때문에 각 매체들이 인간의 몸과 성을 어떤 방식으로 다루는지를 지속적으로 확인하면서 소셜미디어에 올바르게 대응할 수 있는 힘을 길러줘야 한다. 이것이 바로 소셜미디어를 성교육 주간의 정식 교육 주제로 선정한 핵심 목적이다.

인간의 몸과 성뿐만 아니라 삶에서 중요한 다른 주제와 관련해서도 아이들은 소셜미디어에 대응하기 위해 분별력을 필요로 한다. 이러한 분별력이 덴마크 교육이 지향하는 근본적인 목표다. 정리하면 소셜미디어를 주제로 한 성 주간은 미디어들이 쏟아내는 우리 몸과 성에 대한 엄청난 이미지들 중에서 현실과 환상을 구분해낼 분별력을 갖추게 한다. 한마디로 아이들이 가짜 이미지로부터 자신을 보호하는 것에 초점을 맞춘 성교육인 셈이다.

덴마크에서 모든 학년과 모든 연령을 대상으로 한 여러 가지 성교육을 참관했었다. 이를 통해 덴마크식 성교육이 몸과 성에 대해 객관적으로 알려주는 동시에, 아이들의 시야를 더 넓혀주는 수업 활동임을 확인할 수 있었다. 한번은 6학년 학생들이 책상 없이 의자에 둥글게 앉아 수업하는 것을 참관했다. 이렇게 원형으로 모두가 모두를 볼 수 있게 앉으면 책상으로 자신을 가릴 수 있을 때와는 달리 친밀감이 확연히 증가한다.

학급 시간에도 이런 형태로 앉는 이유는 같은 효과를 기대하기 때문이다. 말하자면 모두가 모두 앞에서 어떤 가림막도 없이 '노출된' 채로 앉아 있는 것이다. 이렇게 되면 대개 아이들은 서로의 눈을 쳐다보게 된다. 그런데 서로 눈을 맞추는 것같이 사소한 차이 하나가 교실의 공감 분위기를 높이는 매우 결정적인 요소가 되곤 한다.

아이들은 원형으로 앉아서 다음과 같은 활동을 했다. 지도교사가 어떤 문장을 읽는다. 그러면 그 문장에 동의하는 학생들은 서로의 자리를 바꿔 앉고, 동의하지 않는 학생들은 그대로 자기 자리에 있는다. 이것이 여러 차례 반복되면서 옆 사람이 계속 바뀌고, 아이들은 계속 새로운 친구와 이야기를 나눌 기회를 갖게 된다. 교사가 읽어주는 문장에는 정답이 없다. 문장들은 그저 학생들이 서로 이야기를 나누게 하는 촉발제일 뿐이다. 문장에 대한 학생들의 반응은 학생들이 무엇을 '알고' 무엇을 '믿는지'를 파악하는 데 큰 도움이 된다. 교사가 읽어주는 문장으로는 다음과 같은 것들이 있다.

"자기 몸을 만족시키는 것은 좋은 삶을 위해서 중요한 일이다."

"아이들도 미디어가 보여주는 몸의 이미지가 종종 가공된 허상이라는 것을 안다."

"소셜미디어에서 쏟아내는 이미지들은 아이들이 자기 몸을 어떻게 생각할지에 영향을 준다."

"아이들은 소셜미디어가 보여주는 몸의 이미지를 닮고 싶다는 강한 열망을 느낀다."

"많은 아이들이 인스타그램에서 자동으로 이미지를 내려받는 앱을 사용하고 있다."

"소셜미디어가 보여주는 것들이 자기 몸에 대한 부정적인 생각을 심어줄 수 있다."

학생들은 각각의 문장에 동의하든 그렇지 않든 자기 생각을 표현하고 서로 경청한다. 교사는 학생들이 수업 활동에 적극적으로 참여하도록 서로의 의견이나 생각을 편안하게 말하고 들을 수 있는 분위기만 유지해준다.

이렇듯 학생들이 서로 배울 수 있는 환경을 만들어주는 것, 교사가 단순히 수업을 하는 사람이 아니라 촉진자의 역할을 하는 것, 이것이 덴마크의 교육 방식이다. 학생 주도의 덴마크식 교육 환경에서는 학생들에게 무엇을 어떻게 느껴야 한다고 가르친다든지 훈계하는 것이 아무런 의미가 없다. 뿐만 아니라 그럴 이유도 없다. 때문에 교사는 그저 학생들의 생각이나 느낌을 진심으로 존중하며 경청하면 된다.

솔직한 대답이 왜곡을 이긴다

물론 교사는 학생들에게 필요한 정보를 제공해야 한다. 그러나 궁극적으로는 학생들이 서로 배우도록 돕는 것이 덴마크 교사들의 본질적 역할이다. 학생들은 온라인에서 일어난 이야기들을 자주 공유한다. 그런데 같은 내용이라도 교사나 부모가 말하는 것보다 친구들끼리 자발적으로 공유하는 이야기가 훨씬 강력한 영향을 준다. 아이들이 공유하는 그들만의 경험에 대해 듣다 보면 교사나 부모가 배울 것이 참 많음을 알게 된다. 이런 수업 활동을 통해 학생, 교사, 부모 모두가 서로에게서 필요한 정보를 얻을 수 있다.

고백하건대 이 수업 활동 계획을 처음 봤을 때는 너무 간단한 것이 아닌지 우려했다. 수업 활동이 빠르게 진행되면 서로 충분히 대화할 시간이 없지 않을까 싶었던 것이다. 하지만 나의 염려가 완전히 기우였음을 깨닫기까지 그리 오랜 시간이 걸리지 않았다. 서로가 서로의 이야기를 들어주는 분위기만 조성된다면, 수업 방식이 단순하더라도 강력한 효과를 낼 수 있다는 사실을 목격했다. 이후 나는 우리가 얼마든지 단순화할 수 있었던 수업 활동을 너무 복잡하게 만든 것은 아닌지 반성하게 되었다.

소셜미디어를 주제로 했던 성 주간 수업 활동으로 다시 돌아가보자. 수업 활동 전에는 미디어를 통해 유통되는 사진들이 기술적으로 이미 편집됐다는 사실을 아는 아이들이 많지 않았다. 때문에 아이들은 소셜미디어가 보여주는 이미지를 실제로 받아들이는 경향이 있었다. 어른들에게는 미디어가 쏟아내는 이미지가 조작됐다는 것이 당연한 상식일 수도 있지만, 감수성이 예민하고 섬세한 10대는 다르다. 자신의 역할 모델, 우상의 이미지가 조작됐다고 생각하기보다 사진에서 보여지는 깨끗한 피부와 완벽한 몸매를 자기가 닮아야 할 이상으로 받아들이는 10대 말이다.

섬세하고 민감한 10대 아이들이 소셜미디어에 노출된다면 몸에 대한 왜곡된 이미지에 과도하게 집착한다거나 소셜미디어가 세뇌시키는 '표준'에 미치지 못하는 자신에 대해 불필요한 걱정을 할 수도 있다.

자신만의 가정이든 소셜미디어를 통한 경험이든 아이들은 자기 몸과 성에 대한 각자의 느낌과 생각을 홀로 품고 있는 대신, 다른 친구들과 함께 공유하면서 훨씬 객관적이고 정확한 인식을 가질 수 있다. 또한 외부적 '표준'에 휘둘리지 않고 자신의 생각과 가치관을 보호할 수 있는 힘도 키울 수 있다. 나아가 다른 친구들과의 유대감과 공동체의식도 형성한다. 직접 참관해본 결과 교육적 효과에 더해 아이들이 이런 수업 활동을 정말로 '좋아한다는 사실'을 확인할 수 있었다.

부모가 먼저 몸을 긍정해야 한다

자기 몸에 대해 '신체적으로 만족하는 일'은 교육적으로 매우 중요하다. 이는 가정에서부터 시작한다. 부모 스스로 자신의 몸에 대해 만족하는 것의 중요성을 섬세하게 인식하기만 해도 자녀의 삶에 큰 영향을 줄 수 있다. 몸의 행복을 위한 교육에 앞서 부모는 반드시 다음과 같은 질문을 던져보아야 한다.

나는 내 몸과 어떤 관계를 맺고 있는가?

나는 나 자신에게 친절한가?

나는 다른 사람에게 친절한가?

나는 내 몸을 존중하는가?

나는 자녀에게 몸에 대한 규정된 이미지를 전달하고 있진 않는가?

많은 부모가 '건강한 식습관'이나 '자기 몸을 사랑하는 법' 대신, 논쟁거리가 될 만한 '몸의 이미지'를 무의식적으로 자녀에게 전달한다. 아이들은 우리의 모습을 비추는 거울이라고 했다. 우리가 자녀에게 어떤 '말'을 하는가는 별로 중요하지 않다. 자녀는 우리가 하라는 대로가 아니라, 우리가 하는 대로 따라 하기 때문이다.

많은 연구에 따르면 자녀에게는 같은 성별의 부모가 가장 중요한 역할 모델이 된다고 한다. 특히 몸무게를 포함한 신체와 관련해서 같은 성별의 부모가 가진 영향력은 강력하다. 미국 메이요 클리닉(Mayo Clinic) 섭식장애 프로그램의 임상책임자이자 아동심리학인 레슬리 심(Leslie Sim) 박사는 "딸이 자기 몸에 대해 어떤 이미지를 갖는지에 가장 중요한 영향을 미치는 요소는 아마도 엄마일 겁니다"라고 말한다. 그리고 "아무리 엄마가 '뚱뚱한 건 나지, 너는 정말 예뻐'라고 말해도 결국 그 말은 딸에게 좋지 않은 영향을 미칠 것"이라고 덧붙였다.

거울 앞에서 "내 허벅지가 장난이 아니네"라고 말하거나 수건으로 가린 자기 몸을 불만족스러운 눈으로 봐도, 그 순간에는 아무런 문제가 없을 것이다. 하지만 그런 엄마의 언행은 미래에 당신 딸이 거울에 비친 자기 모습을 어떻게 바라볼지에 상당히 강력하면서도 지속적인 영향을 주게 된다. 아빠와 아들의 관계에서도 마찬가지다. 엄마가 음식을 먹을 때마다 뭔가 불편한 표정을 짓거나 항상 다이어트를 하는 경우에도 그렇다.

그래서 심 박사는 "다이어트에 대해서도, 몸무게에 대해서도 아무 말도 하지 마세요. 딸의 몸무게에 대해서는 물론이고, 당신의 몸무게에 대해서도, 다른 사람의 몸무게에 대해서도 절대로 품평하지 마세요"라고 조언한다. 무의식적으로라도 그런 말을 하면 외모나 몸매가 사람들의 가치를 결정한다는 메시지를 주는 것과 다름없기 때문이다.

이렇듯 몸과 관련된 문제는 앞에서 다뤘던 학업성적, 상 등과 관련된 문제와 본질적으로 같다. 당신이 몸무게, 학업성적, 수상, 학위 등과 같은 외적인 성공이 한 사람의 사랑받을 가치를 결정한다고 생각한다면, 당신의 삶을 지탱해줄 단단한 자존감은 생기지 않는다. 당신의 성취가 아무리 '견고하고 멋진 집'처럼 보일지라도 엄청나게 크고 포악한 늑대가 나타나면 어떤 일이 벌어질지 세상 사람들은 다 알고 있다.

자신의 몸을 있는 그대로 받아들이고 자신과 다른 사람들에게 친절한 것. 이것이야말로 아이들에게 전해줄 가장 중요한 가르침이다. 즐겁고 행복한 삶은 자기 몸과 건강한 관계를 맺는 것에서부터 시작된다. 자기 자신에 대한 감정을 바꾸는 것이 너무 어렵다는 생각이 든다면, 적어도 당신이 사용하는 표현만큼은 바꿀 수 있지 않을까? 말만 바꿔도 상황은 달라진다.

아이들에게 뭔가 중요한 변화를 주고 싶은가? 그렇다면 거울을 쳐다보면서 스스로를 바라보는 그 시선을, 그리고 자신에게 건네는 그 한마디를 바꾸면 된다는 사실을 기억하자.

아이들도 성에 대해 알 권리가 있다

수치심 없이 성을 가르친다면?

덴마크에서는 성에 대해 배우는 것이 금기 사항도, 선택 사항
도 아니다. 그것은 모든 아이들의 권리로서 존중되기 때문에 덴
마크의 모든 아이들은 자신의 몸을 존중하고 보호하는 법을 배
운다. 그리고 성에 대한 아동의 알 권리는 성 주간에 모든 학년을
대상으로 최우선적으로 가르치는 주제이기도 하다.

'아동의 알 권리'에 대해 나를 포함해 많은 사람들이 잘 모를
것이다. 이미 1989년에 유엔은 아동을 포함한 모든 인간은 자기
몸과 성에 대해 자기결정권을 가진다고 명시했다. 또 국제가족계
획연맹(IPPF)이 주도한 '아동권리선언'에는 미국, 영국, 유럽 국가

들을 포함하여 약 170여 개국이 비준했고, 따라서 이들 국가들은 '아동권리선언'의 모든 조항을 준수할 의무를 지고 있다.

이처럼 아동에게 성(행위)에 대해 알 권리가 있음을 가르쳐야 한다는 사실을 명기한 이유는 성교육을 할지 말지를 결정하는 권한 또한 아동에게 부여되어 있다는 뜻이다. 또 한편으로는 내 몸에 대한 모든 결정권이 나에게 있다는 사실을 분명하게 인식했다는 의미이기도 하다.

성에 대한 아동의 알 권리는 해당 아동의 나이에 적절한 방식으로 가르친다. 학년이 올라갈수록 조금씩 복잡해진다. 예를 들어 저학년들은 "나도 참여하고 존중받을 권리가 있어(나의 권리가 어떤 식으로든 침해받았을 때 거리낌 없이 당당하게 내 의견을 말하면 사람들이 내 말을 들을 것이다)", "내 몸에 관련된 모든 결정권은 나에게 있어(나는 '나'와 '나 아닌 것'을 구별할 수 있기에 '나 아닌 것'에 대해 싫으면 싫다고 말할 권리가 있어)"와 같이 아동권리 중 가장 기본적인 개념을 배운다.

이런 맥락에서 덴마크 저학년들은 "싫어. 하지 마!"라고 자기의 의견을 거침없이 표현해야 하는, 매우 다양한 딜레마들로 이루어진 역할극 수업 활동을 한다. 예를 들면 어떤 아저씨가 자기를 너무 꽉 껴안거나 툭하면 껴안으려고 하는 상황이라든지, 정말 기분 나쁘고 싫은 방식으로, 심하게는 자신에게 상처를 주면서까지 자기를 육체적으로 괴롭히는 상황 등이 역할극의 주제가 된다.

역할극에 더해 인간의 몸과 관련된 적절한 용어와 표현을 배운다. 각 신체기관의 기능과 더불어 모든 사람의 몸은 다르며, 따라서 각자의 몸은 각자의 기준에 따라 모두 '정상'이고 '괜찮다'는 사실도 배운다. 그리고 남성의 음경과 여성의 질을 포함한 모든 신체 부위와 단어를 일치시키는 '기억 게임'을 하면서 아이들은 신체의 특정 부위를 지칭하는 공식적인 용어를 거리낌 없이 사용할 수 있게 된다.

반면 고학년들은 좀더 깊이 있게 배운다. 예를 들어 '사생활을 침해받지 않을 권리', '결혼을 선택할 권리', '결혼 후 출산을 선택하거나 거부할 권리' 등을 스스로 결정할 권리에 대해 배운다. 그리고 이런 권리들을 개인적 차원, 종교 혹은 문화적 차원, 사회적 차원에 적용하는 문제에 대해 조별 발표 형식으로 수업을 진행하기도 한다.

여기서 중요한 것은 학년이 올라가고 나이를 먹으면서 자연히 삶과 세상을 보는 관점도 달라지기 때문에 항상 '아이의 관점'에서 수업을 진행해야 한다는 사실이다. 아울러 어떤 사안에 대해서도 부끄럽다거나 거북하다는 판단 없이, 평상시의 자연스러움 그대로, 열린 마음으로 수업을 진행하는 것이 정말 중요하다.

우리 집에서도 (아, 아, 하나 둘 하나 둘…) 음경이나 질이라는 단어를 자연스럽게 사용하게 된 뒤에는 그다음 단계로 아이들에게 그들의 권리를 알려주었다. 그런데 처음에 나는 이런 것들을 담대하고 솔직하게 가르칠 엄두가 나질 않았다. 그래서 "질이 바로 여기야"라고 말할 때 움찔거리지 않기 위해 하루 날을 잡아 목욕탕 거울 앞에 섰다. 그리고 나의 '질'을 가리키며, "여기가 질이야"를 반복 연습했었다.

얼마나 한심한 짓인가. 그저 한 단어를 입 밖으로 내는 것뿐인데 말이다. 나체, 몸, 신체 부위, 성 등의 개념에 부끄러움이나 수치심을 입힌 것은 내가 아니라 내가 성장한 문화다. 그러나 내가 이러한 문화적 영향력에서 벗어나지 못한다면, 학습받은 모든 것들을 아이들도 대물림받게 된다.

적어도 아이들에게만큼은 진실을 통해 문화적 편견의 틀을 깨고 자신의 몸을 스스로 보호할 힘을 주고 싶었다. 그래서 아이들이 궁금해하면 무엇이든, 아무런 걱정 없이 언제든, 부모인 우리에게 물어보기를 바라게 되었다. 이렇게 노력한 결과, 나와 아이들은 아무리 까다로운 문제라도 열린 마음으로 솔직하고 편안하게 이야기를 나눌 수 있을 정도로 돈독한 관계를 맺게 되었다.

성교육이 아동학대를 막는다

내가 그랬던 것처럼 몸과 성에 대해 자녀와 솔직한 대화를 나누는 것을 낯설게 생각하는 사람이 있다면, '건강한 성 관리' 프로그램을 전 세계에 제공하는 미국가족계획연맹(APPF)의 권고를 기억하기 바란다. 아주 어릴 때부터 성에 대해 자녀와 이야기를 나누라는 것 말이다.

많은 아동교육학자들도 자녀에게 자기 몸에 관한 정확한 정보를 주라고 조언한다. 여기에는 자기 성기에 대한 정확한 용어를 알려주는 것도 포함되어 있다. 전문가들은 어릴 때부터 성에 관한 정확한 정보를 알려주면, 이후 아이들이 성관계 여부를 결정하거나 성범죄를 예방하는 데 크게 도움이 된다고 말한다.

미국 뉴잉글랜드 지역에서 활동하는 성폭력 예방 교육가인 케이트 로덴버그(Kate Rohdenburg)는 "아이들에게 인체해부학적 공식용어를 가르침으로써 자기 몸에 대해 긍정적인 이미지와 자존감을 갖게 하고, 부모와 자녀 간의 대화도 촉진할 수 있습니다. 그리고 성적 학대가 발생했을 경우에도 아이가 상황에 대해 솔직하게 털어놓게 하며, 몸과 성에 대해 어른과 아이가 훨씬 편안한 마음으로 함께 대화하게 해줍니다"라고 말했다.

'전국 성폭력·근친상간 방지 네트워크(RAINN: Rape, Abuse & Incest National Network)'는 2009년부터 2013년까지 미국에서

매년 약 6만 3000명의 아이들이 성적 학대를 당했다고 발표했다. 18세 미만 미성년자 가운데 여자아이는 9명당 한 명꼴로, 남자아이는 53명당 한 명꼴로 어른에게 성적 학대 혹은 성폭행을 당했다. 18세 미만 아동학대 피해자 중 82퍼센트가 여자아이인 것으로 나타났다.

2002년 세계보건기구는 전 세계적으로 아동성폭력 현황을 조사했다. 18세 미만 미성년자 중 남자아이는 약 7300만 명, 여자아이는 약 1억 5000만 명이 다양한 유형의 성폭력을 당하고 있는 것으로 드러났다. 또한 아동학대 사례의 약 95퍼센트가 피해 아동의 친척, 이웃, 양부모 등 아동이 평소 신뢰했던 사람에 의해 저질러진 것으로 드러났다. 정말 불편한 진실이다. 하지만 아동학대를 미연에 방지하고 똑바로 대응하기 위해선 아동학대 문제를 제대로 인식하고 중요시해야 한다는 사실을 반증하는 통계치이기도 하다.

문화적으로 조금씩 차이가 있긴 하지만, 대체로 아동에 대한 성적 학대가 발생하면 대부분의 가정이 숨기고 언론 또한 거의 다루지 않는다. 때문에 아동성폭력의 전모를 밝혀내는 것은 거의 불가능에 가까울 정도로 어려운 일이 되었다.

그러나 하나만은 명심하자. 아동에 대한 성적 학대는 전 세계적으로 매우 심각한 수준이다. 어느 아동도 이로부터 안전할 수는 없다. 피해아동이나 가족의 경우, 상처가 너무 깊고 아파서 그 경험을 떠올리는 것만으로도 진저리가 쳐질 정도라고 한다. 하지만 아무리 힘들더라도 아이들이 아동학대 피해자가 되는 것보다 모두가 이 문제에 대해 제대로 인식하고 대비하는 것이 훨씬 낫다.

아는 것이 힘이다

내가 아홉 살 때였다. 자동차 한 대가 깜박이를 켜고 내게 다가왔다. 운전자는 창문을 내리고 길을 물었다. 자기 허벅지 위에 지도를 펴놓고 자기가 찾는 곳이 어디쯤인지를 짚어달라고 말했다. 난 조수석 창문 안으로 내 몸을 쑥 집어넣었다. 그러자 그는 자기가 자위하는 모습을 보여줬다. 그때 내가 뭘 봤는지에 대해서는 별 기억이 없다. 다만 무척 무섭고 충격적이었던 느낌만 기억날 뿐이다.

그전까지 난 남성의 음경을 실제로 본 적이 없었다. 우리 집안에서 음경이란 입 밖으로 내서는 안 되는 금기어였다. 특히 아버지가 그런 부분에서 엄격하셨다. 그래서 그때 정말 당혹스러웠음에도 이 충격적인 일을 도대체 누구에게 어떻게 말해야 할지 전혀 알 수 없었다. 분명히 그는 나 말고 다른 아이들에게도 그 짓을 해왔을 것이고 앞으로도 계속 그럴 텐데도 말이다.

그리고 그가 그런 짓만 저질렀겠는가. 아무튼 그 이후 난 성에 관련된 단어만 들어도 수치심을 느끼게 되었다. 뿐만 아니라 나는 (여전히 그러한 범죄행위에 매우 취약한 상태였음에도) 나를 포함해 모든 아이들에겐 성에 대해 제대로 알 권리가 있음을 배우지 못했다. 문제의 핵심은 바로 여기에 있었다.

우리는 아이들에게 좀더 솔직해짐으로써 인간의 몸에 대한 정보와 지식을 정확하게 가르쳐주고, 나아가 아이들도 성에 대해 제대로 알 권리가 있음을 알려줌으로써 아이들의 신뢰를 회복해야 한다. 아이들이 자신의 몸을 스스로 보호하기 위해서라도 그리고 혹시 좋지 못한 일이 생기더라도 다른 사람들이 어떠한 오해나 편견 없이 아이의 편이 되어 함께해줄 것이라는 신뢰감을 만들어줘야 한다. 그와 같은 상황을 헤쳐가도록 돕기 위해서는 아이들이 꼭 알아야 하는 것들을 가르쳐야 한다. 이것이 바로 덴마크 성교육의 핵심 목적이다. '아는 것이 힘'이라는 말이 있다. 아마도 '성'만큼 이 말이 잘 들어맞는 경우는 없을 것이다.

많은 교육 프로그램이 저지르는 잘못이기도 한데, 아이들 눈에 공포와 두려움이라는 강한 빛을 쏘임으로써 애초에 성에 관해 눈을 뜨지 못하도록 교육해서는 안 된다. 성교육은 우리 아이들이 자신의 직감을 신뢰함으로써 무엇이 옳은지를 판단하고, 스스로를 보호할 수 있는 건강한 '자기 경계'를 지키며, 자기 감정을 솔직하고 자유롭게 표현하는 성적 주체로 성장하도록 돕는 방향으로 진행되어야 한다.

온라인상에서의 아동 권리를 배우다

덴마크 교실에서는 정기적으로 소셜미디어에 대한 토론을 한다. 앞에서 설명했듯이 성 주간에는 오프라인에서의 아동 권리와 조화를 이루도록 온라인에서의 아동 권리도 다룬다. 다시 한 번 더 강조하건대 이것은 아이들에게 성적 주체가 될 힘을 길러주는 것이 핵심 목적이다. 온라인에서 불쾌한 것을 봤을 때나, 뭔가 자신의 권리가 침해받는다고 느낄 때, 자신의 감정과 생각을 자유롭고 당당하게 표현할 수 있는 힘 말이다.

온라인상에서도 얼마든지 아동에 대한 성적 학대가 발생할 수 있다. 그러니 아이들에게 온라인에서 벌어지는 학대행위에 대해 수치심을 느끼지 않고 잘 대응하려면 어떻게 해야 하는지, 또 그런 학대행위로부터 자신을 보호하기 위해 어떤 권리를 행사할 수 있는지 사전에 충분히 알려줘야 한다.

아이들이 훈계받는다는 느낌을 받지 않고 스스로 해답을 찾을 수 있게 도와주려면 "여러분은 인터넷을 사용하나요?", "여러분이 인터넷에서 검색하거나 게임을 할 때, 혹은 인터넷에서 친구를 사귈 때, 중요한 게 뭐라고 생각하나요?"와 같이 부담스럽지 않은 가벼운 질문으로 시작하는 것이 좋다. 5학년 담당인 리네 선생님이 학생들에게 물었다.

"여러분은 인터넷에서 쉽게 속는 이유가 뭐라고 생각하나요?"

한 아이가 답했다.

"어떤 사람이 가짜 사진을 올려도 사람들은 그걸 진짜로 믿을 수 있으니까요. 그러니까 모르는 사람과는 절대 친구를 하면 안 돼요!"

리네 선생님이 다시 물었다.

"그렇군요. 그렇다면 부모님들이 여러분에게 인터넷을 사용할 때 조심하라는 말씀도 하시고, 인터넷에 보안장치도 설치하시는 이유는 뭘까요?"

다른 아이가 답했다.

"어린 여자애들을 훔쳐보려는 바보 같은 사람들이 있어서요. 우리 아빠가 그랬어요."

또 다른 아이가 말했다.

"맞아요! 그래서 옷을 입지 않고 찍은 사진은 어디에도 올려서는 안 돼요! 그리고 우리를 괴롭히는 사람이 있으면 차단해야 하고요. 뭔가 좋지 않은 것 같으면 바로 엄마 아빠에게 이야기해야 해요!"

아이들은 종종 자기 자신이나 친구들이 경험한 다양한 이야기를 공유함으로써 자연스럽게 배우게 된다. 이런 배움은 아이들을 질책하거나 겁주는 방식보다 훨씬 효과가 좋다. 그리고 이런 관점에서 보면 '가르치다'와 '배우다'라는 뜻을 모두 가진 덴마크어 'at lære'가 가장 잘 적용되는 영역이 소셜미디어가 아닐까 싶다.

덴마크 부모는 자녀가 아주 어릴 때부터 자주 대화를 나눠야 한다고 생각한다. 이때의 대화는 자녀를 훈계하거나 판단하는 식이 아니라 열린 분위기에서 편안하게 자녀에게 질문하면서 자녀의 대답을 이끌어내고, 자녀의 말과 그들의 감정에 대해 깊은 관심을 갖는 방식으로 이뤄져야 한다. 부모와 자녀 간의 신뢰는 바로 대화 과정에서 형성되기 때문이다.

자녀가 부모의 질문에 솔직하게 대답하면 자신이 비난받고 곤란해질 수도 있다는 두려움이나 부모님이 경악할 수도 있다는 불안감을 갖게 되면, 당연히 질문에 제대로 답변하지 않을 것이다. 그러면 자신에 관한 어떠한 정보도 부모에게 주지 않을 것이다. 이러한 상황이야말로 정말로 위험하다.

사춘기 아이들을 위한 성교육

4~8학년(한국에서 초등학교 5학년부터 중학교 3학년까지)의 가장 두드러진 특징이 바로 사춘기다. 사춘기 아이들은 월경이나 발기, 몸의 변화, 신체 발달에 따른 2차 성징(性徵) 등에 대해 거리낌 없이 이야기한다. 사회적으로는 사춘기 아이들이 할 만한 게

임이나 활동들이 아주 많다.

다시 강조하지만, 이들을 대상으로 성교육을 진행할 때 교사 주도의 주입식 방법을 피해야 한다. 교사는 열린 분위기에서 편안한 질문을 던짐으로써 아이들의 호기심을 자극하고, 그들이 수업을 주도해나가도록 신경 써야 한다.

덴마크 성교육에서는 사춘기의 신체적 변화나 월경과 같은 주제를 다룰 때는 짧은 동영상 자료가 활용된다. 혹은 조별로 주어진 질문에 조원들이 함께 답을 찾기도 한다. 질문 유형으로는 주관식, 4지선다형, OX 형식 등 다양한 종류가 있다.

가장 많이 활용되는 방법은 아무래도 게임이다. 4~8학년 아이들이 서로 정보를 공유하면서 함께 재미있게 배울 수 있는 방식이기 때문이다. 내가 참관했던 또 다른 5학년 교실에서 학생들은 "여자의 질은 모두 같을까?", "자위는 10~12학년 정도에 하는 게 정상인가?", "남자의 음경은 모두 같을까?" 등과 같은 질문을 받았다. 그리고 두 조씩 짝이 되어 정답 대결을 펼쳤고, 나머지 조는 각 질문에 대한 해설지를 읽어주었다. 설명은 아주 상세했기에 학생들은 질문과 관련된 정확한 정보를 충분히 얻을 수 있었다. 이런 수업 활동을 학생들은 정말로 좋아했다.

강조하자면 이런 수업 활동은 학생들이 수치심이나 당혹감을 느끼거나 판단을 받는다는 걱정 없이 평상시처럼 열린 마음으로 참여할 수 있게 해야 한다. '아이의 관점'에서 보면 내 몸에서 일어나는 일은 친구들에게도 똑같이 일어나는 일이다. 이 연령대에는 모든 게 궁금하고, 모든 게 불확실한 법이다. 호르몬의 변화, 감정의 격동, 이상야릇한 낯선 느낌 같은 것들을 강렬하게 경험하는 시기가 바로 사춘기다. 문제는 이토록 자명한 사실이 종종 무시된다는 것이다. 안타깝게도 적지 않은 사람들이 아이들의 이러한 변화를 모르는 체하거나, 아니면 아이들이 필요한 정보는 알아서 얻겠지 하는 막연한 생각으로 아이들을 방치한다.

성에 관해 궁금할 때 의지할 수 있는 부모 되기

하지만 전체 아동기에서 이 시기가 얼마나 중요한지를 한번 생각해보라. 10대로 접어드는 이 시기는 온갖 일들이 벌어지는, 마치 사나운 폭풍이 휘몰아치는 것만 같은 생애주기에 해당한다. 이 시기에 아이들의 머릿속은 온갖 질문들과 불확실한 성으로 터져버릴 것만 같다. 그럼에도 아이들이 자신과 가장 가까운 사람들과 이에 대해 자유롭게 이야기하지 못한다는 생각을 하면, 내 마음 깊은 곳에서부터 슬픔이 밀려온다. 아마도 우리가 이런 것들을 입 밖으로 내뱉는 것은 수치스러운 일이라고 배웠기 때문에, 아니면 이에 대해 편안하게 이야기를 나눌 방법을 경험해본 적이 없기 때문에 이런 일이 벌어졌을 것이다.

많은 아이들이 앞서 언급된 주제들에 대해 허심탄회하게 대화하지 못하는 것이 현실이다. 이런 현실은 아이가 어릴 때부터 편안한 분위기에서 대화를 시작하는 것이 중요하다는 사실을 역설적으로 일깨워준다. 편안한 분위기에서 나누는 대화는 훗날 아이가 신뢰를 형성하고 건강하게 자기 개방을 하도록 이끄는 초석이 된다.

언젠가 잠들기 전 내 딸이 사춘기에 대해 질문한 적이 있다. 그런데 예상치도 못하게 우리는 어둠 속에서 거의 한 시간 반 동안 킥킥거리고 농담을 하며 웃어댔다. 그때의 경험 덕분에 나는 내 안에 똬리를 틀고 있던 모든 걱정을 털어버리고 비로소 덴마크식 육아법을 진정으로 받아들일 수 있었다. 나는 내 딸 또래의 아이들이 정말로 궁금해하는 것은 무엇일까를 늘 염두에 두면서 나름 최선을 다해 성실하고 정직하게 대화하려고 노력했고, 딸이 하고 싶어 하는 이야기를 편견 없이 잘 들으려고 애썼다.

내가 딸의 이야기를 제대로 이해했는지 확신할 수는 없었지만, 나는 최선을 다했고 매 순간 진솔해지려고 노력했다. 덕분에 부모로서 이루 형용할 수 없을 만큼의 승리감뿐만 아니라 자부심도 느꼈다. 나는 내 딸과 서로 깊은 차원에서 연결되어 있음을 느낄 수 있었다.

우리가 궁금한 것에 대해 수치심 없이 편안하게 묻고 대화할 수 있는 '안전한 공간'을 마련하고 아이들의 질문에 진솔하게 대답하면, 아이들은 모든 사람이 각자의 삶에서 겪는 자연스러운 경험들에 대해 놀라거나 당황하지 않을 것이다.

그리고 현실적으로 한번 생각해보자. 아이들이 필요한 정보를 우리로부터 얻지 못한다면 바람직하지 못한 곳에서 얻게 되지 않을까? 아이들이 자기들을 가장 잘 도와줄 사람에게서 필요한 정보를 얻길 주저하고, 뭔가 비밀스러운 방식으로 수치심을 느껴가며 얻게 하는 것은 참으로 어리석은 일이다.

통제보다 대화로 아이들을 보호하다

사춘기 아이들이 서로를 이해하는 법

덴마크 교사들이 성 주간에 사용하는 비디오는 학생들과 나이가 같은 아이들이 성에 대해 자연스럽게 대화를 나누는, 3~5분짜리 짧은 영상인 경우가 대부분이다. 그리고 만화 교재도 있다. 나무토막처럼 생긴 주인공들이 정자, 오르가슴, 월경, 사춘기, 발기 등에 대해 이야기하고, 그림으로 그것들을 자세하게 보여주는 식이다. 이러한 만화들은 너무 딱딱하거나 반대로 과도하게 정밀하지 않은 그림들로, 기본적인 사실을 재미있고 명쾌하게 전달했다.

이러한 교육을 통해 아이들은 자기 몸에서 어떤 일이 벌어지는지, 자기가 느끼는 기분이나 감정의 정체가 무엇인지 정확하게 이해할 수 있다. 이해가 깊어진 아이들은 "친구를 어떻게 사랑해야 하는지 가끔 혼란스러울 때가 있다"면서 "동성 친구를 사랑한다고 해서 그것이 꼭 동성애인 것은 아니다"라는 이야기도 나눈다. 몸의 어느 부분에서 사랑을 느끼는지, 그리고 누군가에게 홀딱 반한다는 것이 어떤 느낌인지에 대한 이야기도 나눈다.

덴마크에서는 성에 대해 가르치면서 아이가 자기 자신과 다른 사람들에게 좋은 감정을 느끼는 동시에, '나'와 '나 아닌 것' 사이의 '경계'를 존중하는 공감 능력을 기르기를 기대한다. '정서적 친밀감'과 '상대방에 대한 존중'이라는 두 가지 요소가 합쳐진 능력인 공감은 성교육에서 매우 비중 있게 다뤄져야 함에도 현실에서는 쉽게 간과된다.

비디오 시청 후에는 대개 질문이나 게임을 비롯한 활동들이 이어진다. 내가 참관했던 6학년 교실에서는 학생들이 몇 조로 나뉘어 보드게임을 했다. 그 보드게임은 주사위 한 개와 질문 카드들 그리고 딜레마 질문 카드들로 구성된다. 예컨대 주사위를 던져서 물음표가 표시된 칸이 걸리면 해당 조는 다음과 같은 4지선다형 질문을 받는다.

사춘기에 남녀가 공통적으로 겪게 되는 신체 현상은 무엇일까요?

a. 땀에서 냄새가 나기 시작한다.

b. 목소리가 변한다.

c. 월경을 시작한다.

d. 여드름이 많이 난다.

답은 a와 d다. 그 조가 답을 맞히면 주사위를 다시 던져서 다음 단계로 넘어가고, 틀리면 그 자리에 멈춰야 한다. 그리고 저울이 그려진 칸이 걸리면 그 조는 딜레마 질문을 받는다. 그러면 질문에 묘사된 딜레마 상황에서 어떻게 행동해야 하는지 답해야 한다. 예를 들면 다음과 같다.

제니아의 가슴이 커지면서 욱신거리기 시작했다. 제니아는 가장 친한 친구인 잭과 치고받으며 장난치는 것을 좋아한다. 하지만 그러다 가슴을 맞으면 정말로 아팠다. 그런데 아프다는 말을 하는 것은 조금 부담스럽다. 제니아는 어떻게 하는 것이 좋을까?

a. 아무리 거북하더라도 어쨌든 아프다고 말해야 한다.

b. 더 이상 치고받는 장난을 하고 싶지 않다고 말해야 한다.

c. 남자친구의 가슴을 힘껏 쳐서 가슴을 맞으면 얼마나 아픈지를 느끼게 해줘야 한다.

d. 그 외 다른 선택을 한다.

딜레마 질문의 또 다른 예로 다음과 같은 것이 있다.

아침에 일어난 아담은 침대가 축축한 것을 느꼈다. 아담은 무슨 일인지 알았지만 그런 일이 벌어진 게 싫었다. 당연히 부모님에게도 들키고 싶지 않았다. 아담은 어떻게 해야 할까?

a. 몰래 이불을 세탁기에 넣는다.
b. 이불의 젖은 부분을 세탁한다.
c. 전혀 이상한 일이 아니니까 부모님이 알게 되어도 상관하지 않는다.
d. 그 외 다른 선택을 한다.

이 두 가지 유형의 딜레마는 사춘기 아이들이 언제든 경험할 수 있는 실제 상황이다. 정답은 따로 없다. 내가 참관한 교실의 학생들은 이런 딜레마 상황에 대한 이야기를 여자끼리 혹은 남자끼리 따로 해야 한다고는 전혀 생각하지 않는 것처럼 보였다. 이렇듯 개방적으로 이야기하는 분위기를 만드는 것이 딜레마 질문의 목적 중 하나다. 딜레마 질문이 다루는 상황은 금기시된 내용도 아닐뿐

더러, 신체 발달에 따라 나타나는 아주 자연스러운 2차 성징의 예시들이기 때문에 학생들은 전혀 부끄러워할 이유가 없는 것이다.

아이들은 자기 몸의 변화가 정상적이라는 사실을 제대로 알아야 스스로를 존중할 수 있게 되고, 친구들도 더 잘 이해할 수 있게 된다. 그러니 우리가 자연스럽게 경험할 삶의 과정이라면 당연히 아이들에게도 가르쳐야 한다.

딜레마 질문을 통해 학생들은 자기들에게 매우 현실적이고 실제적인 문제가 될 만한 상황에 대해 멋진 토론을 벌였다. 교사는 아이들이 질문에 대해 농담을 하고 장난을 치는 경우에만 학생들 옆에 서 있었고, 그 외 모든 것은 학생들이 스스로 배웠다. 정말 놀라운 광경이었다.

성과 사랑에 대해 아이들이 답을 찾다

앞 장에서 이미 언급한 바와 같이 덴마크에선 많은 교사들이 자기 교실에 우편함을 설치해둔다. 학생들은 질문이 있거나 문제가 생기면 그 우편함을 활용한다. 특히 성 주간(물론 이때가 아니라 언제든지 가능하지만)에는 무기명으로 성에 대한 질문이 많이 들어온다.

7학년 학급에서 교사가 학급 시간에 우편함의 질문들을 학생들에게 읽어주면서 시작하는 것을 참관한 적이 있었다. 질문은 대부분 성, 사랑, 생리 등에 관한 것들이었다. 처음에 학생들은 내가 참관한다는 사실에 거북해하는 듯했다. 그러나 학생들은 선생님을 매우 신뢰했고, 선생님 또한 어떤 질문에도 당황하거나 긴장하지 않고 성실하게 답해주었다. 어쩌면 그리도 자연스럽던지, 정말 인상적이었다. 학생들은 곧 편안한 분위기에 젖어들었고, 호기심 가득한 모습으로 토론을 이어갔다.

가끔은 교사가 수업 전에 우편함의 질문들을 미리 살펴보고 그중 함께 토론해볼 만한 것들을 선별하는 경우도 있다고 한다. 하지만 수업 활동의 궁극적인 목적이 상대방을 있는 그대로 인정하는 힘과 열린 마음의 증진이기 때문에 기본적으로는 어떤 질문도 제외시키지 않는 게 원칙이다. 학생들은 내가 한 번도 생각해보지 않았던 질문들을 했고, 답을 얻으려는 열정은 놀랍도록 진지했다. 이런 광경이 내겐 매번 소름 돋을 정도로 놀라웠다.

상담 기관에서 상담사 역할을 해보게 하는 것은 덴마크에서 일반적으로 사용하는 교육 방법이다. 이를테면 어려움에 처한 아이가 상담을 받기 위해 상담 기관에 전화를 했다고 가정한 다음, 학생들을 몇 개 조로 나눠서 그 아이를 어떻게 도울지에 대해 토론한다. 상담 내용은 가벼운 것부터 심각한 것까지 다양하다. 이러한 수업 활동은 학생들이 친구들과 함께 해결 방안을 찾아보도록 도움으로써 자기들이 고안해낸 해결 방안을 각자의 삶에서도 실천하게 하는 매우 훌륭한 교육 방법이다.

분명한 이유가 있을 때는 남녀 학생들을 분리해 토론시키기도 한다. 학생들이 각자의 질문들을 모두 우편함에 넣으면 교사는 수업 준비를 위해 그 질문들을 미리 점검한다. 많은 교사들에 따르면 여학생들은 대개 감정, 느낌에 대해 이야기하고 싶어 한다. "왜 남자애들은 저런 식으로 행동하나요?" "왜 남자애들은 그렇게 거칠고 험하게 말하나요?" "어떤 사람이 자기를 좋아하는 걸 어떻게 알 수 있나요?"

중학교 생물 교사인 울리크 한센(Ulrik Hansen)에 따르면 여학생들과는 달리 남학생들의 질문은 대체로 무뚝뚝한 것들이 많다고 한다. 이를테면 "교실에 시계 좀 달면 안 돼요?"라든지, "축구를 더 하고 싶은데 어떻게 하죠?" 같은 것들이다. 난 이런 질문들을 보면서 피식 웃음이 터졌다.

울리크 선생님은 말한다. "정서발달의 관점에서 남학생과 여학생 사이에는 실제로 차이가 있습니다. 특히 중학생 때는 그 차이가 더욱 뚜렷하게 나타나죠. 여학생들이 또래 남학생들보다 대략 두 살쯤 더 성숙한 것 같아요. 그런데 고등학생이 되면 다시 서로 비슷해져요."

또한 성 주간 동안, 9~10학년 학생들은 작은 여행 가방을 받는다. 그 안에는 산아 제한과 관련된 최신 정보를 비롯해 콘돔과

하얀색 스티로폼으로 만든 음경 모양 기구 등이 들어 있다. 그렇다. 당신이 정확히 읽은 것이 맞다. 당신이 덴마크 학생이라면, 더이상 바나나에 콘돔 끼우는 연습을 할 필요가 없다. 정말 굉장하지 않은가.

내가 참관했던 고학년 학급에선 학생들이 '성 여행 가방(Sex Suit Case)'에 들어 있는 모든 피임기구들을 꺼내놓고 그것들을 어떻게 사용하는 것인지를 함께 토론하고 있었다. 그 기구가 여성용인지 남성용인지를 구별하는 것에서부터 성병 예방용인지, 아니면 다른 용도인지 등을 함께 알아나가는 것이다. 거기서 쏟아져 나온 도구들이 너무나도 다양하고 새로워서 절반 정도는 나조차 어떻게 사용하는지 전혀 몰랐다.

이게 다가 아니다. 어느 교실에서는 '콘돔 릴레이 경주'를 하기도 했다. 음경 모양 기구에 누가 가장 빨리, 그리고 가장 정확하게 콘돔을 끼우는지를 다투는 경기다. 글쎄, 덴마크 말고는 어떤 문화권에서 이런 수업 활동을 받아들일 준비가 되어 있을까. 그래도 정말로 재밌지 않은가.

학생들을 불편하게 할 만한 것을 극히 정상적인 것으로 느껴지게 할 뿐만 아니라 그 사용법 또한 자연스럽게 몸에 익히게 하는, 정말 지혜롭고 재밌는 교육 방법이 바로 '콘돔 릴레이 경주'였다. 여기서 잠깐! 덴마크가 10대 임신율이 가장 낮은 국가 중

하나라는 사실을 다시 떠올려보라. 건강한 성적 주체성을 갖고 스스로를 지켜나가는 10대가 이렇듯 (파격적이지만) 사실적이고 재미있는 성교육을 받은 덴마크의 10대들인 것이다.

성관계를 가지기에 적절한 나이는?

고학년 학생들을 대상으로 하는 또 다른 성교육 방법으로 '다른 사람들이 첫 성경험을 갖는 나이가 몇 살인지'를 추측하는 퀴즈가 있다. 그런데 퀴즈를 풀어보면 거의 모든 학생이 자신을 제외한 다른 친구들은 좀더 어린 나이에 첫 성관계를 경험했을 것으로 추측한다. 실제로 그들이 경험한 나이보다 어린 나이에 말이다. 이를 이른바 '다수가 하는 오해(flertalsmisforståelse)'라고 한다. 이러한 오해는 다른 친구들이 첫 성관계를 가진 나이뿐만 아니라, 처음 술을 마신 나이, 처음 마약에 손댄 나이를 추측할 때도 똑같이 발생한다.

이런 퀴즈를 통해 그동안 자신의 성관계 경험이 가장 늦으면 어쩌나 하며 불편했던 많은 학생들이 다른 친구들 역시 자신의 추측보다 훨씬 늦은 나이(대략 17세 전후)에 처음으로 성관계를 경험한다는 사실을 자연스럽게 알게 된다. 교사들에 따르면 이런 수업 활동은 자기만 경험이 없다고 창피한 마음을 갖고 있던 학생들에게 자신만 그런 생각을 하는 것이 아니라는 사실을 확인시

켜줌으로써 일종의 안도감을 느끼게 해준다고 한다. 뿐만 아니라 첫 성관계는 지금보다 훨씬 늦어져도 상관없다는 사실을, 또한 우리가 보고 듣고 느끼는 것이 항상 진실은 아닐 수도 있다는 사실을 깨닫게 해준다고 한다.

현대사회에서 과학기술의 발전과 성경험의 빈도는 정비례 관계에 있다. 소셜미디어가 이미 우리 삶에서 큰 비중을 차지하고 있기 때문에 덴마크에서는 포르노나 섹스팅(sexting: sex와 문자를 보낸다는 texting의 합성어) 같은 주제를 가정이나 학교에서 정식으로 다룰 것을 권장한다. 이는 우리 아이들이 앞으로 살아갈 새로운 사회문화적 환경이기 때문에 교육이 현실을 무시해서는 안 된다는 신념에 기초한다.

의학 박사인 페리 클래스(Perry Klass)는 최근 《뉴욕타임스》에 기고한 '포르노, 부모들이 외면하고 싶은 대화 주제'라는 글에서 부모가 포르노에 대해 자녀와 허심탄회하게 대화하는 것이 매우 중요하다는 사실에 거의 모든 전문가들이 동의한다고 말했다.

《미국의학협회지(The Journal of American Medical Association)》에 흥미로운 연구가 실렸다. 평균 나이 15세인 10대 11만 380명의 섹스팅 데이터를 분석한 결과 4명 중 적어도 1명은 문자나 이메일을 통해 노골적인 성 관련 메시지를 받고 있으며, 적어도 7명 중 1명은 그런 메시지를 보내고 있었다. 덧붙여 10대 10명 중 1명

이상이 상대방의 동의 없이 자기가 받은 성과 관련된 문자나 이메일을 공유하고 있다.

전문가들은 합의를 통해 교감이 이루어진다는 전제 하에 섹스팅이 서로의 성적 취향을 탐색하는 건강한 방법이 될 수도 있다는 점에 동의한다. 문제는 허락도, 동의도 없이 성 관련 메시지가 유통된다는 사실이다. 이것이 바로 사이버 폭력이다. 이러한 사이버 폭력은 정신적으로나 법적으로 치명적인 결과로 이어질 수 있다.

아이들이 스마트폰을 처음 갖는 나이는 10세 전후다. 이러한 상황에서 관련 분야 연구자들은 "중학교 교사나 소아과 의사, 부모는 섹스팅에 대해, 그리고 건강한 디지털 시민(digital citizenship)에 대해 10대와 지속적인 대화를 나눠야 한다"라고 조언한다.

지금까지 살펴봤듯이 덴마크에서는 딜레마 질문, 동영상 시청, 게임 등과 같은 다양한 활동을 통해, 혹은 해당 주제와 관련된 전문가를 교실에 초청해 함께 대화를 나누면서 아이들이 건강한 디지털 시민으로 성장하도록 돕고 있다.

이 모든 활동들이 지향하는 목표는 열린 대화의 장을 마련해서 학생들이 현실을 있는 그대로 이해하게 하는 것이다. 또한 자신의 선택이 실제로 어떤 결과를 초래할 수 있는지를 깨닫고, 자신을 불쾌하고 불편하게 만드는 어떤 행동에 대해서든 적절히 대응하는 방법을 찾도록 돕는다.

스마트폰 금지 대신 대화하며 경계를 알리기

최근 덴마크에서는 14세가량의 아이들이 자신들의 성행위 동영상을 올리는 사례가 증가하면서 법적으로 크게 문제가 되고 있다. 상호 합의에 의한 성행위라고 해도 덴마크 현행법이 개인의 자유의지에 따른 성행위를 보장하는 연령은 15세이기 때문이다.

그들의 영상은 덴마크 전역으로 빠르게 퍼져나갔다. 즉 해당 영상을 찍은 당사자의 동의도, 영상을 전달받는 상대방의 동의도 없이 마구잡이로 유포되었다는 의미다. 이 사건을 담당한 판사는 아동 포르노물 유통 혐의로 기소된 1004명의 10대 피의자들에게 향후 10년 동안 교사나 간호사 같은 직종에 근무하는 것을 금한다고 판결했다.

이 사건은 덴마크 전체에 큰 파장을 불러일으켰다. 또한 아동의 성적 권리, 다른 사람과 좋은 관계를 유지하는 동시에 '나 아닌 것'으로부터 '나를 지키는 경계', 온라인상에서 뭔가를 보는 행위와 그것을 다른 사람에게 전달하는 행위의 사회적 의미에 대한 논의를 촉발시켰다. 그리고 교실 안에서는 온라인상의 행동이 초래할 수 있는 예기치 않은 결과에 대한 대화가 이루어졌다. 고

학년뿐만 아니라 저학년 학생들도 뉴스나 학교에서 이 사건을 접했기 때문에 그들 역시 토론을 시작했다.

어떤 아이들은 영상에 나오는 두 사람의 행동이 무엇인지 정확히 몰랐을 것이다. 또 어떤 아이들은 그런 동영상 제작과 유포 행위가 개인적으로나 사회적으로 어떤 치명적인 피해를 야기할지 짐작조차 못했을 것이다.

나는 여러 학년의 학생들이 그 문제에 대해 토론하는 것을 참관했다. 학생들이 그 사건에 대해 매우 진지하게 성찰하는 모습을 보면서 깊은 인상을 받았다. 온라인상에서 무심코 하는 행동이 어떤 결과를 초래할지 모든 경우의 수를 빠짐없이 고려할 수 있는 사람은 없다. 그러니 부모든 교사든, 이런 기회를 놓치지 말고 섹스팅에 대해 고민해야 한다.

뿐만 아니라 온라인을 통해 뭔가를 검색하고 시청하는 것에 대해서, 그리고 자기 자신이 온라인상에 노출되는 문제에 대해서 진지하게 성찰하고 토론하는 계기로 삼아야 한다. 현재《미국의학협회지》에서 부모가 이 문제들에 대해 자녀와 대화를 시작하도록 도와주는 간단한 보고서를 배포하고 있으니 참고하기 바란다.

자녀가 사용하는 스마트폰에 기술적으로 필터링 장치를 심을 수 있다고 하더라도, 부모와 자녀가 온라인상에서 경험하는 것들에 대해 지속적으로, 그리고 열린 마음으로 대화하는 일은 변함

없이 중요하다. 온라인 세상은 아이들이 살아가야 할 새로운 생활환경이다. 이러한 상황에서 우리는 자녀와 소통을 완전히 포기하든지, 아니면 우리와 자녀 사이에 신뢰의 다리를 놓든지 선택해야 한다.

내가 인터뷰했던 덴마크의 졸업반 학생들은 대부분 자신들이 성에 관해 충분히 교육받았다고 대답했다. 다시 한 번 강조하고 싶다. 덴마크에서 성에 관해 이야기하는 것은 절대 금기 사항이 아니다. 인터뷰에 응했던 학생들 대부분이 자기 부모와 부담없이 성에 대해 이야기한다고 대답했다. 더욱 놀라웠던 것은 덴마크 성교육이 학생들의 마음속에 새긴 메시지였다.

"성관계를 가질지 말지를 결정하는 순간에, 무엇보다도 먼저 나는 나 자신을 신뢰하고 있는지, 내 감정이 성관계를 원하는지 분명하게 알아야 한다."

"성병이나 원치 않는 임신으로부터 스스로를 보호해야 한다."

"나의 파트너 또한 성관계에 충분히 준비되었는지 알아야 한다."(공감, 경계, 존중 등)

"성관계 전에 우리가 지금 하려는 것에 대해 서로 충분하게 대화해야 한다."(16세 학생이 내게 한 말)

"우리 둘 다 충분히 준비가 되었는지 잘 알아야 한다."

이런 메시지들에는 자존감, 성숙함, 자신감 등이 깊게 담겨 있었다. 이런 메시지를 가슴에 깊게 새긴 학생들의 이야기가 매우 인상적이었다. 그 학생들과 인터뷰하면서 성과 관련된 대화에 여전히 내가 불편해한다는 생각이 들었다. 그러니 나부터, 더 자주, 더 많이 대화하기 위해 노력해야겠다고 다짐했다.

우리 아이들이 살아갈 새로운 환경

대중문화는 인터넷을 통해 아이들을 비현실적이고 불건전한 성행위 영상에 무한정 노출시키고 있다. 미국에서는 평균 11세 정도만 되어도 포르노를 시청한 경험이 있다는 조사 결과가 나왔다. 온라인 범죄자들 또한 빠른 속도로 늘어나고 있다. 이런 상황에서 인터넷에 아동보호 기능을 설치하거나 포르노가 정말 '나쁘다'고 '단단히 주의를 주는' 방식으로는 아이들을 보호할 수 없다.

아이들을 보호해줄 가장 훌륭한 무기는 정확한 정보를 제공하고 열린 마음으로 대화하는 것이다. 어려운 상황에서도 정확한 정보를 알고, 최선의 선택을 할 수 있는 힘이 아이들 안에 있음을 진심으로 믿어줘야 한다. 그것이 진정한 보호이자 가장 효과적인 육아이며, 삶을 위한 교육이다.

'청소년을 계획되지 않은 임신에서 지키기 위한 전국 운동 본부

(National Campaign to Prevent Teen and Unplanned Pregnancies)'에서 미국 청소년을 대상으로 설문조사를 진행했다. 그 결과 부모와의 진솔한 대화가 청소년들의 첫 성경험 시기를 늦추는 요인으로 작용했다. 이 같은 결과는 '아이들은 본래 문제가 생기면 친구보다는 부모와 상담하려는 경향이 훨씬 강하다'는 사실과 상관관계가 있다. 따라서 아이들과 대화할 때 아이들을 존엄한 인격체로 존중하고 평등하게 대해주면 분명히 좋은 결실을 맺을 것이다.

우리는 성적인 것들로 완전히 포위된 문화 속에서 살아가면서, 막상 성에 대해 솔직한 대화를 나누는 것은 꺼리는 경향이 있다. 그런데 사실은 꺼리는 것이 아니다. 진솔하게 대화하는 법을 모르는 것이다. 성장 과정에서 누구도 우리에게 성과 관련된 대화는 어떻게 나누는지 제대로 알려주지 않았다. 그렇게 성장한 어른이 아이들과 성과 관련된 대화를 편안하고 진솔하게 해나가는 것이 오히려 이상한 일이다.

그러나 부모로서 우리는 더 이상 회피해서도, 손을 떼서도 안 된다. 예전과는 다른 현실이 펼쳐지고, 우리 때와는 다른 표준들이 생겨나고 있다. 어느 누구도 상상할 수 없었던 세상이지만, 이 세상이 바로 아이들이 살아갈 현실이다. 그러니 아이들이 위험한 지역을 안전하게 항해하도록 정확하게 제작된 지도와 튼튼한 나

침판을 주는 것이 그 어느 때보다도 중요해졌다.

　다시 강조하지만 진솔함과 더불어 존엄한 인격체로서의 존중이 답이다. 아이들을 진리와 존중 그리고 가치로 보호하자. 아는 것이 힘이다. '진솔하고 열린 대화'가 무엇보다도 중요하다. 특히 성과 관련된 영역에서 그렇다.

진솔한 성교육을 위한 덴마크식 방법

🍃 과감히 얼음물 속으로 뛰어들어 대화를 시작하라

죽기보다 싫지만 어쩔 수 없이 얼음물에 뛰어든 적이 있는가? 그런 경험이 있는 사람은 쉽게 공감할 것이다. 얼음물에 뛰어들었을 때 어땠는가? 의외로 기분이 정말 좋지 않았는가! 자녀와 성에 대해 대화를 시작할 때가 그런 기분이다. 얼음물로 뛰어들기 직전까지는 괴로웠지만, 일단 물로 뛰어들면 다시 뛰어드는 일은 쉬워진다. 더구나 입수 전까지 나를 사로잡았던 두려움이 사라진 뒤에 맛보는 상쾌함도 크다. 그러니 기회가 오면 주저하지 말고 빨리 뛰어들어라.

✤ 언제든 진솔하게, 구체적으로 말하라

당신이 끼고 다니는 문화라는 색안경을 벗어던지자. 그러면 몸에 배어 있는 문화의 속성이 성과 관련된 우리의 신념과 가치에 얼마나 깊이 영향을 주고 있는지 깨달을 것이다. 이제 거울 앞으로 가보자. 그리고 질이나 음경을 포함해 성과 관련된 신체기관의 실제적이고 해부학적인 용어들을 과감히 입 밖으로 발음해보자. 내가 그 용어들을 자연스럽게 내뱉기까지 얼마나 힘들었는지 아마 상상조차 못할 것이다.

하지만 그런 공식용어를 쓰지 못하는 것이 오히려 비정상적이지 않은가? 그러니 성과 관련된 용어를 자연스럽게 쓸 수 있어야 한다. 신체의 각 부분에는 고유의 명칭이 있다. 아이들은 그것들이 무엇을 하는 기관인지를 제대로 알아야 자기 몸을 보호할 수 있다. 그런데 아이들이 몸의 특정 기관을 수치스럽거나 거북스럽게 여긴다고? 분명 당신이 수치스러워하기 때문에 그럴 것이다.

✤ 학교에서 지금 무엇을 가르치는지 정확히 간파하라

아이가 학교에서 무엇을 배우는지 제대로 알아야 교사와 보조를 좀 더 잘 맞출 수 있다. 하지만 현실은 이메일로 가정통신문을 받거나 1년에 한 번 담임선생님과 공식적으로 만나는 것이 고작일 것이다.

그런데 어떤 학교는 성에 대해 아무것도 가르치지 않거나 너무 늦은 시기에 가르칠 수도 있다. 아니면 당신이 전혀 동의할 수 없는 내용을 가르칠지도 모른다. 그러니 자녀 교육의 주체로서 부모는 학교와 보조를 맞추면서 교사의 교육을 도와야 한다.

🌱 자기 몸에 대해서 편안함을 느껴라

벌거벗은 당신의 몸을 상상해보라. 편안한가? 덴마크에서는 목욕하거나 샤워할 때, 가족 앞에서 나체가 되어도 이상하게 생각하지 않는 사람들이 많다. 그들도 자녀의 나이나 경계를 고려해서 나체 노출을 삼가기도 한다. 그래도 다른 문화권과 비교하면 금기 사항이 전혀 없는 것처럼 느껴진다.

부모가 자기 몸에 대해 느끼는 행복감이 그대로 자녀에게 대물림된다는 사실을 꼭 기억하라. 사람의 몸은 다 다르다. 그러니 당신이 자기 몸에 대해 부정적으로 말하거나 부끄러워하면, 그 감정이 그대로 자녀에게 전달된다. 당신이 자녀에게 하는 말과는 상관없다. 그러니 당신 몸에 대해서도, 자녀의 몸이나 다른 사람의 몸에 대해서도 함부로 평가하지 마라.

자녀에게 자기 몸을 존중하는 방법을 가르치고 싶다면 부모 스스로 자기 몸을 존중하는 모습을 보여줘야 한다. 당신이 몸을 대하는 태도가 아이에게 본보기가 될 것이다.

🌿 몸에 대해 소셜미디어가 쏟아내는 이미지와 메시지에 대해서 토론하라

텔레비전이나 소셜미디어가 보여주는 모델이나 여성의 몸이 이 세상에 존재하는 유일한 몸이 아니라는 사실에 대해서 자녀와 토론하자. 대중매체에서 유통되는 사진들 대부분이 보정되고 손질됐다는 사실을 적극적으로 알려주자.

그리고 대중매체가 쏟아내는 수많은 메시지들이 스스로를 부족하고 부적절한 사람으로 보게 하지만 실제로는 전혀 그렇지 않다는 사실에 대해 토론할 기회를 마련하자. 아이들은 스스로 이런 토론 기회를 만들 수 없을지 모른다. 그러나 아이들은 기회만 주어진다면 자기 몸에 대해서 기꺼이 제대로 알려고 할 것이고, 또 실제로도 이런 문제에 대해서 토론하는 것을 좋아한다.

🌿 온라인과 오프라인에서 존중되어야 할, 성과 관련된 아동의 권리에 대해서 토론하라

이를테면 우리 아이들은 다음과 같은 권리에 대해 알아야 한다.

· 모든 사람은 자기 몸에 대한 자기결정권을 갖는다.
· 누구라도 내가 동의하지 않는 한, 내 몸을 만져서는 안 된다. 여기에는 어른은 물론, 여자 친구나 남자 친구, 또래 친구들까지 포함된다.
· 나는 괴롭힘당하지 않을 권리, 놀림받지 않을 권리가 있다.
· 나는 참여하고 존중받을 권리가 있다.

다시 말해 '내게 불쾌한 일이 생겨도 사람들이 내 이야기를 들어줄 것'이라는 뜻이다. 여기에서 불쾌한 일이란 온라인상의 섹스팅이나 전혀 모르는 사람의 집착 등을 의미한다. 아이들이 온라인상에서 이해할 수 없는, 이상하거나 불쾌한 일을 겪으면 언제든 부모나 교사에게 털어놓을 수 있도록 신뢰감을 형성하라.

◈ 아이들에게 친절한 말을 쓰도록 가르쳐라

사람들은 온라인상에서 사용되는 말 때문에 상처를 많이 받는다. 그러니 아이들이 욕이나 경멸적인 단어를 쓴다면 그런 말을 집에서든, 학교에서든 써서는 안 되는 이유를 알아듣게 설명하라. 아이들은 댓글을 장난처럼 다는 경우가 많다. 상대방의 얼굴을 볼 수 없는 상황에서 내가 쓰는 단어나 용어가 오해되어 상대방에게 심각한 고통을 안겨줄 수도 있음을 아이들에게 숙지시켜야 한다.

◈ 아이들이 지키고 싶어 하는 '경계'를 존중하라

자녀가 느끼는 경계가 어디인지를 이해하려고 노력하라. 아이들이 더 알고 싶어 하는지, 아니면 더 이야기하고 싶어 하지 않는지를 잘 판단하라. 아이들이 책이나 텔레비전 혹은 소셜미디어에서 성과 관련된 뭔가를 봤을 때 당신의 반응이 중요하다. 그러니 그런 상황에서 섣부르게 판단하면 안 된다.

열린 마음으로 함께 호기심을 보이면서, 아이들이 그런 것을 봤을 때 어떤 느낌인지 자연스럽게 설명할 분위기를 조성하라. 만약 아이들이 당신을 포옹하거나 입맞춤을 하고 싶어 하지 않을 때, 혹은 혼자 있고 싶다는 신호를 보낼 때는 그들의 마음, 감정을 존중하라.

아무리 아이들이라도 자기 몸에 대한 자기결정권을 가지고 있다. 아이들이 침범당하고 싶어 하지 않는 경계를 존중해주는 것이 아이들에게 '나'를 존중하는 법을 가르치는 것이다. 아이들이 "싫어"라고 말하면 문자 그대로 싫은 것이다. 이는 아이들을 평등한 존엄성을 가진 인격체로 대우해야 한다는 말과 연결된다.

🌿 당신의 어조에 신경 써라

앞에서 설명했듯이 자녀에게 어떤 어조로 말하는지, 자녀의 언행에 어떻게 반응하는지가 참 중요하다! 자녀와 대화할 때, 판단하거나 훈계하는 어조를 쓰지 마라. 자녀가 성장하면서 당신의 어조나 반응을 물려받을 테니까. 언제든 열린 마음으로 질문하고, 아이들의 생각을 알기 위해 노력하라.

🌿 자녀와 토론하는 법을 익히고, 대화는 가급적 빨리 시작하라

어서 얼음물 속으로 뛰어들어서 아이들이 성에 대해 무엇을 얼마나 알고 있는지 용감하게 물어보라. 아이들에게 열린 질문을 던지면서 대화할 기회를 빨리 잡아라. 나이에 따라 어떤 내용을 배워야 하는지 당신부터 공부해야 한다. 대화를 처음 시작하기 위한 소재를 인터넷에서 찾아보는 것도 좋다.

친구의 경험에 대해서 이야기를 나누든, 영화나 연극을 보고 느낌을 나누든, 아니면 최근 법원 판결에 대해서 토론을 하든, 결론은 아이들 스스로 내려야 한다. 교훈을 주려는 토론은 피하라. 자꾸 교훈을 주기 위한 토론을 하면 나중에 아이들이 당신과 대화를 싫어할 것이다.

아이들의 어떤 생각도 무시하지 마라. 아이와의 토론에는 인내심이 필요하다. 서로 충분히 듣고 대화를 나누면 자녀뿐만 아니라 당신도 자녀와의 관계가 만족스러워진다. 대중매체에 대한 가족 대화를 계획하고 있거나《미국의학협회지》가 조사한 섹스팅 문제에 대해 자녀와 대화하고 싶은 부모, 자녀의 나이에 맞게 대화하고 싶은 부모는 다음 사이트에서 정보를 얻으시길 바란다(https://jamanetwork.com/journals/jamapediatrics/articleabstract/2673719).

🌿 덴마크식으로 육아하기

덴마크에는 부모 모임이 활성화되어 있다. 그래서 부모가 서로의 경험으로부터 자녀교육에 대한 아이디어를 얻는다. 통신기술이 놀라울 정도로 발전된 현대사회에서는 다른 사람의 경험이 도움이 될 수 있다.

그리고 당신의 자녀가 무엇을 보는지, 뭘 하는지 걱정될 때, 절대로 당신의 그런 느낌을 무시해서는 안 된다. 동시에 자녀 나이에는 흔히 정상적인 행동임에도 괜히 나 혼자 불안해하는 것은 아닌지도 잘 살펴야 한다. 또 필요하다면 다른 사람들의 경험에서 도움을 받아도 좋다. 좀더 자세한 도움이 필요하다면 '덴마크식으로 육아하기' 모임에 가입해도 좋겠다(http://thedanishway.com).

Trust

Empathy

Authenticity

Courage

Hygge

: **진솔함 – 죽음** :

생명의 한계를 알 때 만나는 풍성한 삶

"당신은 죽음의 비밀을 알아내려면
알아낼 수도 있을 것이다.
그런데 그것을 삶의 한가운데에서 찾지 않는다면,
도대체 어디서 그 비밀을 알아낼 수 있을까?"

———

칼릴 지브란(Kahlil Gibran)

동물 사체가 부패되는 과정을 지켜보는 이유

삶의 비극은 나이를 가리지 않는다

딸과 함께 〈야생동물 내 친구〉라는 덴마크 텔레비전 프로그램을 시청한 적이 있었다. 전국에서 동물 구조 요청이 오면, 아이들이 동물구조팀과 함께 동물을 구조한다. 그리고 구조된 동물을 야생동물보호소로 데려가 치료하고 다시 야생으로 돌려보내는 하루 동안의 활동을 보여주는 프로그램이다.

그날은 도움이 필요한 새가 나왔다. 수의사가 상처 입은 새를 지키고 있는 현장에 여우 문양이 달린, 위아래가 붙은 빨간색 작업복 차림의 두 아이가 달려가는 장면으로 프로그램이 시작됐다. 새는 숨을 쉬는 것조차 무척 고통스러워 보였다. 사람들은 그 새가 어떤 상처를 입었는지 면밀히 살핀 다음 그 새를 살릴 수 있겠다고 진단했다.

그러다 갑자기 미동도 하지 않는 새의 하얘진 눈동자에 카메라의 초점이 맞춰졌다. "이 친구를 어쩌지. 너무 심하게 다쳐서 더 이상 살 수가 없겠네. 우리 다 함께 이 친구에게 훌륭한 장례를 치러주자." 수의사가 말했다. 이를 어쩐단 말인가? 화요일 저녁 딸과 함께 유쾌한 어린이 프로그램을 보려던 기대가 깨져버렸다.

하지만 그날 밤, 머리를 다쳐서 피를 너무 많이 흘리면 어떤 일이 벌어지는지, 어떤 일들이 사람이나 동물을 죽음에 이르게 하는지에 대해 딸과 나는 예상치 못했던 진지한 대화를 나눴다. 대화의 분위기는 전혀 우울하지 않았다. 딸은 오로지 그 새가 죽은 이유를 이해하고 싶어 했을 뿐이었다. 생명이 죽어가는 장면을 어린이 프로그램에서 그대로 방영하는 것이 누군가에게는 큰 충격일 수도 있겠지만, 이는 덴마크 가정이나 학교 교육에서 얼마나 진솔한 자세로 죽음을 다루는지를 보여주는 좋은 예다.

'삶을 위한 교육'이라는 교육 목적을 실현하기 위해 덴마크의 모든 학교가 죽음을 공통된 교육 주제로 채택하고 있다. 죽음은 과학이나 종교 혹은 자연과 같이 다양한 주제들과 함께 교육 과정에 포함되어 있다. 그래서 죽음이라는 주제를 교사가 자기 과목에 어떻게 녹여낼 수 있는지 알려주는 자료가 많다.

이를테면 자연이 간직한 아름다움과 잔인함을 모든 학년의 학생들에게 적합한 내용들로 구성해서 마치 실로 천을 짜듯이 조화롭게 엮어놓았다. 저학년 교실에서는 수업 시간에 자기 집 마당에서나 숲길에서 우연히 발견한 죽은 동물을 담을 수 있도록 회반죽 통을 만든다. 그리고 통을 학교 운동장 구석에 두었다가 죽은 쥐나 새 혹은 도마뱀을 발견하면 통에 넣고 매일 무슨 일이 벌어지는지 함께 연구하고 토론한다.

죽은 동물의 처음 모습은 어떤가? 매일 어떻게 변해가는가? 어떤 냄새가 나기 시작하는가? 처음 상태와 비교했을 때 사체는 매일 얼마만큼씩 부패되어 없어지는가? 다른 동물이나 벌레들이 그 사체를 해체시키고 있는가? 사체의 살이 다 없어지기까지는 시간은 얼마나 걸리는가? 사체 가죽도 없어지는가? 충분한 시간이 지나면 사체는 단 한 조각도 남지 않고 모두 없어지는가?

어른과 아이들이 함께 모여 죽음에 대해 다양한 방식으로 접근한다면, 그리고 학년이 올라가도 호기심을 잃지 않고 깊이를 더해 계속 토론하고 대화한다면 아이들은 죽음에 대해 일관적이고 합리적인 관점을 세우게 된다. 어른들 중에는 동물 사체를 두고 이야기를 나눈다는 말만 들어도 두려움 혹은 역겨움을 느끼는 사람이 많다. 그러나 아이들의 흥미를 자아내는 동물 사체의 부패 과정을 어른들도 좀더 자세히 들여다보게 되면, 분명 배울 점이 있을 것이다.

어른들이 죽음이나 슬픔, 비통함에 대해 이야기하고 싶어 하지 않는다고 생각하면 아이들은 어른을 배려하기 위해 그런 주제들에 대한 자기들의 감정을 숨길 것이다. 아이들도 어른처럼 슬픔과 열망을 느끼며, 중병이나 죽음, 혹은 깊은 정신적 상처에 대한 감정을 가진다. 죄책감 또한 느낄 수 있다. 그런데 아이들이 그 감정을 말로 표현하지 못한다면, 결국 부적절하고 건강하지 못한 방식으로 터져나올 것이다.

죽음은 명백히 삶의 한 부분이다. 그래서 덴마크 사람들은 죽음을 매우 중요한 교육 주제로 생각한다.

상처를 통해 성장하는 아이들

죽음을 연구하는 문화인류학자 아니타 해니히(Anita Hannig)는 '죽음'이나 '죽어감'은 지난 한 세기 동안 언급해서는 안 되는 단어가 되어버렸다고 말한다. '죽음'이나 '죽어감'도 성 관련 주제와 마찬가지로 점잖은 대화에서는 꺼내서는 안 되는 우울한 화제가 되어버린 것이다.

《꼴 보기 싫은 죽음과 죽어감》이라는 글의 저자인 라몬 마르티네즈 데 피손 리에베나스(Ramon Martinez de Pison Liebenas)는 책에서 "죽음과 죽어감은 삶의 수치스러운 측면이 되었다"라고 말했다. 하지만 늘 그랬던 것은 아니다. 19세기 말까지만 해도 미국 사람들은 지금보다 훨씬 더 죽음과 친숙했다. 당시에는 대부분의 사람들이 자기 집에서 죽음을 맞고, 스스로 자신의 죽음을 준비할 수 있었기 때문이다.

죽음에 대한 이야기는 우리와 타인을 연결해줄 뿐만 아니라, '내 마음속 더 깊은 곳'에 닿을 수 있게 해준다. 죽음을 비롯해서 깊은 상처와 연결되는 주제들에 대해 진솔하게 접근하는 덴마크 사람들의 태도가 역설적으로 그들이 더 큰 행복을 느끼게 해주는 이유가 아닐까 싶다.

공동묘지 산책하기

덴마크 학교에서는 죽음에 대해 가르치기 위해 아이들과 함께 공동묘지를 산책한다. 덴마크어로 '스콜레티에네스텐(Skoletjene sten)'은 수업 준비에 필요한 조언이나 아이디어를 제공하는 학교 지원 서비스를 뜻한다.

이를테면 공동묘지에서 죽음 수업을 하려는 교사들에게 학생들의 나이에 적절한 수업 활동 방안이나 수업 도구를 제공한다. 많은 아이들은 가족이나 친지의 장례식에 참석해봤기 때문에 공동묘지가 어떤 곳인지 이미 잘 알고 있다. 그리고 그곳에서 무엇을 보고 들었던 간에 아이들은 함께 이야기를 나누고, 질문도 하고 싶어 한다.

교사는 장례식에 대해 알아오라는 숙제를 내줄 수 있다. 장례 의식은 어떻게 변해왔는가? 죽음을 앞둔 사람을 위한 의식은 어떤 것들이 있는가? 공동묘지는 어떤 역할을 하는가? 장례는 덴마크에만 있는 것도, 특정 종교에만 있는 것도 아니다. 장례의식은 문화권마다 고유의 양식으로 진행된다. 종교적으로도 비종교적으로도 매우 다양한 장례의식이 존재한다. 이런 수업 활동의 궁극적 목표는 죽음과 죽어감을 다각적으로 이해할 수 있는 힘을 아이들에게 길러주는 것이다. 이것은 다시 공감 능력의 함양과 연결된다.

학생들은 죽음이 남겨진 사람들에게 미치는 영향에 대해서도 토론한다. 이를 위해 교사는 학생들에게 공동묘지를 산책하면서 가장 아름다운 비석이나 가장 슬픈 비석 또는 인상적인 비석을 찾아보게 한다. 그렇게 찾은 비석을 그림으로 그려보거나 학급 신문에 소개한다. 또한 학생들이 이상적으로 생각하는 묘지도 그려보게 한다. 학생들이 장지에 대해서 어떻게 상상할까? 학생들은 무덤이나 공동묘지에 인간의 삶에 관한 이야기가 담겨 있다고 배운다. 당시 사람들이 가졌던 희망과 꿈, 아름다운 만남, 혹은 슬픈 운명 같은 이야기들 말이다. 이런 수업 활동을 통해 학생들은 삶과 죽음이, 기쁨과 고통이 서로 연결되어 있다는 사실을 깨우친다.

죽음과 비통함에 대처하는 실행 계획

슬픔도 학교에서 함께 나눈다

학교에서 학생이든 교사든 교직원이든 누군가 사망하면 학생들은 바로 죽음이라는 문제에 직면할 수밖에 없다. 그렇기 때문에 학교는 늘 이런 상황에 대비해야 한다.

덴마크에서는 아직까지 교내 총격 사건이 발생한 적이 없음에도 이 같은 위기 상황에 대비한 대응책을 이미 준비해두고 있다. 또한 대부분의 덴마크 학교에서는 '죽음과 비통함에 대처하기 위한 실행 계획'도 마련해놓고 있다. 예를 들어 자연스럽게 경험하는 죽음이나 심각한 질병, 혹은 정신적으로 깊은 상처를 남긴 부모님의 이혼과 같은 갖가지 위기 상황에서 겪는 슬픔과 비통함을 학교가 학생들과 함께 적극적으로 추스르기 위한 방법을 마련해 놓은 것이다.

덴마크 학교에는 '어떤 상황에도' 대처할 준비가 되어 있다고 말해도 과언이 아닐 정도로, 매우 다양한 시나리오에 대비하는 실행 계획이 있다. 요컨대 누군가의 죽음을 겪은 학생이 있다면, 곧바로 학교에 보고된다. 이후 해당 학생에게 즉각적인 도움을 주기 위한 학교 차원의 시스템이 갖춰진다. 이것이 가능해진 배경에는 '모든 학교는 학생들이 죽음을 매우 자연스러운 삶의 한 부분으로 인식하고 잘 대처하도록 도울 책임이 있다'라는 생각이 자리한다.

일단 상황이 발생하면 교사는 실행 계획의 시행 세칙을 기준으로, 학급 학생들에게 어떻게 설명할지, 누가, 누구에게, 어떤 방식으로 이야기해야 할지를 판단한 후 상황에 대처한다. 예를 들어 어떤 학생이 지인의 죽음으로 인해 오랫동안 결석하면, 학교는 (부모 동의 하에) 학생에게 안부편지를 보낸다. 또한 같은 반 친구들의 선물도 전달하면서 해당 학생과 계속 연결되려는 노력을 한다. 이때 중요한 것은 편지나 선물이 아니다. 누군가의 죽음으로 한 학생이 슬픔과 비통함에 젖어 있을 때, 나머지 학생들이 모른 체하지 않고 존중한다는 사실이 중요하다. 그리고 내 친구의 슬픔과 비통함을 함께하고 싶어 하는 마음의 전달이 중요하다.

어떤 학생이 친척을 죽음으로 잃었다고 하자. 그러면 담임선생님은 교실에 게시판을 만들거나 인터넷상에 공유 폴더를 만든 다음, 반 친구들에게 위로의 말이나 시, 그림이나 짧은 이야기를 게시판에 붙이거나 인터넷에 올리게 한다. 그리고 불필요한 소문이 퍼지는 것을 막고, 학생들이 애도를 표할 기회를 주기 위해 반 학생들과 언제, 어떻게 대화를 나눌지도 고민한다.

교사는 혹시 죄책감을 느끼는 학생이 없는지 잘 살펴야 한다. 누군가의 죽음에 흔히 나타나는 반응이 죄책감이기 때문이다. 그리고 반 학생들은 애도와 전혀 관련이 없는 활동도 해야 한다. 이를테면 신체적 활동 같은 것 말이다. 애도도 필요하지만 죽음이 빚어내는 무거운 분위기에서 벗어날 필요도 있기 때문이다. 나아가 학교는 어떤 학생도 허탈한 마음으로 귀가하지 않도록 노력해야 한다.

기억하는 것을 잊지 말자

덴마크에서는 학교에서 누군가 죽었을 때, 어떻게 장례 절차를 밟아야 하는지도 실행 계획에 담았다. 뿐만 아니라 구체적인 도움도 실행 계획에 포함되어 있다. 가령 반 전체가 초나 꽃을 사는 것부터 장례식에 음악을 선곡하는 것까지, 장례식장에서 장례 의식을 치르는 것까지 필요한 모든 사항에 대해서 도움을 받을 수 있다.

이런 준비들은 마음이 힘들면 신경 쓰기 어렵기 때문에 빼먹기 쉽다. 실행 계획에서는 교사들에게 장례식 당일이나 전후 며칠에 걸쳐서 여러 유형의 장례식에 관한 수업을 진행할 것을 권장한다. 앞으로 학생들이 다른 장례식을 준비할 때 그 상황에 가장 잘 어울리는 의식을 치르도록 돕기 위해서다.

장례식이 끝나고도 몇 가지 활동이 남아 있다. 대표적인 것이 '기억하는 것을 잊지 말자(remember to remember)'다. 이는 묘지를 찾아가 고인과 함께했던 특별했던 날들을 기억하고 기념하는 것이다. 필요한 경우에는 슬픔이나 상실, 또는 삶에 대한 토론이나 수업을 이어간다.

어떤 학교는 슬픔을 애도하는 모임을 운영한다. 애도 모임은 큰 상실이나 비극을 경험한 6~8명의 학생들이 상담 전문가와 함께 10회 정도의 모임을 가지면서 자신의 슬픔과 감정을 다른 사람과 함께 나누는 것이다. 그런데 이런 모임은 이혼 가정의 자녀들을 대상으로도 진행할 수 있다. 이 아이들도 종종 비슷한 깊은 슬픔과 상실의 감정을 느끼기 때문이다.

애도 모임은 아이들에게 그들이 결코 혼자가 아니며, 다른 많은 사람들이 같은 배를 타고 있음을 깨닫게 해준다. 아이들은 이런 모임을 통해 비통한 슬픔이 초래한 깊은 감정적 상처를 이겨나갈 힘을 기르는 동시에 외로움과 고독감도 줄여나갈 수 있다. 그 결과 아이들은 자기 감정의 정체를 제대로 인식하고 정확한 용어로 표현할 수 있다. 실제로 10회의 애도 모임 후에 마음이 더 편안해지고 기분도 훨씬 좋아졌다고 말하는 아이들이 많았다.

죽음에서 배우는 뜻깊은 행복감

고대 그리스어 '에우다이모니아(Eudaimonia)'는 일반적으로 '행복' 혹은 '훌륭한 영적 존재'로 번역된다. 자신의 인간성 깊은 곳까지 이르는 통찰이나 감정, 혹은 의미심장함을 표현하는 개념이다. 그래서 '에우다이모니아'는 사람을 충만하고 감동적인 마음 상태에 머물게 함으로써 훨씬 풍요롭게 만들고, 심지어 나 자신에 관한 중요한 것을 가르쳐준다. 아리스토텔레스는 행복이란 인간을 특징짓는 덕목과 깊은 관련이 있다고 생각했다. 그는 행복이란 최고의 선을 추구하는 것이며, 이는 인간 존재의 좀더 깊은 곳에 실재하는 진솔한 자아와의 만남이라고 생각했다.

관련 연구에 따르면 비극적이고 슬픈 일을 경험하거나 분노를 자아내는 이야기를 들으면 사람들의 기분이 매우 나빠진다고 생각하지만, 오히려 자기 삶에 좀더 감사하고 행복해하는 등 예상과는 전혀 다른 결과가 나타날 수도 있다고 말한다.

많은 사람들이 죽음을 숨기거나 모른 체하고, 심지어 거짓말까지 한다. 이는 우리 몸에 배어 있는 문화적 특성 때문이다. 그리고 여전히 많은 문화권에서 죽음은 입 밖으로 내서는 안 되는 금기어다. 이런 분위기에서 죽음이라는 말은 아주 가까운 사람이 죽었을 때, 대충 얼버무리는 수준에서 잠깐 사용한다. 게다가 아이들과 함께 죽음에 대해 진지하게 대화하거나 감정을 표현할 기회를 갖는 일은 거의 없다.

많은 전문가들이 죽음에 좀더 진솔한 태도로 접근하라고 말한다. 특히 완곡어법이 아닌, 적절한 용어를 사용하라고 조언한다. '수명을 다하셨다'든지 '저세상으로 가셨다'와 같은 표현은 아이들에게 혼란을 초래할 수 있다. 때문에 가정에서 자녀와 대화할 때는 '죽음'이나 '죽었다'와 같은 직접적인 단어를 사용하는 것이 좋다. 그리고 죽음에 대해, 그로 인한 감정에 대해 자녀가 주도적으로 설명하는 분위기를 조성하되, 너무 엄숙하거나 무거운 분위기가 되지 않도록 조심해야 한다고 전한다.

하지만 세세한 부분까지 이야기를 나눌 필요는 없다. 죽음에 관해 과도한 정보를 얻으면 오히려 아이들이 이해하기에는 너무 추상적인 내용으로 흐를 수도 있다. 어떤 내용은 아이들을 겁먹게 만들 수도 있다. 여기서 '아이의 관점'의 의미를 다시 떠올려보자. 죽음과 관련해서도 아이들의 나이에 따라 알아야 할 내용과 이해할 수 있는 수준이 다른 법이다.

《인어공주》를 통해 배우는 슬픔

죽음에 대해 더 많이 말하라

이야기를 들려주는 것도 죽음을 다루는 매우 효과적인 방법이다. 덴마크에는 죽음을 다룬 슬픈 이야기, 동화, 영화가 많다. 그 중에서도 《인어공주》가 가장 대표적이다. 슬픔 속에서 죽은 인어공주가 바다의 물거품으로 사라져버렸으니 말이다. 덴마크 작가 안데르센의 《인어공주》는 이처럼 슬프게 끝난다. 많은 사람들이 행복한 결말로 바뀐 《인어공주》에 익숙해서 원래 내용을 잘 모르고 있지만 말이다.

어른들은 아이들이 감당할 수 있는 선이 어디인지를 자기들이 결정한다. 하지만 덴마크 사람들은 아무리 슬프고 가슴 아픈 주제라도 아이들이 감당해낼 힘이 있다고 생각한다. 감당하기 힘들고 슬픈 주제라도 그것이 삶의 자연스러운 일부라면 교육해야 한다고 덴마크 사람들은 믿는다. 아이들이 살아갈 현실은 동화가 아니다. 그래서 아이들에게 실제적인 삶을 준비시키는 일이야말로 교육자와 부모의 가장 중요한 역할이다. 동화의 행복한 결말만 들려주면, 결국 아이들은 동화와 전혀 다른 현실세계에 크게 낙담할 것이다.

죽음에 관한 또 다른 덴마크 책이 있다. 영어로는 《울어라, 마음을 다해서, 하지만 절대로 부서지진 말거라(Cry, Heart, But Never Break)》로 번역되었다. 할머니와 함께 살아가는 네 명의 아이들에게 어느 날 저녁 '죽음'이라는 인물이 찾아온다. '죽음'이 밤에만 활동한다고 생각한 아이들은 새벽까지 '죽음'을 할머니에게서 떨어뜨리기 위해 식탁에 앉아 '죽음'의 잔에 계속 커피를 채워주면서 밤새 이야기를 나눈다. 아이들은 '죽음'이 그 집을 찾아온 이유를 잊게 해서 할머니를 살리고 싶었던 것이다.

아이들의 의도를 알아차린 '죽음'은 슬픔과 행복이 함께 가는 것처럼 죽음도 삶의 일부라고 말한다. 그리고 어느 한쪽 없이는 다른 쪽도 결코 가질 수 없다는 사실을 비유를 통해 설명한다. 그러고는 커피를 대접해준 것에 대해 고마움을 표한 다음, 할머니를 데리러 가기 위해 자리를 뜬다. 이 이야기는 결코 행복한 결말이 아니다. 오히려 아이들이 '죽음'의 이야기를 곰곰이 생각하며 창문 너머로 할머니와 '죽음'의 뒷모습을 응시하는 장면으로 끝난다.

이 책을 읽고, 정말 깊은 감동을 받았다. 그때만 해도 난 죽음에 대한 토론에 전혀 익숙하지 않았다. 그런데 이 책을 읽고 나서 아이들과 내 삶에 좀더 가까워진 느낌을 받았다. 어른들이라고 모든 문제에 대해 답을 가지고 있는 것은 아니다. 하지만 답이 없다고 해서 문제가 되지는 않는다.

그래서 아이들이 궁금해하는 내용을 잘 듣고 섬세하면서도 진솔하게 대답하는 태도가 중요하다. 그리고 이런 맥락에서 덴마크 교육기관에서는 죽음이라는 주제와 관련해선 침묵이 아니라 '말하는 것이 금(Talk is gold)'이라고 말한다.

아이들이 죽음에 대한 이야기가 금기라고 느낀다면, 죽음에 관한 생각을 어느 누구에게도 말하지 못하고 그저 자기 속으로만 삼킬 것이다. 아이들은 주변의 어른들(부모나 교사 혹은 다른 교육자들)이 죽음에 대해 이야기하는 태도에 매우 강한 영향을 받는다. 가능하면 이른 시기부터 아이들과 죽음에 대해 대화를 나누고, 또 죽음과 관련한 모든 감정은 자연스러운 것이라는 사실을 받아들일 필요가 있다. 이것이 바로 강한 유대감과 회복탄력성의 토대를 쌓는 비결이다.

좋고 나쁜 감정은 없다, 다양한 감정만 있을 뿐

사람들이 색상환(色相環)의 색깔들과 똑같은 방식으로 감정들을 바라본다면, 노란색이 오렌지색보다 더 예쁜 색이라고 말할 수도 없고, 파란색이 빨간색보다 더 좋은 색깔이라고 말할 수도 없다. 이렇듯 삶의 감정들을 다채로운 시각으로 바라보면, 내면에서 일어나는 변화무쌍한 감정들을 편견 없이 훨씬 쉽게 받아들일 수 있다. 그리고 같은 논리로, 행복이 모두가 기대하는, 삶에서 가장 중요한 색깔일 필요도 없다.

덴마크 사람들은 색상환의 색깔들을 보는 것처럼 인간의 감정을 바라보기 때문에 좋은 감정과 나쁜 감정이 따로 존재하지 않는다고 생각한다. 여러 색깔들이 이 세상을 나타내는 각각의 부분이듯, 다양한 감정들도 삶을 구성하는 각각의 부분이다. 따라서 하나의 색깔만 빠뜨려도 세상이 이상하게 보이듯, 어떤 감정이든 중요하다는 것이 덴마크 사람들의 생각이다.

이런 생각을 연장해보자. 색깔이 다양할수록 세상이 풍요로워지듯, 감정이 다양할수록 삶도 더욱 입체적이 된다. 그런데 여기서 중요한 것은 자신이 어떤 감정을 느끼는지 아이들 스스로가 자각하고 이를 조절하는 법을 배워야 한다는 사실이다. 감정에 대해 제대로 인식하면 어떠한 감정도 두려워하지 않게 된다.

사람은 결국 언젠가 죽는다

앞에서 언급했듯이, 죽음을 다룬 이야기책을 내 딸과는 꽤 오랫동안, 그리고 아들과도 몇 년 동안 함께 읽었다. 내가 자라온 문화권이 죽음을 편안하게 느끼게 해줬거나, 나 스스로 자녀 교육을 위해 그래야 한다고 생각했기 때문이 아니다. 덴마크에서는 다들 그렇게 하기 때문에 나도 따라 했던 것뿐이다.

자녀와 함께 죽음에 대해 읽는 것은 미국 문화에선 결코 흔치 않은 일이다. 미국에서는 대체로 주변의 누군가가 죽고 나서야 죽음을 맞닥뜨린다. 미리 죽음에 대해 생각해보는 시간을 갖는 것은 매우 낯설다.

작년 크리스마스 이브였다. 시아버지가 뇌졸중으로 갑작스럽게 돌아가셨다. 아이들은 할아버지와 정말 친했기 때문에 그만큼 슬픔도 컸다. 할아버지가 마지막 숨을 거두기 전에 우리는 그의 손을 잡고 노래를 불렀다. 당시 나는 딸과 엄청나게 깊은 유대감을 느꼈다(어린 아들보다는 첫째인 딸과 죽음에 대해 더 많은 대화를 나눴다).

그때 내 아이들은 할아버지의 죽음을 설명해주지 않아도 이미 그 의미를 충분히 이해하고 있는 듯했다. 나는 안도감이 들었다. 그토록 감정적으로 예민한 순간에 할아버지의 죽음에 대해 설명할 필요가 전혀 없었기 때문이다. 그 순간,《울어라, 마음을 다해서, 하지만 절대로 부서지진 말거라》는 우리 집 이야기가 되었다. 동화가 현실이 된 것이다. 우리 모두는 너무 슬퍼서 마음을 다해 울었다. 가족 모두가 함께 느낀, 가슴 아픈 감정을 그대로 표현했다. 이런 애도 방식은 지극히 정상적이다.

할아버지가 왜 돌아가셨는지 딸이 물었다. 난 "할아버지는 정말 고단하셨단다. 얼마나 피곤하고 지쳤느냐면 평소에 그토록 좋아했던 일도 한동안 전혀 하지 못하셨어. 할아버지는 좋아하는 일을 하지 못하시니까 너무 힘드셨던 거야. 기운이 다하셔서 결국 돌아가셨어"라고 대답했다. 아이들에게는 일종의 이야기처럼 설명해주는 것이 좋다는 사실을 알고 있었기 때문이다. 그리고 그 순간 내가 들려줄 수 있었던 이야기는 그게 전부였다.

아이들의 할아버지가 돌아가실 당시 아들은 다섯 살이었다. 그래서 당연히 다른 가족들보다 상황에 대한 이해가 부족할 수밖에 없었다. 할아버지가 돌아가신 다음 날인 크리스마스 저녁 식사 때 아들이 아빠에게 물었다.

"근데, 할아버지는 지금 어디 있어?"

난 신앙인이 아닌 남편이 어떻게 대답하는지 지켜봤다.

"할아버지는 우주의 한 부분으로 다시 돌아가셨어. 저 하늘의 작은 별들 속으로." 남편이 대답했다.

"하늘의 별들을 보면 할아버지를 볼 수 있겠다. 그지, 아빠?"

"그럼! 하늘의 별들을 보면서 언제든 할아버지를 생각하면 돼."

아들은 누나에게 외쳤다. "누나! 저 별들 중에 하나가 우리 할아버지래!" 그러고는 집 밖으로 뛰쳐나가 밤하늘을 쳐다보았다.

자신의 종교나 신앙에 따라 천국을 믿든 내세를 믿든, 아니면 아무것도 믿지 않든, 인간의 삶에서 벌어지는 가장 자연스러운 일들 중 하나인 죽음에 대해 아이들과 대화하는 것은 언제나 큰 도움이 된다. 확실하게 아는 극히 사소한 것이 모두의 마음을 움직일 수 있다는 사실을 명심하자. 죽음은 부정적인 금기어가 결코 아니다. 죽음은 죽음일 뿐, 그 이상도 이하도 아니다.

오히려 죽음에 대해 진솔한 대화를 나눌 수 있어야 한다. 우리 아이들이 느끼는 감정이 무엇이든 그에 대해 이야기를 나누는 일이 문제가 되지는 않는다. 동시에 아이들이 알고 싶어 하는 것이 무엇이든 그에 대해 대화할 수 있어야 한다. 그래야만 자신의 감정을 스스로 조절할 힘을 길러줄 수 있다.

실제 내 경험을 통해 확신을 가지고 강조하건대, 아이들과 죽음에 대해 대화를 나누는 것은 정말로 도움이 된다. 뿐만 아니라 어른에게는 심리치료적인 효과도 나타날 수 있다. 죽음에 대한 이야기는 항상 삶의 문제와 연결해줄 뿐만 아니라, 우리의 삶을 '뜻깊은 행복감'으로 충만하게 해준다.

모든 사람은 언젠가 죽는다는 사실을 늘 염두에 두고 살아간다면 우리는 좀더 충만한 삶을 살 수 있다. 마치 '약점'처럼 보이는 '죽는다'라는 사실이 가족끼리의 유대감은 물론, 타인과의 유대감도 훨씬 깊어지게 해줄 것이다.

진솔하게 죽음을 받아들이기 위한 덴마크식 방법

🌱 다시 과감히 얼음물 속으로 뛰어들어 죽음에 대한 대화를 시작하라

성(행위)에 관한 대화를 시작할 때처럼, 엄두가 나지 않을 뿐이다! 일단 얼음물 속으로 뛰어든 다음에는 정말 상쾌한 기분을 맛볼 수 있다. 당신이 자라온 문화가 당신 안에 심어놓은 믿음, 신념을 다시 생각해보자. 도대체 우리는 왜 자연스러운 사건에 대해 이야기하는 것을 꺼릴까?

아이들은 천성적으로 어떤 감정에 대해서든, 어떤 이야기에 대해서든 관심이 많다. 죽음도 분명히 자연스러운 삶의 한 부분이다! 우리는 살아가면서 겪을 심적 고통이나 상처를 피할 수는 없지만, 그 감정들을 건강한 방식으로 다룰 도구를 아이들 손에 쥐어줄 수는 있

다. 그리고 죽음에 대한 대화는 아이들에게만 도움이 되는 것이 아니
라 어른인 우리에게도 심리치료적인 효과가 크다.

🌿 죽음에 관한 이야기책을 읽어라

아이들과 죽음에 관한 대화를 시작하기에 매우 효과가 좋은 도구가
있다. 바로 죽음에 관한 이야기책이다. 아이들이 궁금해하는 모든 질
문에 답을 해줄 수는 없다. 질문에 답을 못한다고 문제가 되지는 않
는다. 죽음에 대해서 아이들과 이야기를 나누는 것이 중요하다. 그러
기 위한 좋은 방법으로서 죽음에 관한 이야기책을 함께 읽어보자.

《성냥팔이 소녀》,《인어공주》,《울어라, 마음을 다해서, 하지만 부
서지진 말거라》 등은 죽음에 관한 좋은 이야기책들이다. 아이들은
천성적으로 인간의 모든 감정에 호기심을 갖고 있다. 그래서 삶의 곤
경 속에서 고군분투하는 이야기뿐만 아니라, 심지어 죽음에 관한 이
야기도 우리 아이들의 공감 능력을 기르는 데 도움이 된다. 죽음에
대한 이야기는 내면의 좀더 깊은 곳에 존재하는 인간성을 만나게 해
줄 수 있다. 더 나아가 우리가 깊은 행복감으로 충만한 삶을 살아가
도록 도울 수도 있다.

🌿 감정은 마치 색상환과 같다

덴마크 사람들은 인간의 다양한 감정 중에는 좋고 나쁜 것이 없다고,

감정은 그저 감정일 뿐이라고 말한다. 이 세계가 빨강, 파랑 등 다양한 색깔로 칠해졌듯이, 인간에게는 행복도, 슬픔도 모두 필요한 감정들이다. 다양한 인간의 감정에 대해 편안함을 느낄수록 내가 사는 세상 또한 그만큼 입체적이고 풍요로워진다.

🍃 진실을 숨기지 마라

자녀도 잘 아는 사람이 심하게 아프거나 죽어갈 때, 혹은 심각한 문제가 있을 때, 가급적 솔직하게 말해주는 것이 좋다. 부모가 사실을 말하지 않고 침묵한다면 자녀는 매우 혼란스러워진다. 그렇게 되면 아이들은 비어 있는 공간을 자기 마음대로 상상해서 채워 넣는다. 이는 아이들이 보고 느낀 것을 자기 마음대로 이해하도록 무책임하게 방치하는 것이다.

모두 괜찮다는 표정을 억지로 지을 때, 실제로 어떤 일이 벌어지는지를 숨길 때, 아이들의 기분은 망가진다. 그런데 어떤 일이 벌어지는지에 대해서 아이들과 대화할 때 한 가지 주의할 점이 있다. 그일과 관련해서 아이에게 아무런 잘못이 없다는 사실을 스스로 알도록 항상 신경 써야 한다.

🍃 공동묘지를 함께 걸어보라

공동묘지는 대체로 매우 아름답게 가꿔져 있다. 그러니 공동묘지를 함께 산책하면서 삶과 죽음에 대해 편안한 마음으로 대화를 나눠보자. 나이에 관계 없이 대부분의 아이들이 참 좋아한다.

🌱 동물의 죽음에 대해서도 이야기를 함께 나눠라

거미든 쥐든, 자녀가 동물이나 곤충의 사체를 발견했다면 그것을 살펴보면서 그 동물에게 무슨 일이 벌어졌는지 부담스러워하지 말고 이야기를 나눠보자.

4장 첫 부분에서 언급했던 새는 머리에 심한 상처를 입고 죽었다. 이렇듯 죽음은 언제든 일어나는 일이고, 삶의 자연스러운 한 과정이다. 그러니 죽음을 계기로, 죽음과 자연스럽게 연결된 삶의 문제에도 함께 관심을 가진다면 정말 멋질 것이다.

그런데 한 가지 주의할 점이 있다. 집에서 기르는 반려동물이 죽었을 경우 곧바로 다른 반려동물을 들이는 것은 좋은 생각이 아니다. 충분히 애도하고 장례를 치르면서 이별에 필요한 적절한 시간을 갖도록 하라.

🌱 기억하는 것을 잊지 말자

추모는 참 중요한 일이다. 덴마크 사람들이 아이들과 함께하는 일반적인 추모 방식은 추모 장소를 조성해 나무를 심는다든지, 추모 상자를 만들어 고인의 사진, 편지, 그림, 시 등을 함께 담아두는 것이다.

그것들로 책을 만들기도 한다. 그래서 아이들이 나이가 들면서 기억날 때마다 추모 장소의 나무를 찾는다든지, 아니면 추모 상자에 기억하고 싶은 것들을 추가하기도 한다. 이외에도 고인이 평소에 추구했던 가치와 관련 있는 사회적 행동을 실천하는 방식으로 상실의 슬픔을 승화시키기도 한다.

◈ 이야기를 활용하라

아이들은 매우 다양한 방식으로 죽음을 이해한다. 그중 아이들이 죽음을 가장 자연스럽게 이해하게 하는 방법은 고인에 관한 이야기를 만들어서 들려주는 것이다. 이를테면 이런 식이다. "할아버지는 나이가 많으셔서 좋아하는 일도 하지 못하실 정도로 많이 피곤하셨어. 더 이상 살아갈 힘도 남아 있지 않아서 돌아가셨단다." "잭(우리 집 개)은 너무 아파서 더 이상 재밌게 놀 수가 없었단다. 그래서 죽은 거란다."

죽음에 관한 이야기는 복잡할 필요가 없다. 죽음에 대한 아이들의 이해 수준은 나이에 따라 다르다. 이를테면 어린아이들은 무의식적으로 죄책감을 가질 수 있다. 때문에 좋아하는 누군가가 병들고 죽은 것이 결코 아이의 잘못이 아니라는 사실을 반복적으로 상기시켜야 한다.

◈ 실제적이고 구체적인 용어를 사용하라

이를테면 '돌아가셨다'보다는 '죽었다'라는 말을 쓰는 것이 좋다. 또한 '잠들었다'는 말은 죽은 사람이 깨어날 수도 있다고 해석되어 아이들에게 공포를 일으킬 수 있다.

◈ 아이들이 본보기로 삼는 사람은 바로 어른이다

어른들이 슬픔이나 비통함에 대해 이야기하는 것을 꺼린다는 느낌을 받으면 아이들은 자신의 감정을 숨김으로써 어른을 배려하려고 할 것이다. 아이들도 어른들과 똑같이 슬픔도, 분노도 느낀다. 어른처럼 갈망하고, 절제력을 잃기도 한다. 몸이 아픈 것에 대해, 그리고 죽음이나 이혼 혹은 정신적 상처를 주는 다양한 사건들에 대해서 죄의식을 갖기도 한다. 그런데 이런 아픈 마음과 감정들을 말로 표현할수 없을 때는 부적절하고 건강하지 못한 행동으로 감정을 표출하게 된다.

◈ 죽음을 포함해서 터놓고 대화하기가 쉽지 않은 주제를 다루는 영화 같은 영상물을 활용하라

편하게 대화하기 힘든 주제를 다루는 영상물은 아이들과 대화를 시작하기에 좋은 매개체다. 〈로저스 씨의 동네(Mister Rogers's Neighborhood)〉라는 어린이 텔레비전 프로그램의 주인공인 로저스를 아는 사람은 많다. 하지만 그가 매주 아이들과 죽음에 대해 이야기를 나눴다는 사실을 아는 사람은 거의 없다. '아이의 관점'을 놀라울 정도로 체화시킨 로저스는 어린이들이 이해하기 쉬운 언어를 구현했다(그의 프로그램을 유튜브에서 시청할 수 있다). 그는 "모든 배움의 토대는 사랑이다"라는 명언도 남겼다.

Trust

Empathy

Authenticity

Courage

Hygge

5장

: 씩씩함 :

실패할 용기와 오답의 힘

"성공했다고 해서 끝나는 것이 아니고,
실패했다고 해서 끝장나는 것도 아니다.
중요한 것은 계속 나아갈 수 있는 용기다."

———

윈스턴 처칠(Winston Churchill)

실패할수록 더 똑똑해진다

완벽함을 예찬하면 위험하다

데이비드 베일즈(David Bayles)와 테드 올랜드(Ted Orland)가
함께 집필한 《예술가여, 무엇이 두려운가!(Art and Fear)》에는 어
느 도자기 선생님 이야기가 나온다. 그는 수업 첫날 학생들을 두
조로 나누어 과제를 준다. 한 조는 양으로 평가하겠다고 말했다.
이를테면 그 조의 학생들이 만든 도자기들이 20킬로그램을 넘으
면 'A', 15킬로그램을 넘으면 'B'를 받는다. 선생님은 다른 한 조
는 양이 아니라 질로 평가하겠다고 말했다. 이 조의 학생들은 디
자인이 완벽한 도자기 한 점을 과제로 제출해야 했다.

그러자 놀라운 결과가 나왔다. 양으로 평가받는 조는 최고로

창의적이고 아름답고 수준 높은 작품을 만들었다. 그런데 질로 평가받는 조에서는 완벽한 도자기에 관한 이론은 많이 나왔지만 실제로 결과물은 보여주지 못했다. 양을 추구하는 조는 작품을 계속 만들어내고 실수를 저지르면서 배웠던 반면, 질을 추구하는 조는 완벽하게 만드는 방법을 걱정하면서 우왕좌왕했던 것이다.

실패해도 다시 시도하는 용기는 창작 과정의 일부다. 구글, 애플, 픽사 같은 첨단 기업에는 실패를 허용하는 선진 문화가 있다. 그런 기업들은 상상력의 힘을 보여주는 대표적인 사례로 꼽힌다. 실패해도 좌절하지 않는 용기에서 혁신적인 탁월함이 나온다. 이런 측면에서 학교는 아이들을 얼마나 잘 교육하고 있을까?

성공한 사람들은 하나같이 실패의 중요성을 언급하지만, 여전히 많은 부모가 자식이 '실패'하거나 불행해지지 않도록 무슨 수를 써서라도 자식을 보호하려 노력한다. 그리고 교육제도조차 아주 어렸을 때부터 정답을 맞히고 A를 받는 것을 성적의 유일한 척도로 삼도록 설계되어 있다.

우리는 수석 졸업생부터 스타와 우승자까지 사회의 모든 분야에서 최고에 이른 인물을 찬양한다. 영웅, 전교 1등, 가장 똑똑한 사람, 최고 부자 같은 사람들을 우러러본다. 대중매체는 이런 잣대로 사람들을 질책한다. 완벽함은 그 자체로 최고라고 믿는 표준이 되었다. 사람들이 상상하거나 대중매체에서 보는 이미지는 부모든, 학생이든, 운동선수든, 직업이든, 삶이든 전부 완벽한 모습들이다. 이는 모두가 완벽해야 한다는 강력한 메시지가 된다.

완벽함은 성공과 실패를 가르는 불문율이 된다. 그런데 상식적으로 모두가 승자가 될 수는 없을 뿐만 아니라, 실제로도 대부분이 승자가 되지 못한다. 하지만 현실적인 기준에서 '승자'가 될 수 없는 사람들이 의미 있고 행복하고 좋은 삶이라는 관점에서도 '패자'일까? 내면화된 기존 문화의 속성이 다른 사람들을 능력이 아니라 본모습으로 느끼고 이해하는 데 어떤 영향을 줄까?

과잉보호가 뺏어버린 실패할 기회

수치심과 취약성을 연구하는 브레네 브라운(Brené Brown)은 "완벽주의는 우리를 보호해준다면서 질질 끌고 다니는 20톤짜리 방패"라고 말한다. 사람이 완벽하면 아무도 그를 비판하지 못한다. 한 치의 실수도 용납하지 않는 모습은 높은 평가를 받는다. 모든 것이 그가 잘하고 있다는 명백한 증거가 된다.

유치원에서도 성적을 매기는 경우가 있다. 아마 평가가 시작되는 때가 그 무렵일 것이다. 우리는 누가 인정할 만큼 잘한다는 증거가 필요하고, 실제로 그런 증거를 평가하는 방법이 많다. 주변 사람들의 대화에 귀를 기울이면 이러쿵저러쿵 평가하는 말을 들을 수 있다.

많은 사람들이 완벽주의라는 방패를 가지고 다니면서 그것이 얼마나 좋은지 남들에게 보여준다. 그러면 사람 사이에 종종 괴리감이 생긴다. 사람들이 연결되지 않고, 오히려 단절된다. 하지만 성공을 이런 식으로 생각하는 습성이 우리 문화에 너무나 깊이 스며 있어서 알아챌 수 없다.

예를 들어 아이비리그 대학들은 엄청난 숭배를 받는다. 거기에 다니는 학생들은 미국의 전체 대학생 가운데 0.4퍼센트도 되지 않는다. 시험 점수와 평점, 대학 합격으로 학업성취도를 평가하는 편협한 시각이 대세인 사회에서 아이들은 성공에 대한 또 다른 평가 기준이 존재할 수 있다는 사실을 어떻게 배울까?

진실성, 창의성, 열정처럼 평가할 수 없는 가치들을 가르치는 수업은 어떨까? 미처 알아보지 못한 다른 재능이 있는 아이들은 어떻게 해야 할까? 그런 아이들은 어떻게 평가하고 인정을 받을 수 있을까? 그리고 이런 시도는 사회 전체에 어떤 영향을 줄까? 아이들이 이처럼 압박이 심한 환경에서 실패를 점점 두려워하지는 않을까? 그리고 그 결과, 우리는 어떤 대가를 치르게 될까?

브누아 드노지-루이스(Benoit Denozit-Lewis)가 《뉴욕타임스》에 기고한 글에 따르면, 미국 10대들에게 유행병처럼 퍼지는 불안은 실패에 대한 두려움, 회복탄력성 부족과 직접적으로 관련되어 있다. 아이들은 높은 성적을 받지 못하거나 원하는 대학에 들어가지 못할까봐 걱정한다. 자기가 최고가 아니라는 스트레스를 견디지 못해서 실패와 좌절에 직면하면 쉽게 포기한다. 부모의 과잉보호 탓에 실패할 기회를 충분히 얻지 못했기 때문이다.

교육제도는 점점 아이들을 몰아붙이고 그 결과는 여러 가지로 나타나고 있다. 어른들이 아이들의 쉬는 시간을 빼앗는 바람에 아이들이 서로 어울리는 법을 배우고, 상상력을 발휘할 시간이 없다. 대신 어른들은 아이들이 성공하거나 학업성적을 올릴 방법과 도구, 활동을 찾으려고 혈안이다. 아이들이 마음의 쉼이라는 진정한 기술을 배우지 못하게 하고, 아이들을 더 많은 사회적 압력에 노출시킨다.

자기 내면에서 쉴 수 있는 사람은 좋은 삶의 열쇠를 쥐고 있다. 그런 사람은 잎과 줄기를 지탱하는 단단한 뿌리처럼 자존감으로 자신감을 지지한다. 그런 사람은 남들의 인정이 필요하지 않다. 자기 자신에게 단단히 뿌리를 내린 상태, 그것이야말로 참된 해방이다. 사실상 자유가 진정한 힘이다.

우리는 관념적으로는 실패가 좋다고 말하지만, 실제로는 좀처럼 실패를 바람직한 학습 기회로 권장하지 못한다. 하지만 만약 그렇게 한다면 어떻게 될까? 그리고 덴마크 사람들은 어떻게 그런 용기가 있는 것일까?

아이들이 모험하도록 도와야 한다

실수를 권장하는 선생님

덴마크에서는 실패가 교육 과정 안에 녹아 있다. 어떤 학교는 '시행착오'가 교훈이다. 덴마크 이윌란반도 출신 고등학생인 리니아 노스는 선생님이 실수를 권장한다고 말했다. 그래서 수업 시간에도 완벽한 과제물보다는 오류가 있는 과제물을 중점적으로 살펴보았다고 한다. 덴마크 학교에서는 흔한 수업 풍경이다.

코펜하겐에 있는 학교의 레네 크리스토페르센(Lene Christoffersen) 선생님은 학생들에게 실패를 겪어보고 그 실패에 호기심을 느끼라고 가르친다. 레네 선생님은 'FAIL(실패)'이 'First Attempt In Learning(배우는 과정의 첫 시도)'의 약자라고 알려주며 실패의 의미를 설명한다. 그리고 학생들에게 결과가 아니라 과정에 주목하게 한다.

실패를 통한 학습은 정답보다 오답에서 훨씬 많이 배울 수 있다는 믿음에 근거한다. 리니아는 수업 시간에 틀린 과제물을 중심으로 다 같이 살펴본다고 해서 아이들이 기분 나빠하거나 당황해하지 않는다고 말했다. 왜냐하면 그것을 일반적인 수업 방식이라고 여기기 때문이다. 누가 잘하고 못하는지를 심사하는 것이 아니므로 아이들은 자신의 취약성을 드러낼 용기를 얻는다. 그러면서 의도치 않은 수업 효과까지 발생한다. 아이들은 실수에서 함께 배우고, 경쟁은 자기 자신과 한다.

취약성은 공감과 직접적인 관련이 있다. 공감은 경쟁이 부르는 단절보다는 이해에서 오는 연결을 만들어낸다. 우리는 실수해도 괜찮을 뿐만 아니라 하나의 작은 본보기가 최고의 방법이 될 수 없다는 사실을 알게 된다. 때문에 남들의 비판에서 자신을 보호하기 위해 완벽주의라는 무거운 방패를 지니지 않아도 된다. 학교는 수업만 하는 곳이 아니다. 다른 사람들과 연결되어 있음을 느끼는 곳이기도 하다. 그리고 유대감은 행복감을 키운다. '기분이 좋으면 공부도 잘 되기' 때문에 학교에서 이런 분위기를 조성한다.

덴마크에서 가족 문제를 상담하는 카밀라 셈로우(Camilla

Semlov)는 자기 딸 아말리에에 대한 이야기를 들려줬다. 아말리에는 지독한 학구파로 학교에서 틀리지 않으려고 열심히 공부했다. 담임선생님은 아말리에에게 실수하지 않으려고 너무 노력하지 말라고 했다. 아말리에가 모든 것을 정확하게 해내려는 걱정에 짓눌린 것처럼 보였기 때문이다. "아말리에는 좋은 삶을 위해 덜 완벽해져야 해요." 선생님은 그렇게 말하고는 아말리에의 학습 목표에 덜 완벽해지기를 포함시켰다. 학교에서 아이에게 덜 완벽해지고 더 실수하라고 말하는 것이 상상이 되는가? 실제로 덴마크엔 "사람은 실수하면서 가장 많이 배운다"라는 속담이 있다. 덴마크 사람들은 이 말을 믿고, 일상생활과 학교 교육에 그대로 적용한다.

흥미롭게도 유럽연합집행위원회(European Commission)에 따르면 덴마크는 유럽에서 가장 혁신적인 국가 가운데 하나로 꼽힌다. 그런 결과가 나오는 이유는 실패를 문제가 아니라 과정의 일부로 여겨서가 아닐까? 앞서 언급했듯이 98퍼센트의 아이가 창의성을 타고나지만 창의성과는 거리가 먼 교육을 받았다는 사실을 떠올려보자. 그것은 정답에만 치중한 나머지 상상력을 발휘하고 실수를 두려워하지 않는 발산적 사고를 하지 못하고, 자기 자신을 신뢰하지 못하는 데서 하나의 이유를 찾을 수 있다.

모험 놀이터, 틀리는 것을 두려워하지 않는다

덴마크에는 학교 밖에서도 아이들이 시행착오를 통해 배울 기회를 다양하게 제공한다. 예를 들면 '모험 놀이터'라는 곳이 있다. 여기서는 아이들이 밖에서 나무판, 망치, 톱, 못을 가지고 목공을 한다. 아이들은 나무로 집도 짓고, 뗏목도 만든다. 무엇이든 원하는 것을 만드는 곳이다. 어른들은 거의 간섭하지 않는다. 아이들은 실수하지만, 다시 시도한다. 이런 경험이 중요한 학습 과정이다.

코펜하겐 외곽의 모험 놀이터 관리자인 클라우스 네데고르는 이렇게 말한다. "실패를 허용하는 것이 무척 중요합니다. 그게 바로 더 지혜로워지는 길이자 일을 제대로 배우는 방법이죠. 아이들에게 방법을 정확히 알려주는 것보다 이것저것 실험해보고 어떤 것이 효과가 있는지 스스로 알아내게 하는 편이 낫습니다."

교육 개혁의 선구자 켄 로빈슨(Ken Robinson) 경은 아이들이 정답 위주로 배우게 되면 어떤 일이 벌어지는지를 설명한다.

"아이들은 모험을 하려고 해요. 잘 모르면 한번 해보는 거죠. 틀리는 걸 무서워하지 않습니다. 틀리는 것과 창의적이라는 말이 같은 의미는 아니지만, 사실 틀릴 각오가 되어 있지 않으면 절대로 독창적인 생각을 떠올릴 수 없어요. 대부분의 아이들은 어른이 될 무렵 그런 능력을 상실합니다. 틀리는 걸 무서워하죠. 회사도 그렇게 돌아갑니다. 우리는 실수에 낙인을 찍어요. 그리고 이젠 거의 모든 교육 프로그램이 실수가 가장 나쁜 것이라는 생각으로 운영되고 있어요. 그 결과, 우리는 창의적 능력과는 거리가 먼 교육을 하게 되었습니다."

서던캘리포니아대학교와 어느 국제 연구 단체의 자기공명영상(MRI)을 이용한 연구에 따르면, 실수를 통해 배울 기회가 있는 뇌는 실제로 실수를 긍정적 경험으로 전환하여 뇌의 보상회로를 활성화하는 것으로 나타났다.

앞에서 살펴봤듯이 수업 시간에 과제물의 잘못된 점을 공부하는 것이 그런 사례다. 반대로 실수를 통해 배울 기회를 피하면 실수가 부정적 경험이 되고 만다. 이 과정에서 뇌는 부정적 사고를 동반하는 처벌을 통해 실수의 반복을 피하도록 훈련된다. 하지만 선택 가능성을 자세히 살필 수 있도록 충분한 정보와 새로운 정보가 주어지면 뇌가 긍정적 경험을 강화하는 쪽으로 전환된다.

심리학자 제이슨 모저(Jason Moser)는 사람들이 실수할 때 뇌에서 두 개의 신경세포가 만나는 부위인 시냅스가 두 가지 방식으로 활성화한다는 사실을 발견했다. 하나는 '오류관련부정(Error Related Negativity, ERN)'이다. 이 전기 신호는 자신이 오류를 저지른 사실을 아는 것과 상관없이 활동이 증가한다. 뇌가 오류와 반응 사이에서 갈등을 겪는 것이다. 또 다른 전기 신호인 '오류관련긍정(Error Related Positivity, Pe)'은 우리가 실수를 의식할 때

활성화한다.

모저의 연구는 두뇌 성장을 자극하기 위해 심지어 오류를 인식할 필요조차 없다는 사실을 보여준다. 뇌는 경험과 실수에 관한 정보를 수집하기 시작하고 학습 시나리오를 거침으로써 더 커진다. 학습 후에 뇌가 원래 크기로 되돌아가는 동안 새로운 정보를 받아들이고, 시행착오에서 얻은 핵심 사항을 통합함으로써 새로운 신경 경로를 유지한다. 따라서 우리는 실수할수록 똑똑해진다.

가브리엘레 스토이어(Gabriele Steuier)와 동료 연구자들은 실수에 '우호적'인 환경과 '비우호적'인 환경이 수업에 임하는 학생들의 노력과 반응에 미치는 영향을 관찰하는 비교연구를 진행했다. 그 결과, 수업이 실수에 우호적이라고 인식한 학생들은 더 많은 노력과 열정을 보여줬다. 실수해도 문제되지 않는다는 믿음이 더 열심히 노력하게 만든 것이다. 실수에 우호적인 환경은 실수할까봐 입을 다물게 만들기보다는 금세 회복하는 힘을 길러주는 것 같다. 그런데 이런 환경을 갖춘 학교가 얼마나 될까?

현재 미국 전역에 '실패'를 가르치는 대학들이 생겨났다. 실패를 중요한 능력으로 보기 때문이다. 한 예로, 매사추세츠주의 스미스컬리지에서는 강의 계획서에 '잘 실패하기'라는 항목이 들어가 있다. 이 프로그램의 취지는 실패에 씌운 오명을 벗기고 열정적 끈기를 키워가는 것이다.

수석 졸업생과 우등상이 없다

만일 실패를 거부하지 않고 오히려 기대한다면 어떻게 될까? 실패하겠다는 목표가 생겨날 것이다. 중요한 것은 다시 일어서는 일이다. 실패를 발에 걸려 넘어지게 만드는 걸림돌이라기보다 도움닫기로 뛰어넘게 하는 디딤돌로 여기는 것. 아이들이 실수를 통해 배울 시간을 조금 더 주는 것. 이것이 바로 덴마크 학교 교육이다.

덴마크에는 수석 졸업생이나 우등상 수상자가 없다. 개인 스타보다 협동심을 발휘하는 사람이 칭찬을 더 많이 받는다. 어떤 과목이나 운동 종목에서 최고에 오른 인물들이 받은 상들로 꾸며진 공간은 덴마크 학교에서는 찾기 어렵다. 경쟁에서 이긴 사람보다 다른 사람들을 돕고 자기 자신에게 도전한 사람을 최고라고 여기기 때문이다.

덴마크의 오덴세에 있는 한 중학교 건물 안을 걸으면서 나는 개인의 업적을 드러내는 증표들이 전혀 보이지 않는다는 사실에 놀랐다. 그래서 그 학교 선생님에게 왜 상장이나 트로피가 없는지, 지금까지 최고 학생으로 기념할 만한 인물이 없었는지 물었다. 그러자 그 선생님이 껄껄 웃으며 대답했다.

"좋은 친구가 되어준 사람에게 주는 상은 만들 수도 있겠죠. 하지만 그게 다입니다."

학급에서 최고라고 평가받는 아이들은 책임감을 가지고 다른 친구들을 도와야 한다고 배운다. 내 덴마크 친구의 아들은 반에서 인기가 많고 수학을 잘했다. 아이의 담임선생님은 아이와 부모를 함께 보자고 불렀다. 그 자리에서 그들은 누구나 친구 아들과 어울리고 싶어 하고, 그 애를 우러러본다는 이야기를 나눴다. 친구 아들은 수학과 과학을 아주 잘하고 축구 실력도 뛰어났다. 그들은 아이가 다른 친구들을 아우르고 격려하는 책임을 맡는다는 목표를 세우고, 그 실행 계획도 함께 정했다.

　　그 결정은 단지 아이의 뛰어난 재능을 증명하거나 아이가 더 잘하게 하려는 것이 아니었다. 다른 친구들과 소통하면서 도움을 주는 능력을 발휘하게 하는 것이 목적이었다. 이제 아이는 자신의 익숙하고 편안한 구역에서 나와 소통, 공감, 창조적 리더십 같은 다른 영역으로 나아가게 되었다. 그리고 이런 식으로 자기 자신을 더 넓은 영역에서 발전시키면서 학업과 운동뿐 아니라, 다른 영역에서도 좋은 평가를 받게 된 것이다. 또한 이처럼 다른 사람들을 돕는 것은 정말 기분 좋은 일이므로 그 아이의 '좋은 삶'도 덩달아 발전시켰다.

　　그렇다고 학교에서 더 잘하라고 아이들을 격려해서는 안 된다는 말이 아니다. 다만, 잘한다는 의미가 무엇인지 그 정의를 다시 생각해봐야 한다는 뜻이다. 성공이 오직 완벽한 시험 점수와 평점을 받는 사람이 되는 것이라면, 과연 아이가 분노나 스트레스 같은 감정을 스스로 조절하고 창의적으로 문제를 해결하며 다른 사람들과 잘 협력할 수 있을까?

세계경제포럼이 발표한 《미래 일자리 보고서(Future of Jobs Report)》에 따르면, 2020년에는 복잡한 문제 해결 능력, 비판적 사고, 창의성이 최고 능력으로 꼽힐 것이라고 한다. 2015년에 10위를 차지했던 창의성이 불과 5년 만에 3위로 껑충 뛰어올랐다. 예전엔 순위에 오르지도 않았던 감성지능이 순위 안에 들었다는 사실은 두말할 것도 없다.

실패를 긍정할 수 있도록 부모는 어떤 도움을 줄 수 있을까

부모가 실패에 보이는 반응은 아이가 자기 지능과 능력을 바라보는 관점에 지대한 영향을 끼친다. 나는 이 내용을 《나의 덴마크식 육아》에서 캐럴 드웩(Carol Dweck)의 마인드셋(mindset), 즉 마음가짐에 관한 선구적 연구에 기초해서 충분히 다루었다. '똑똑하다', '타고났다', '재능 있다'라는 말을 계속 듣는 아이는 이른바 '고정 마인드셋(fixed mindset)'을 발달시킨다. 즉 똑똑하다는 말을 듣는 아이는 자신의 지능이 고정되어 있고 타고난 것이니 너무 열심히 노력하지 않아도 된다고 믿는다.

그래서 그 아이는 어려운 일에 실패하면 자신이 '똑똑하다'는 신망을 잃을까봐 아예 그 일을 시도조차 하지 않을 가능성이 커진다. 많은 아이가 부모의 사랑을 자신의 똑똑함과 연관시키기 때문에 신망을 잃고 싶어 하지 않는다.

반면 노력해서 칭찬받는 아이는 자기 지능이 시간이 지남에 따라 성장한다는 사실을 깨닫는다. 일의 결과나 '똑똑하다는 신망'보다 일의 과정과 실수에서 배우는 법에 초점을 맞추면서 아이는 성장 마인드셋(growth mindset)을 발달시킨다. 즉 열심히 노력하면 시간이 지날수록 더 잘할 수 있다고 믿는다는 뜻이다. 사람에 따라 똑똑할 수도 있고 아닐 수도 있으며, '수학에 적성'이 있을 수도 있고 없을 수도 있다.

알다시피 노력할수록 나아진다는 믿음은 훨씬 더 건설적인 삶을 만드는 능력이다. 뇌는 가변적이므로 인간은 평생 배우고 지능을 키울 수 있다. 수학을 좋아하고 잘하는 사람도 될 수 있다. 지능은 예전에 믿었던 그대로 고정되어 있지 않다. 우리는 아이들에게 똑바로 하는 법이 아니라 배우는 법을 가르쳐야 한다.

그렇다면 부모의 마인드셋은 어떨까? 부모의 마음가짐이 아이가 자신의 지능에 대해 갖는 믿음에 영향을 줄까? 심리학자 카일라 헤이모비츠(Kyla Haimovitz)와 캐럴 드웩은 이 흥미로운 문제를 한층 더 깊이 파고들었다. 그 결과 부모의 마음가짐이 큰 영향을 주는 것으로 나타났다.

부모의 생각전환이 중요하다

두 연구자는 부모들을 인터뷰해서 실패와 지능에 대한 믿음을 조사했다. 그 결과 부모가 실패를 약해지는 것이라고 믿을수록 아이는 실패를 배움이나 발전보다는 성과나 성적과 관련지어 생각하는 경향이 컸다. 그런 아이는 고정 마인드셋을 지니고 있을 가능성이 더 컸고, 그 아이의 가정 환경도 기본적으로 실수에 우호적이지 않았다. 시험에서 낙제점을 받아온 아이에게 부모가 아이의 능력이나 지능을 걱정하는 반응을 보이면 이는 실패가 부정적이라는 메시지를 전하는 것이다.

반면 쪽지시험에서 무엇을 배웠는지, 더 나아가 무엇을 배울 수 있을지, 선생님에게 도움을 청하는 게 좋을지 아이에게 물어봄으로써 부모는 전혀 다른 메시지를 전할 수 있다. 그런 부모는 실패를 결과가 아니라 기회로 본다. 이런 반응은 균형이 잘 잡힌 방향이다. 하지만 여기서 정말 중요한 것은 아이에게 전달되는 메시지의 의미를 정확하게 알아차리는 것이다. 우리가 내뱉는 말은 아이에게 많은 것을 의미하기 때문이다.

만약 아이들이 얼마나 똑똑한지에 집중하는 대신 아이들이 어떻게 똑똑한지를 알아본다면 어떻게 될까? 배우는 방법은 여러 가지다. 이런 관점은 엄청난 인식의 전환으로서 아이들의 교육과 미래에 대한 경험을 송두리째 바꿔놓을 수 있다.

"요점은 아이가 어려움을 겪고 있거나 좌절을 맛볼 때 부모가 아이의 능력에 초점을 맞추지 말고 그런 경험을 통해 무엇을 배울지에 초점을 맞추라는 얘기입니다." 헤이모비츠는 이렇게 말하면서 아이에게 질문하는 방법 한 가지를 알려준다. "어떻게 이것부터 시작할 수 있었어?"

토머스 에디슨(Thomas Edison)은 백열등을 발명했을 때 이런 유명한 말을 했다. "저는 실패하지 않았습니다. 단지 효과가 없는 1만 가지 방법을 알아냈을 뿐입니다." 말 그대로 실패는 빛이 될 수 있다. 우리가 그런 식으로 보길 선택한다면 말이다.

실패할 용기를 배우기 위한 덴마크식 방법

🌱 **실패를 바라보는 관점을 바꾸라**

우리는 실패에 대해 아이들에게 어떤 메시지를 전하고 있는가? 실패의 정의를 '배움을 향해 내딛는 첫걸음'으로 바꾸기 위해 노력하라.

🌱 **잘못된 과제물이나 실수를 수업의 좋은 사례로 활용하라**

정답에만 집중하지 않고 실수에서 배우려 한다면 무엇을 배울 수 있을까? 이런 접근법은 실패와 실수에 씌운 오명을 벗기고 실제로 더 똑똑해지는 길이다.

❧ 아이들에게 다른 사람들과 의미 있는 방식으로 소속감을 느낄 기회를 제공하라

학업에 어려움을 겪고 있을지도 모르는 아이들에게 다른 방식으로 기여할 기회를 제공하라. 그러면 아이들은 자신이 시험 점수나 평점으로만 평가받지 않는다고 느낀다. 가령 예술적 재능이 있는 아이라면 교실이나 침실 벽에 그림을 그리게 하고, 소통을 잘하는 아이라면 동생에게 개인 지도를 해줄 수도 있다. 아이들이 소속감을 느끼며 자신이 잘하는 영역에서 칭찬받도록 다른 이들을 도울 기회를 줘라.

❧ 아이들에게 무엇을 실패했는지 물어라

어른들은 아이들에게 골을 넣었는지, 시험을 잘 봤는지, 성적을 잘 받았는지를 자주 묻는다. 나는 아이들에게 오늘 실패한 일을 이야기해달라고 한다. 그러면 실수가 정상이라는 인식을 심어주면서 실수에서 배운 점에 대해 이야기를 나눌 수 있다. 이런 대화는 상당히 즐겁고 효과가 있다. 그러면서 배우는 것이 정말 많다!

❧ 성공을 완벽한 것으로 정의하지 마라

아이들에게 성공은 시도하고 배우고 다시 시도하는 것임을 알려줘라.

🍃 부모가 실패하는 모습을 아이들에게 보여라

사람은 성공보다 실패에서 더 많이 배운다. 중요한 것은 실패를 어떻게 다루느냐다. 당신이 실패하고 배웠던 이야기, 포기하지 않고 새로운 것을 알아냈던 이야기를 아이들에게 들려줘라. 그러면 이심전심으로 아이들은 실패가 정상이라는 사실을 알게 된다.

🍃 아이들에게 뇌에 대해 알려줘라

뇌가 작동하는 방식과 함께, 노력과 학습을 통해 뇌가 더 건강하고 똑똑해지는 원리를 가르쳐주면 아이들의 자신감, 의욕, 학습 욕구, 열심히 노력하려는 의지가 향상된다. 이것이 바로 회복탄력성과 성장 마인드셋을 키우는 핵심이다. 부모와 교육자들이 아이들의 성장 마인드셋을 훈련시키기 위해 개발한 브레이놀로지(Brainology)를 비롯해 다른 훌륭한 프로그램도 참고해보길 바란다(www.mindsetworks.com).

🍃 성취한 결과보다는 열심히 노력하는 과정에 상을 줘라

아이의 성과보다 노력을 칭찬하고 실수를 허용하면, 심지어 실수를 권장하면 성장 마인드셋을 형성할 수 있다. 어떤 교사는 열심히 노력하는 아이들에게 상까지 준다. 이런 보상은 누구나 노력해야 하고, '똑똑함'은 고정된 특성이 아니라는 메시지를 전달한다.

🍃 아이들을 놀게 하라

이 말은 아무리 반복해도 모자라다. 아이들은 타고난 탐험가이자 창조자이고 발명가다! 무언가를 만들거나 자신의 한계를 탐색하려는 시도와 실패는 더 많은 지혜와 확신을 얻는 방법이다.

🍃 죄책감 언어와 수치심 언어를 구별하라

"시험을 잘 못 봐서 참담한 기분이 들어요." 이것이 수치심의 언어다. 반면 죄책감의 언어는 이렇다. "시험 공부를 더 많이 하지 않은 것이 참담해요." "제가 잘못했어요."

죄책감의 언어보다 "제가 나빠요"라는 수치심 언어를 쓰는 아이들은 나중에 많은 문제를 키울 수 있다. 언제나 행동이나 결과를 사람과 구분하라. 아이에게는 어른이 본보기가 된다는 사실을 잊지 말자! 시험에 떨어졌다는 이유만으로 실패자가 되는 것은 아니다. 결국 실패와 좌절을 다른 관점에서 바라보고 대처하는 방식이 관건이다.

Trust

Empathy

Authenticity

Courage

Hygge

6장

: 용감함 :

왕따와 폭력을 무릎 꿇게 하는 단호함

"용기는 두려움이 없는 것이 아니라
두려움을 이겨내는 것이다."

———

넬슨 만델라(Nelson Mandela)

'가해자', '피해자'보다 집단을 보라

개인이 아니라 집단역학이 문제다

나는 강연과 컨설팅을 하면서 덴마크식 육아법, 교육, 리더십, 행복을 알고 싶어 하는 회사나 학교, 학부모와 함께 일한다. 내가 덴마크식 교육에 대해 발표했던 한 학교에서는 덴마크의 학교폭력 예방 프로그램에 관심을 보이며 시범적으로 운영해보기로 했다.

마침 시범 학급에 다른 여자애들에게 못되게 구는 여학생이 있었다. 그 학생은 아이들에게 심한 말을 내뱉거나 상처주는 말을 종이에 적어서 주기도 했다. 게다가 아이들에게 강압적으로 명령하고 매우 공격적으로 행동했다. 그래서 학부모들과 교사들이 그 아이에게 '가해자'라는 딱지를 붙여놓은 상황이었다.

우리는 덴마크 학교에서 쓰는 행복 설문지를 활용해 그 반을 조사하기로 했다. 질문 중에 "반에서 달라졌으면 하는 것이 있는 가?"란 문항이 있었는데, 그 학생은 이런 대답을 적어냈다.

"진짜 친구가 있었으면 좋겠어요. 그냥 '가끔 친한 척하는 친구' 말고요." 그 학생의 행동은 자기에게 진짜 친구가 없다고 느끼는 데서 오는 불안이 직접적인 원인이었다. 그 아이는 거부당했다는 반응을 보이면서 다른 아이들을 못살게 구는 한편, 새로운 패거리를 만들려고 애쓰고 있었다.

담임선생님은 곧 상황을 파악했다. 실제로 그 학생은 외로웠다. 그래서 선생님은 완전히 다른 관점으로 그 아이를 바라보면서 아이에게 직접적인 도움을 줄 수 있었다. 담임선생님은 그 아이를 다양한 아이들과 짝을 지어주면서 몇 가지 조별 활동을 진행했다. 그 결과 상황은 훨씬 나은 방향으로 바뀌었다.

그 반은 우리가 '휘게 시간(Hygge Hour)'이라고 명명한 학급 시간을 마련하고 일주일에 한 번씩 가치관에 대한 토론과 활동을 진행했다. 그렇게 몇 달이 지나자, 그 반의 분위기는 분열과 불화에서 친절과 화합으로 바뀌었다. 학생들의 행복 수준도 극적으로 향상되었다.

아주 간단한 방법으로 이토록 강력한 결과가 생기는 것을 보면 참으로 놀랍다. 그저 이 학교는 다른 방법을 시도하는 용기를 보였을 뿐인데, 그 효과는 대단했다.

지난 10년 동안 덴마크의 한 연구팀이 학교폭력의 원인을 밝히는 광범위한 연구를 진행했다. 그 결과 우리가 학교폭력을 바라보는 관점과 실제 상황에 대해 몇 가지 획기적인 사실이 드러났다.

사람들은 대부분의 학교폭력에서 공감 능력이 부족한 한두 명이 가해자이고, 그 아이들은 처벌로 다스려야 한다고 믿는다. 그리고 종종 그런 아이들을 약자를 괴롭히는 강자로 설명한다. 하지만 덴마크 사람들은 학교폭력을 집단역학의 문제로 본다. 개인의 탓이라기보다 집단의 위계가 작용한 결과라고 믿고 그런 시각에서 문제를 다룬다.

흥미로운 사실은 우리가 무리를 짓는 동물들을 연구하면서 위계와 관련된 동물들의 행동을 이해하기 위해 서열이나 우두머리 수컷을 관찰하는 것을 꽤 자연스럽게 여긴다는 점이다. 이처럼 동물의 세계에서 목격되는 집단폭력은 매우 정상적인 현상이지만, 우리는 그와 같은 방법으로 인간의 위계질서를 연구하지는 않는다.

그러니 동물의 세계에서 자연스러운 현상이라고 해서 인간 세상에서도 집단폭력이 자연스럽거나 당연하다고 말해서는 안 된다. 이는 인간 세계에서의 위계 현상은 이른바 우두머리 개인의 차원이 아니라 조직적 관점에서 바라봐야 훨씬 더 많은 것을 이해할 수 있다는 뜻이다.

예를 들면 오메가(omega) 늑대는 늑대 무리에서 가장 서열이 낮고 온갖 괴롭힘을 당하는 대상이다. 하지만 그 늑대는 늑대 무리를 결속시키는 일종의 사회적 접착제 역할을 하며 무리에 중대한 기여를 한다. 오메가 늑대가 너무 심한 괴롭힘을 당해 무리를 떠나면 늑대 무리는 심지어 슬퍼하기도 한다. 어느 집단이나 위계와 관련된 행동에는 '이유'가 있다. 우리가 그런 이유를 제대로 이해해야 아이들을 잘 도울 수 있다.

폭력 없는 학교 만들기 프로그램

덴마크의 '폭력 없는 학교 만들기(Free from Bullying)' 프로그램을 통해 학교폭력의 가장 큰 원인은 집단 내의 관용 부족과 나쁜 집단역학이라는 것을 알게 되었다.

"우리는 무리를 짓는 동물입니다." 덴마크의 학교폭력 전문가 도르테 마리 쇤더고르(Dorte Marie Søndergaard)가 설명했다. "사람에게는 공동체의 일원이 되려는 존재 욕구가 있어요. 아이들도 소속이 필요합니다. 아이가 그런 욕구를 드러내지 않는다 해도 말이죠. 그런 욕구는 유전된 겁니다. 만약 아이가 이 문제로 스트레스를 받으면 이렇게 생각할 거예요. '내가 여기 속해 있는 건지 아닌 건지 잘 모르겠어. 무리에 들어가려면 싸워야만 해'."

아이들의 사회 불안은 이렇게 생겨난다.

사회 불안은 병이 아니라 아무도 자신을 좋아하지 않고 선택하지 않을 것이라는 두려움이다. 어떤 아이들은 한 집단에서 받아들여지지 않는다고 느끼면 가입을 '허가'받을 조건이 있다는 것을 깨닫고 또 다른 집단에 들어가려고 애쓸지도 모른다. 이때 허가의 조건은 장난감, 옷, 전화기 따위의 물건일 수도 있고, 말재주 같은 능력일 수도 있으며, 심지어 약자를 괴롭히는 폭력일 수도 있다.

태곳적부터 인간은 서로를 필요로 하는 존재였다. 인간은 살아남기 위해 사회 집단에 의지하고, 사회 안에서 살도록 진화되었다. 따라서 집단에서 소외되면 지극히 고통스럽다. 하지만 우리 문화의 너무나 많은 부분에 개인주의가 스며들면서 사람들은 거칠어지고 타인을 필요로 하지 않게 되었다. 인간의 진화 과정과 소외감이 초래하는 고통을 생각해보면, 오늘날 개인주의가 인간 사회를 지배하게 된 것이 의아할 따름이다.

뇌 영상 촬영 결과를 보면, 신체적 고통에 관여하는 뇌 영역은 감정적 고통과 사회적 고뇌와 관련된 영역과 일치한다. 이런 맥락에서 보면 다른 사람들에게서 소외됐다는 느낌은 바로 생존이

위태롭다는 인식으로 이어지므로 우리 몸은 충격을 받아 어떤 특별한 고통을 겪게 된다. 사회과학자들도 소외감이 두통, 복통, 악몽, 우울증을 일으킬 수 있다는 사실을 밝혀냈다. 따라서 친구가 있다는 것은 아이들에게 사치가 아니라 아이들이 성장하고 좋은 삶을 살아갈 기초가 된다.

"나쁜 아이는 없습니다. 나쁜 집단역학만 있을 뿐입니다." 덴마크의 학교폭력 연구자 헬레 라뵐 한센(Helle Rabøl Hansen)의 말이다. 우리는 학교폭력을 바로 이런 관점에서 봐야 한다. 사회적 소외감이 주는 고통과 눈에 보이는 행동 이면의 의미를 더 많이 찾아낼수록, 판단하고 비난하기보다는 연결되고 공감하는 입장에서 서로에게 다가갈 수 있다.

이것이 앞서 논의했던 '아이의 관점'이라는 개념이다. 즉 아이의 눈으로 현상을 바라보는 특별한 방식을 말한다. 덴마크 로스킬레에 있는 압살론공립학교의 로테 마센(Lotte Madsen) 교감 선생님은 이렇게 조언한다. "우리는 모든 아이와 부모가 최선을 다하고 있다고 믿습니다. 그런 관점을 받아들이고 믿으신다면 아이를 나쁜 존재로 판단하지 마세요. 대신, 아이의 행위가 그 순간 그 아이에겐 타당했다는 점을 이해하려고 노력해보세요. 그러면 그 아이와도 뜻이 통하고 손을 잡을 수 있을 겁니다."

덴마크 사람들은 단지 행동만 보지 않고 그 이면의 감정을 자세히 들여다보고 이해하려고 노력한다. 덴마크 철학자 쇠렌 키르케고르는 "어떤 사람을 내가 원하는 곳으로 데려가려면, 무엇보다도 그 사람이 어디 있는지를 알아야 한다. 그리고 그가 서 있는 곳에서부터 시작해야 한다"라고 말했다. 이것이 바로 타인을 돕는 진정한 기술이다. 지금 그 사람이 있는 곳에서 그를 만나되, 강요하거나 비난하거나 수치심을 주지 않으면서 이끄는 삶의 기술 말이다.

학교폭력은 아이의 문제, 어른의 책임

덴마크에서 학교폭력 예방 프로그램은 필수다. 모든 학교에는 학교폭력 예방 계획이 있어야 하고, 학교 홈페이지에 그 내용을 명시해야 한다. 이것은 교육법으로 정해져 있다. 따라서 전국의 모든 학교에는 좋은 삶을 위한 계획과 학교폭력 예방 프로그램이 있으며, 이는 눈에 띄는 효과를 발휘한다. 1998년 이래 학교폭력은 극적으로 줄어들어 당시 25퍼센트였던 발생률이 현재 7퍼센트로 떨어졌다. 정말 놀라운 수치 변화다.

덴마크 사람들은 문제 해결보다는 문제 예방에 훨씬 더 많은 시간을 쓴다. 나는 이런 내용을 첫 저서 《나의 덴마크식 육아》의 '위협하지 않기(no ultimatums)'라는 장에서 포괄적으로 다뤘다. 덴마크 사람들은 가만히 앉아 있지 못하는 아이들에게는 몸을 움직이는 활동을 늘리든, 수업 시간에 통통 튀는 짐볼 위에 앉게 하든, 스트레스 해소에 도움이 되는 '만지작거릴 도구'를 손에 쥐여주든, 아이들에게 벌을 주기보다는 아이들을 도울 방법을 찾는다.

덴마크에서 가장 인기 있는 학교폭력 예방 프로그램은 메리 왕세자빈이 설립한 메리재단(Mary Foundation)과 세이브더칠드런(Save the Children)이 공동으로 기획·운영하는 '폭력 없는 학교 만들기'다.

이 프로그램은 전국적으로 운영되면서 대성공을 거두었고 98 퍼센트 이상의 교사가 이 프로그램을 다른 교육기관에 추천하겠다고 말했다. 그들은 "학교폭력은 아이의 문제이지만 어른의 책임이다"라는 말을 신조로 삼는다. 아이들의 사회생활을 지도하여 학교폭력을 예방하는 데는 교사와 부모를 비롯한 어른들의 역할이 크다고 믿는 것이다.

교실 안의 위계질서를 파악하자

학생들을 관찰해보면 어느 학급에나 인기의 위계가 있음을 깨닫게 된다. 그래서 인기 있는 아이들, 이를테면 사회적 자본이 가장 많은 아이들은 부러움을 받는다. 그다음으로는 반에서 인기가 중간쯤인 아이들이 있고, 그보다 아래인 아이들도 있다.

위계상 인기가 상대적으로 낮은, 가령 중간쯤에 있는 아이들은 자기보다 '아래'에 있는 아이와 놀면 자기보다 '위'에 있는 아이가 같이 놀아주지 않을까봐 종종 주저한다. 아이들은 '내가 준(사회적 자본이 더 적은 친구)이랑 얘기하거나 놀면 윌리엄(인기가 더 많은 친구)이 나랑 놀기 싫어할지도 몰라'라고 생각한다. 자신의 사회적 지위를 잃을지도 모른다고 두려워하는 것이다.

사회적 위계의 바닥에 있는 아이들은 결국 '왕따'가 되어 소외될 수 있다. 사회적 자본이 없다는 이유만으로 한 친구가 아이들에게 배척당하는 일은 아주 흔하다. 오메가 늑대를 다시 떠올려보자. 오메가 늑대 같은 아이들은 다른 집단에 가면 큰 호감을 살 수도 있지만 이 학급에서는 그렇지 않다. 인기도의 기울기가 가파를수록 더 많은 문제가 생긴다.

어떤 교사나 부모는 아이가 공동체의 일원이 되고 싶지 않을 수도 있고 '원래 그래서', 다시 말하면 조용하거나 무관심한 성격이어서 따돌림당할 수 있다고 생각한다. 하지만 덴마크 사람들은 모든 아이가 늘 공동체의 일원이 되고 싶어 한다고 믿는다. 그런 까닭에 어른으로서 아이들을 도와야 할 큰 책임이 있다.

그래서 덴마크의 교사들은 학생들이 집단에 들어가서 어울릴 수 있도록 도울 방안을 고민한다. "집단에 끼지 못한 학생은 일단 받아들여진다는 느낌을 받으면 대개 나쁜 행동을 그만두기 마련입니다." 또 다른 학교폭력 전문가 헬레 박토프트(Helle Baktoft)

의 말이다.

내가 관찰했던 덴마크의 어떤 학급에 반 친구들을 괴롭히는 남학생이 있었다. 그 아이는 담임선생님을 비롯해 누구에게나 못된 말을 했다. 하지만 방과 후 축구팀에서는 인기가 좋았다. 게다가 축구팀에서는 아이들에게 좋은 친구였으며 갈등도 거의 없었다. 180도 다른 사람이었던 것이다. 도대체 어찌된 일일까?

헬레는 그 학급의 집단역학이 나빴다고 말했다. 그 아이는 또래 친구들에게 거부당했다는 느낌에 슬퍼하고 공격적인 행동을 보였다. 즉 그 아이는 반응하고 있었던 것이다.

반면 축구팀은 집단역학이 훨씬 좋았기 때문에 아이는 그곳에서 편안함과 안전함을 느꼈다. 거부당하는 느낌에 대한 반응은 대개 이렇다. '내가 짓밟히지 않도록 다른 사람을 모두 밟을 거야. 그래야 안심이 되지.'

도르테 마리 쉰더고르 선생님은 이렇게 설명한다.

"행동을 일으키는 원인은 대부분 집단에 속하고 싶은 욕구 때문입니다. 아이들은 소외당하면 사회적 불안을 느끼는 경향이 있어요. 그러면 안전 욕구가 커지고 이런 불안은 경멸로 이어지죠. 그게 바로 방어 기제입니다."

다시 말하면 집단으로부터 소외된 아이들은 누군가를 무례하게 대하고 모욕하고 비난해야 한다고 느끼거나, 다른 사람들이 하지 못하는 행동들을 찾는다. 그런 아이들은 대체로 자기 행동을 의식하지도 못한다. 그렇기 때문에 등 뒤에서 남을 헐뜯거나 소문을 퍼뜨릴 수도 있다. 그리고 다양한 방법으로 경멸을 드러낼 수도 있다. 그런 행동이 주기적이고 조직적으로 나타나면 학교폭력으로 간주된다.

행복 설문조사와 소시오그램으로 아이들 간의 위계 살펴보기

덴마크에서 학급 집단의 사회적 역학과 위계를 파악하는 방법으로 소시오그램(sociogram)이 활용된다. 소시오그램은 집단 내 대인관계의 구조를 보여주는 도표다.

많은 교사가 수업 외에 반에서 일어나는 일들을 주시하기 위해 학생들의 행복에 대한 설문조사를 정기적으로 실시한다. 행복 설문조사에는 몇 가지 질문이 예시로 나오는데, 질문 내용은 반학생들의 연령과 상황에 따라 많이 달라진다(279쪽).

이 설문조사에서는 학생들에게 자신의 행복 점수를 1점부터 10점(최고점)까지 매기게 하고, 반에서 가장 같이 앉고 싶은 친구나 어울리고 싶은 친구의 이름을 차례대로 3~4명씩 적게 한다. 또한 좋은 친구라고 생각하는 사람이나, 현재 어울리지는 않지만 가장 어울리고 싶은 사람의 이름을 순서대로 3명을 적게 한다.

일단 설문지를 수거하면, 교사는 학생들의 대인관계가 어떻게 이루어져 있는지 확인하기 위해 소시오그램을 만든다. 이어지는 왼쪽 줄의 명단은 설문에 응답한 학생, 맨 윗줄의 명단은 학생들이 선택한 친구를 나타낸다. 교사는 학생별로 1위로 뽑은 친구는 3점, 2위는 2점, 3위는 1점을 매긴다. 그리고 맨 아랫줄에 합계 점수를 낸다(280~281쪽).

그러면 가장 많은 점수를 받은 학생과 가장 적은 점수를 받은 학생, 그리고 전혀 선택받지 못한 학생이 누군지 알 수 있다. 소시오그램은 조사 당시 학급의 사회적 역학과 위계의 전체 단면을 보여준다. 그래서 반에서 가장 인기 있는 학생과 가장 인기 없는 학생이 누군지 한눈에 확인할 수 있다. 물론 응답 내용은 학생과 교사 둘만의 비밀이다.

행복 설문조사

이름: _____ 오늘의 행복 점수: _____ (1~10)

학교에 오고 싶나요?

네, 매일 오고 싶어요. _____ 네, 대체로 오고 싶어요. _____ 네, 가끔 오고 싶어요. _____

아니오, 아니오, 아니오,
별로 오고 싶지 않아요. _____ 거의 오고 싶지 않아요. _____ 전혀 오고 싶지 않아요. _____

쉬는 시간에 기분이 어때요? 무엇을 하나요? 뭐하고 놀아요? 누구랑 같이 어울려요?

_____

_____

_____

반에서 가장 같이 어울리고 싶은 친구는 누구예요? (각 줄에 한 명 이상 써도 돼요.)

1. _____

2. _____

3. _____

반 분위기가 좋다고 생각하나요? 반 친구들끼리 사이가 좋다고 느끼나요?

반 친구들과 사이가 어떤가요? 어떻게 하면 반 친구들과 사이가 더 좋아질까요?

반에서 안됐거나 불쌍하다고 여기는 친구가 있나요?

누가 못된 말을 하는 것을 들은 적이 있나요?

놀림을 당하는 친구가 있나요?

소외감을 느끼는 친구가 있나요?

방에서 같이 어울리고 싶은 친구는 누구인가요?

2018년 4월	존	에이미	크리스	에이든	아우렐리아	리사	이저벨라	카를로	엘라	메건
존				1				3		
에이미				3				2		
크리스										1
에이든	2	1						3		
아우렐리아										
리사							2			3
이저벨라										2
카를로	1	3								
엘라					2					
메건						3	1			
조던								2		
아이린						3				2
로라			2				2			
루이스										
레아						2				1
마크		1	2							
서배스천										
소피아						2				
빅터		1		3						
니콜라스		1				3		2		
리카르도										
휴고								3		
합계 점수	5	13	4	5	2	7	6	9	0	14

선택: 1위=3점, 2위=2점, 3위=1점

조연	아이린	로라	루이스	레아	마크	서배스천	소피아	빅터	니콜라스	리카르도	휴고
									2		
					1						
	2						3				
	1										
	1						3				
									2		
							1				
	2										
			3			1					
							1				
2						1			3		
	3										
3											
			3							2	1
	1			3							
									2		
											1
							2			1	
3	14	0	2	1	3	6	10	0	7	5	6

왕따였던 마리아가 행복해진 이유

아이들이 찾아낸 왕따 해결법

내가 프로젝트를 함께 추진했던 몇몇 학교에서 행복 설문조사, 소시오그램, 학급 시간(일명 휘게 시간)을 시행한 적이 있다. 그러자 놀라운 결과가 나왔다.

어떤 반의 행복 설문조사에 "반에서 안됐다고 생각하는 친구가 있나요? 만약 있다면 왜 그런가요?"라는 문항이 실렸다. 아이들은 한 명도 빠짐없이 한 여학생의 이름을 적었다. 아이들이 그 여학생에 대해 좋지 않은 말을 하고 다닌다는 것이 그 이유였다. 여기서는 그 여학생을 '마리아'라고 부르겠다.

그 결과를 접한 담임선생님은 충격을 받았다. 평소 마리아를 조용하고 좀 '엉뚱한' 학생이라고만 생각했기 때문이다. 선생님은 모든 아이들이 마리아를 좋지 않게 여기거나 마리아에게 못되게 군다는 사실을 모르고 있었다. 아니, 전혀 짐작도 못 했었다.

마리아의 설문지를 보니 행복 점수는 0점이었고, 늘 머리가 아프다고 적혀 있었다. 두통은 따돌림을 받을 때 가장 많이 나타나는 증상이다. 흥미로운 사실은 반 전체가 마리아에게 연민을 느꼈다는 것이다. 하지만 아무도 그런 얘기를 꺼내거나 입에 담지 않았기 때문에 어떻게 해야 할지 몰랐다. 아이들은 집단 내에서 자신의 지위를 잃을까봐 마리아에 대한 연민을 드러내지 못했던 것 같다. 아이들이 마리아를 돕기 위해선 아이들 먼저 도움을 받아야 하는 상황이었다.

우리는 아이들이 이런 문제에 대처하는 법을 당연히 알고 있다고 생각하지만, 실제로는 그렇지 않다. 그리고 이런 이유 때문에 교육을 인성 발달과 학업으로 보는 덴마크 사람들의 시각이 흥미롭다고 말하는 것이다. 아이들은 이런 문제에 도움을 간절히 바란다. 아이들의 세계에서는 정말 중요한 문제이기 때문이다.

선생님은 일주일에 한 번 휴게 시간을 마련했다. 한번은 소외되고 욕을 들으면 어떤 기분이 들지에 대해 이야기를 나누었다. 아이들은 기분이 정말 나쁠 것이라는 의견에 모두 동의했다.

선생님은 딜레마 상황을 만들어 아이들에게 던져주었다. 한 여학생이 반에서 자기에게 못되게 구는 아이를 어떻게 해야 할지 몰라 아동상담센터에 도움을 청하는 상황이었다. 학생들은 네 가지 해결 방안 중 하나를 고를 수 있었다. 선생님은 교실의 네 모퉁이에 각각의 해결 방안이 적힌 판을 하나씩 세워놓았다. 아이들은 각자 가장 좋다고 생각하는 해결책이 있는 모퉁이로 갔다. 정답이나 오답은 없었다. 단지 이런 상황에서 어떻게 해야 할지 아이들을 움직이게 만들고, 이야기를 나누게 하는 방식이었다. 네 가지 해결 방안은 다음과 같았다.

1. 선생님에게 문제를 알린다.
2. 그 학생을 험담하는 아이를 제지할 수 있는 사람에게 문제를 알린다.
3. 수업이 끝난 뒤에 그 학생이 괜찮은지 살펴본다.
4. 세 가지 방안을 결합하거나 새로운 방안을 제시한다.

아이들은 다양한 방안을 토의하고는 못되게 구는 아이에게 함께 대항하는 편이 가장 좋겠다고 합의했다. 불과 2주 만에 마리아의 행복 점수는 9점으로 올랐다. 그리고 아이들은 행복 설문조사에 다른 아이들이 마리아를 친절히 대하는 것을 보았다고 적었다. 마리아는 쉬는 시간에 자기 자리에만 앉아 있지 않고 밖에서 남학생들과 축구를 했다. 마리아는 반에서 훨씬 활동적이 되었고, 눈에 띄게 더욱 행복한 아이가 되었다.

선생님은 마리아를 쉽게 도운 것이 믿기지 않았다. 또한 행복 설문조사와 휘게 시간만으로도 반 전체에 더 좋은 가치가 창출되었다는 사실도 정말 놀라웠다. 선생님은 학생들을 깊이 파악하게 되었고, 학생들은 한 주 내내 휘게 시간이 무척 기다려진다고 말했다. 그들은 작은 노력으로 큰 차이를 만들어낸 것이다.

덴마크의 레네 크리스토페르센 선생님은 이렇게 말한다.

"소시오그램에는 늘 어떤 양상이 보이기 마련입니다. 아무에게도 선택받지 못한 아이가 있는가 하면, 한 주는 친구가 많았다가 그다음 주에는 친구가 하나도 없는 아이도 있어요. 이처럼 소시오그램은 소외되는 아이를 알아내는 데 도움이 될 뿐 아니라, 평소 반에서 문제를 일으키는 아이의 마음도 읽게 해줍니다."

소시오그램은 학교폭력이 문제가 되기 전에 미리 파악하고 대처하게 하는 정말 훌륭한 수단이다. 학생들은 반 친구들에게 깊은 연민을 느낄 때가 많지만 용기 있게 드러낼 방법이 없기 때문에 그런 마음을 표현하지 못한다. 안타깝게도 문제가 발생하고 나서야 비로소 이야기가 나오는 경우가 많다.

괴롭힘의 방관자에서 기사로 거듭날 수 있는 용기

관련 연구에 따르면, 교사보다는 친구와 함께할 때 학교폭력을 막기가 훨씬 더 쉽다고 한다. 마리아의 사례에서도 봤듯이 교사들은 대개 교실에서 무슨 일이 벌어지는지 모르기 때문에 아이들끼리 서로 돕는 것이 정말 중요하다. 그런데 여기서 중요한 것은 그런 능력은 배워야 한다는 사실이다.

학생들이 학교폭력을 옆에서 지켜보면서도 맞서지 않는 경우가 종종 있다. 자신이 새로운 왕따가 될지도 모른다는 두려움, 다칠 것이라는 두려움, 상황을 악화시킬지 모른다는 두려움, 어떻게 해야 좋을지 모르겠다는 두려움, 이렇게 네 가지 유형의 두려움이 작동하기 때문이다.

그런데 두려움들을 꺼내 이야기를 나누면 방관자였던 아이들은 자신의 역할이 얼마나 중요한지 인식하고 행동할 용기를 얻는다. 그래서 친구와 함께 공개적으로 문제를 말하거나 피해 학생의 친구가 되어주거나 문제를 신고할 수 있게 된다. 이런 일들은 다른 친구들과 함께할 때 훨씬 수월하다. 그리고 그 방법을 알면 도움이 된다.

11~12세 무렵 아이들은 대부분 학교폭력에 반대하지만, 어떻게 그것을 막을지는 모른다. 하버드의과대학의 연구에 따르면, 많은 아이들이 자신이 옳다고 믿는 바와 자신의 행동이 일치하지

않는다는 사실을 알게 되면, 무언가 시도하고 실행할 방안을 모색한다.

덴마크에서는 방관하는 아이들이 학교폭력 해결에 큰 역할을 할 수 있다고 여긴다. 그래서 시각 자료와 게임, 활동을 통해 당당하게 말하는 법이나 마음을 터놓을 친구를 찾는 법을 연습함으로써 아이들은 방관자에서 용감한 기사(knight)로 거듭난다. 그러면 아이들은 나중에 어른에게 문제를 알리는 작은 기사가 되고, 더 나아가 곧바로 어른에게 문제를 알리는 중간급 기사가 되며, 마침내 직접 혹은 다른 이들과 함께 학교폭력을 막는 최고의 기사가 될 수 있다.

이런 훈련은 앞의 마리아 사례에서 교사가 활용했던 딜레마 상황과 비슷한 면이 있다. 아동상담센터에 전화한 여학생의 사례를 통해 괴롭혀온 아이에게 못된 짓을 그만하라는 말을 어떻게 할지를 학급에서 논의하기 시작하면, 아이들은 옳은 일을 위해 다 같이 힘을 합치는 것을 당연하다고 생각한다. 다양한 딜레마 상황에서 함께 용기를 내는 여러 방법에 대해 이야기하는 것만으로도 긍정적 효과가 나타난다. 이런 훈련은 그 학급에 큰 반향과 가치를 창출한다. 그리고 반 학생들은 다 같이 논의하고 결정한 대로 자신들이 해야 할 일을 알게 된다.

몇 년 동안 이런 학급 활동을 반복하면 아이들은 학교폭력을 막을 용기를 훨씬 많이 지니게 된다. 혼자서 인생을 헤쳐나가는 사람은 없다. 서로 살피고 돌보는 법을 배울 때 모두의 삶이 향상된다. 하지만 어려서부터 시작하는 것이 관건이다. 덴마크의 폭력 없는 학교 만들기 프로그램은 3세 때부터 시작되며, 지금은 시작 연령이 1세로 더 낮아지는 추세다! 정말 놀라운 일이다.

관용이란 더 많은 사람을 허용하도록 길을 넓히는 일

덴마크에서 관용을 가르치는 일은 학교폭력을 예방하는 또 다른 핵심 요소다. 이런 관용은 하룻밤 사이에 생겨나지 않으며, 강의 한 번으로 가르칠 수도 없다. 완전한 사고방식의 전환이 일어나야 한다. 예를 들어 덴마크 학교폭력 예방 프로그램을 시행하는 노르웨이에서는 심지어 프로그램을 시작하기도 전에 학교의 사고방식을 바꾸는 작업에만 꼬박 1년을 들였다.

조직이나 집단역학의 관점에서 학교폭력을 보면, 관용은 모든 아이가 연결되어 있고, 심지어 어른도 그 관계의 일부라는 뜻을 담고 있다. 이런 이유에서 관용은 모든 학교 문화의 기본적 속성으로 자리 잡아야 할 뿐만 아니라 어른이 아이들을 바라보는 기본적인 관점이 되어야 한다. 관용, 친절함, 공감의 가치관을 지닌 아이들은 학교폭력에 맞설 용기를 낼 가능성이 더욱 크다. 왜냐하면 아이들은 용기가 공동의 가치임을 알고, 문제를 다루는 법을 배웠기 때문이다.

학교폭력 전문가인 헬레 박토프트는 폭력 없는 학교 만들기 수업을 할 때 종종 부모들과 학생들에게 도로 사진 두 장을 보여주며 관용의 효과에 대해 이야기한다. 두 사진은 각각 10개의 차선이 있는 도로와 1개의 차선이 있는 도로다. 차선이 10개인 도로에는 모든 차가 편안하게 지날 수 있는 공간이 있다. 이런 환경에서는 누구나 다르고, 다르게 보일 수 있고, 다른 것을 좋아할 수 있다. 그 밖에도 다양한 가능성이 주어진다.

하지만 비좁은 일방통행도로에는 너무 많은 차들이 있다. 여기서는 인정을 받으려면 튀게 행동해야 하고 옷도 그렇게 입어야 한다. 이 비좁은 도로에 맞는 취미 생활이나 스포츠를 하고 그런 물건을 가져야만 자신이 속한 집단에서 지위와 명성, 인기를 얻을 수 있다. 어떤 면에선 우리 대부분이 이런 심적 부담을 안고 살아간다.

관용의 폭이 넓은 학급을 만든다는 것은 누구나 충분히 어울릴 수 있는 공간을 만든다는 의미이며, 이는 곧 관점을 넓히는 일이기도 하다. 우리는 각자 다른 재능이 있다. 모두 최고가 될 수는 없다. 집안, 배경, 종교, 경험 등도 저마다 다르다. 하지만 그래도 괜찮다. 덴마크에서는 아주 어렸을 때부터 이런 종류의 다름에 대한 논의를 시작한다.

남들과 달라도 괜찮아

헬레 박토프트는 때때로 학생들에게 반을 변화시킬 만한 것을 모두 칠판에 써보라고 한다. 그러면 옷, 취미, 음악 등 다양한 아이디어가 나온다. 헬레는 반마다 학생들이 떠올리는 생각들이 얼마나 많은지 정말 놀랍다고 말한다. 심지어 교사의 상상보다 훨씬 많은 아이디어가 나온다고 한다.

그다음에는 이런 차이에 대해 함께 이야기를 나눈다. 처음에는 아이들이 안심하고 자기 생각을 말하도록 작은 조로 나누어 반에서 가장 중요한 차이 세 가지를 토론하게 할 수도 있다. 이렇게 개별적으로 이야기를 나눈 다음에는 반 전체가 함께 토의한다.

헬레에게는 특히 기억에 남는 수업이 있다고 한다. 돈이 쟁점으로 떠올랐던 수업이다. 그 조의 아이들은 누가 돈이 많네 적네 하며 장난을 치고 있었다. 그러다가 아이들은 돈이 많으면 좋을 수도 있지만, 돈을 경솔하게 쓰고 아무것도 소중히 여기지 않는다면 나쁠 수도 있다는 이야기를 했다. 돈이 많아도 불행한 사람들이 많다는 이야기였다.

아이들은 돈이 너무 적어도 마찬가지라고 했다. 어떤 사람들은 돈이 적어도 아주 행복하겠지만, 자기에게 필요한 물건을 살 수 없다면 행복하지 않을 것 같다는 이야기였다. 이런 토론은 차이를 정상으로 여기면서 타인의 입장이 되어보게 한다. 말하자면 도로를 넓혀주는 것이다.

헬레는 또한 이런 토론에서 자기 의견을 내길 두려워하는 아이가 있는지 주시한다. 그런 아이가 있다면 관용이 부족하다는 신호이므로 직접 나서서 도와야 한다. 아이들은 평가받는다고 느끼지 않으면서 마음 편히 자기 생각을 말할 수 있어야 한다. 그래서 학급 시간은 정말 중요하다. 이 시간은 문제들이 거론되고 아이들의 마음이 다 같이 편안해질 수 있는 때다. 교사가 생각하기에 관용이나 행복의 수준이 낮다면, 정해진 날이 아니어도 언제든지 학급 시간을 마련해 악화되는 상황을 미리 막을 수 있다.

"괴롭히지 마"보다 효과적인 팀워크 강화

"그냥 놀렸어요", 재미와 상처 사이

한번은 8학년 반을 참관하고 있었다. 위테라는 여학생이 담임
인 미아 선생님에게 와서 어떤 학생이 자기에게 못된 말을 하고
못살게 군다고 호소했다.

"선생님께서 그 여자애한테 말씀 좀 해주시겠어요?"

위테가 말했다.

"선생님이 얘기할 수는 있지만 안 할 거야. 선생님은 위테가
직접 말했으면 좋겠어. 그 애한테 뭐라고 말해야 될까?"

미아 선생님이 대답했다.

"저는 그 애가 화를 낼까 무서워요." 위테가 울면서 말했다. 위

테는 갈등이 생길까봐 두려웠던 것이다.

"이런 때는 어떻게 하면 좋을까? 위테가 무슨 말을 할지 선생님이랑 연습해볼까?"

미아 선생님은 이렇게 제안하면서 위테에게 다시 물었다.

"앞으로 살아가면서 누가 또 너에게 무례한 말을 하고 너를 놀릴 수도 있다고 생각하지 않니? 그러면 그때는 그 문제를 어떻게 해결해야 할까?"

두 사람은 그 여학생에게 할 말들을 같이 연습했다. 위테는 당당한 태도를 되찾고, 자신의 언어로 할 말을 정리했다. 다시 말해 위테는 자기 감정에 책임을 졌고, 상대를 비난하지 않으면서 자신의 감정을 표현할 수 있게 됐다. 위테는 그 여학생에 맞서서 직접 문제를 해결하고는 나중에 미아 선생님에게 다 잘 끝났다고 말씀드렸다. 이는 위테의 자존감에 긍정적인 효과가 있었다. 선생님이 직접 개입하지 않은 상황에서 자신의 존엄성을 지키며 스스로 갈등을 해결했기 때문이다. 위테는 정말 더 행복해진 것 같았다.

덴마크에서는 아이들이 갈등을 겪거나 놀림을 당할 때 부모나 교사가 끼어들지 않고 아이 스스로 대처하는 법을 가르친다. 덴마크 사람들은 아이들이 경계를 긋고 갈등을 감당하는 법을 배워야 한다고 믿는다. 그들이 보기에 갈등은 삶의 정상적인 부분이

자 교육의 일부이다. 이런 믿음은 앞서 '신뢰'에 관한 장에서 살펴본 바와 같다. 우리는 때때로 아이들이 대책을 세우도록 도운 다음 한 걸음 뒤로 물러난다. 아이들이 혼자서 나무를 타는 것과 마찬가지로 스스로 갈등을 해결할 수 있게 해야 한다. 이것이 바로 아이들의 사회적인 회복탄력성을 기르는 비결이다.

괜찮은 것과 괜찮지 않은 것의 경계를 분명하게 말하려면 큰 용기가 필요하다. 그것은 대다수 어른들에게도 어려운 일이다. 그렇다면 과연 아이들은 어떨지 상상해보라! 아이들이 갈등을 건설적으로 받아들이는 용기를 갖게 되면 어떤 차이가 만들어질까?

친구를 놀리는 것은 유치원 때부터 고등학교 때까지 줄곧 논의되는 주제다. 그런 행위는 장난이지만 심각한 문제가 되기도 하고 종종 학교폭력의 쟁점이 되기도 한다. 일반적인 반응은 "그냥 놀렸어요"다.

우리는 즐겁게 같이 놀고 싶어 하고 이때 상대방을 놀리는 것은 종종 재미의 요소가 된다. 그래서 따뜻하게 미소 짓거나 웃으면서 놀릴 수도 있지만, 그것이 상대방에게 상처를 준다면 절대 괜찮지 않다. 그래서 그 차이를 가르치는 일은 아이들이 놀리는 주체가 되거나, 놀림을 당하는 대상이 되거나 어느 경우든 도움이 된다.

폭력 없는 학교 만들기 프로그램에서는 아이들이 종종 사진과 영상을 보면서 놀리는 행위가 어디서부터 문제가 되는지에 대해 이야기를 나눈다. 대개 웃기려고 장난을 치거나 놀리는 사람은 상대방의 얼굴에 나타나는 반응을 보지 않는데, 아이들은 이런 사실에 대해 이야기한다. 놀리는 사람은 상대방의 표정을 읽지 못할 수도 있다는 얘기도 나온다. 이런 학급 회의는 앞서 논의한, 다른 사람들의 감정을 읽는 공감 훈련의 일환이다. 그래서 아이들은 놀림당하는 기분이 들면 긴장된 분위기를 완화할 방법을 모색한다. 이런 훈련은 아이들이 자신의 언어를 사용하고 표현력을 기르는 데도 도움이 된다.

이 프로그램에서는 어떤 행동이 마음에 들지 않을 때 "그만해"라고 말하는 법을 가르치기 위해 역할놀이도 한다. 두 줄로 서서 옆사람과 얼굴을 마주 보고는 마음이 불편한 다양한 상황에서 "하지 마"라고 말하는 방법들을 연습한다. 그러고는 자기 의사가 충분히 명확하게 전달되었는지 상대의 이야기를 듣는다. 웃는 얼굴로 "하지 마"라고 말했는가? 몸짓이나 손짓, 표정은 어땠는가? 상대방이 내 진심을 정말로 이해했는가? 이런 것들을 확인해야 한다.

이처럼 사람 사이의 경계는 삶에서 매우 중요하다. 괜찮지 않은 상황에서 아이들이 터놓고 얘기하고, 그만하라고 말할 용기를 내도록 가르치는 일은 어렵고도 복잡하다. 다른 사람과의 경계를 그을 때에도 그의 말을 듣고 감정을 읽는 일은 똑같이 중요하다. 만일 이런 능력을 일찍부터 배울 수만 있다면 아이들이 얼마나 달라질 수 있을까?

팀워크 활동을 통해 괴롭힘을 막다

덴마크 학교에서 팀워크 활동은 흔한 일이자 학교폭력에 대처하는 또 다른 방법이다. 레네 크리스토페르센 선생님은 이런 사례를 들려줬다. "어떤 반에서 여학생들 사이에 파벌 문제가 생겼어요. 그래서 그 아이들을 위해 '알 돌보기' 같은 특별 활동을 계획했습니다. 여학생들은 소시오그램에 따라 짝이 정해졌어요. 그리고 짝끼리 운동장에서 놀이기구를 오르내리는 동안 알이 깨지지 않게 서로 알을 주고받아야 했죠. 우리는 아이들이 협동을 잘하고 긍정적으로 소통하는 모습을 칭찬했습니다. 그리고 같이 몸을 움직이고 대화도 하면서 다양한 유형의 활동을 진행했어요. 그랬더니 집단역학이 좋아지더군요."

단, 여기서 주의해야 할 점이 있다. 학생들이 짝을 고르지 못하게 해야 한다. 교사가 항상 함께 활동할 아이들을 정해줘야 하는 것이다. 그래야 소외감을 느끼는 아이가 없다. 만일 학생들이 '짝을 직접 선택'하게 내버려두면 대부분 불상사가 일어나기 마련이다. 이런 문제는 우리의 어린 시절을 떠올려보면 쉽게 이해된다. 이처럼 간단한 조치로 소외감을 없앨 수 있다는 것이 참 흥미롭다.

회사에서 해마다 팀워크 활동에 쏟아붓는 돈을 한번 생각해보자. 그렇게 하는 이유가 뭘까? 바로 직원들의 협력을 증진하고 신뢰와 행복을 키우며, 더 나은 결과를 얻기 위해 팀워크가 있어야 하기 때문이다. 오히려 학교에서 이런 유형의 팀워크 활동에 주력하지 않는다는 것이 이상하지 않은가? 그렇게 하면 학교폭력이 문제되기 전에 아이들이 협력하고 폭력을 줄이는 법을 가르칠 수 있는데 말이다.

소속감이 핵심이다

아이들은 어디에 소속되길 바라고 친절한 사람이 되고 싶어 한다. 정말로 그렇다. 하지만 아이들은 도움이 필요하다. 어른들이 용기를 내어 사고방식을 전환한다면, 그리하여 나쁜 아이들은 없고 나쁜 집단역학만 있을 뿐이라고 생각한다면 정말 많은 일들이 바뀔 것이다. 더구나 행복 설문조사, 소시오그램, '휘게 시간' 등을 통해 집단역학을 꾸준히 관찰하고 관용, 화합 같은 중요한 가치들을 가르친다면 엄청난 효과를 거둘 수 있을 것이다. 기억할 것은 '학교폭력은 아이의 문제이지만 어른의 책임'이라는 점이다.

덴마크어로 '교육'이란 말에는 두 가지 의미가 있다는 사실을 기억하는가? 하나는 전통적인 교과목에 초점을 맞춘 학업(uddannelse)이고 다른 하나는 좋은 사람, 행복한 시민을 길러내는 인격 형성(dannelse)이다. 교육의 개념에는 이 두 가지 의미가 함께 녹아 있다. 그리고 둘 다 똑같이 중요하다.

이게 무슨 말인지 잠시 생각해보자. 이 말은 아이들이 학교 식당에서 혼자 외롭게 밥을 먹는 친구 옆에 앉아주는 일이나, 슬픈 표정을 짓고 있는 반 친구를 돕는 일이 글을 읽고 쓰는 법을 배우는 것만큼이나 중요하다는 뜻이다.

덴마크에서 행복을 측정하는 국가표준검사 문항에는 다음과 같은 질문들이 있다. "화난 표정을 짓고 있는 반 친구를 돕겠는가?" "슬프거나 화날 때 누군가에게 도움을 받는 것 같은가?" 이런 질문들은 학생들의 행복과 집단역학을 향상시키기 위해 학교에서 가르치는 내용에 포함된다. 매년 발표되는 덴마크의 행복 지수와 낮은 학교폭력 발생률을 보건대 이런 교육은 분명 효과가 있다.

$$\text{TIP}$$

왕따가 없는 학교를 위한 덴마크식 방법

❖ 학교폭력은 아이의 문제이지만 어른의 책임이다

아이들이 다른 사람들과의 관계나 화합의 중요성에 초점을 맞추도록 돕기만 해도 아이들의 삶에 큰 변화가 생긴다. 부모는 '조용한 반 친구'가 되어 가정에서 도움을 줄 수 있다. 가령, 아이가 학교에서 돌아오면 시험은 잘 봤냐고 묻는 대신, 오늘은 누구랑 놀았냐고 묻는 것이다.

행복 점수는 몇 점이고 왜 그런 점수를 줬나? 다른 사람들을 포용했는가? 안쓰러운 마음이 드는 사람이 있는가? 이런 종류의 주제로 대화하면 학업이나 운동 성적보다는 이해와 관용, 행복에 더 무게를 두게 된다. 그리고 의도하진 않았지만 그 효과가 학교로도 옮겨간다.

✤ 사고방식의 전환이 필요하다

덴마크에서는 학교폭력이 한두 명의 잘못이 아니라 전체 집단역학의 일부라고 생각한다. '나쁜 아이는 없다. 나쁜 집단역학만 있을 뿐.' 모든 아이가 어디에 소속되길 바라고, 이런 욕구가 생존 본능의 기본이라는 생각에서 출발하면 부모는 아이들이 소속감을 가지는 데 크게 기여할 수 있다.

아이들이 원래 선하다는 사실을 기억해야 한다. 모든 행동에는 이유가 있다. 가령 거부당하는 느낌이 있다고 믿는다면 아이를 모욕하거나 비난하거나 판단하는 대신, "네가 이런 행동을 하는 걸 보니 스트레스를 많이 받았구나" 같은 말을 건넴으로써 아이를 더 편하게 대할 수 있다.

✤ 행복 설문조사를 활용하라

연령에 따라 달라지겠지만, 일주일에 한 번 혹은 두 달에 한 번이라도 반 전체를 대상으로 행복 설문조사를 해보라. 이 조사에서는 아이들이 생각하는 자신의 행복 점수를 비롯해 몇 가지에 대해 묻는다. 질문은 학생들의 연령과 학급의 필요에 따라 달라진다. 행복 설문조사를 통해 휘게 시간에 아이들을 어떻게 도울지 모색할 수 있다.

◈ 행복 설문조사 결과를 소시오그램으로 만들어라

소시오그램은 조사 시점에 나타나는 학급의 위계를 알려준다. 아이들의 행동은 위계상 위치에서 비롯되는 경우가 아주 많기에 소시오그램은 교사에게 매우 유용한 자료가 된다. 또한 소시오그램은 짝 활동이나 조 활동, 휘게 시간의 역할놀이나 팀 활동 등을 계획하는 데도 훌륭한 길잡이가 되어준다. 이런 식으로 교사는 선택받는 아이와 선택받지 못하는 아이를 기준으로 학급의 관계 양상을 매주 관찰할 수 있다.

◈ 휘게 시간을 운영해보라

덴마크에서는 휘게 시간을 학급 시간이라고 부른다. 다 함께 모여서 온전히 학급과 관련된 문제를 의논하는 시간이기 때문이다. 덴마크 밖에서는 이 시간을 휘게 시간이라고 부르기도 한다. 아이들은 휘게라는 말과 그 개념을 정말 좋아한다. 아이들은 휘게에 대해 이야기하고 휘게 시간을 기다린다. 휘게에 관해서는 다음 장에서 더 자세히 살펴볼 것이다.

일주일에 한 시간, 공부와는 아무 상관없이 학급 전체의 화합을 증진하는 데만 집중해보자. 앞서 '공감'을 다룬 장에서 살펴봤듯이 휘게 시간에도 행복 점수에 대해 이야기하고 모든 아이의 생각을 들어보며 행복 설문조사에서 나온 문제를 해결하기 위해 역할놀이나 딜레마 상황을 이용한 활동이 진행되기도 한다. 그러고 나서 아이들은 게임을 하고 케이크를 먹는다. 게임은 카드놀이부터 교실 밖의 신체 활동까지 무엇이든 가능하다. 단, 학급의 화합을 증진하는 것이어야 한다. 아이들이 휘게 상태에서 즐겁게 어울리고 서로 이해하는 특별한 시간을 보냄으로써 아이들의 집단역학을 향상시키고 학교폭력을 더 잘 예방할 수 있다.

🌿 관용을 가르쳐라

관용은 학교폭력 예방에서 매우 중요한 역할을 한다. 따라서 관용의 폭을 넓히면서 학급 차원에서 관용을 키우는 법을 배워야 한다. 일단 관용에 대해 이야기를 나누는 것은 좋은 출발이다. 관용이 학급에서 중시하는 가치에 포함된다는 사실을 아이들이 분명히 알게 하라. 아이들에게는 부모의 영향력이 매우 크기 때문에 부모도 관용의 중요성을 알고 있어야 한다. 차이를 인정하고 서로 공감하며 이해하려고 노력하면 모든 사람이 충돌 없이 편안하게 도로를 지날 수 있다. 많은 경우, 차이에 대해 이야기하는 것만으로도 포용력이 길러진다.

🌿 놀림과 갈등에 대처하는 방법을 훈련시켜라

재미로 놀리는 것과 재미와 상관없이 놀리는 것의 차이를 이야기하라. 그 차이가 바로 적정선이 된다. 놀림에 대처하고, "그만해"라고 말하면서 갈등을 건설적으로 해결하는 방법을 모색하라. 아이들에게는 연습이 필요하다. 예를 들어 유머를 활용하는 방식은 놀림을 당하는 상황에서 긴장을 완화해주는 훌륭한 방법일 수 있다. 또는 역할놀이를 통해 다양한 상황에서 여러 방식으로 "하지 마"라고 말하는 연습을 할 수도 있다.

✹ 방관자에서 기사로 거듭날 수 있는 용기를 길러줘라

학교폭력을 옆에서 지켜보는 아이들은 학교폭력 예방에 아주 큰 역할을 할 수 있다. 그러니 아이들이 함께 선생님에게 문제를 알리거나 피해 학생 편에 서는 기사가 되도록 가르쳐라. 연구 결과, 아이들은 학교폭력이 벌어지는 상황에서 어떻게 행동해야 할지 알면 그에 맞는 행동을 취할 가능성이 훨씬 커진다고 한다.

예를 들어, 아동상담센터에 도움을 요청한 아이의 문제를 해결해야 하는 딜레마 상황을 아이들에게 한번 제시해보자. 어려움에 처한 사람을 돕는 용기가 학교와 학급에서 중요한 가치로 자리 잡을수록 학교폭력을 예방하는 일은 그만큼 쉬워진다. 아이들이 더 어렸을 때부터 이런 문제에 대해 이야기하고 당연하게 받아들인다면, 상황은 훨씬 더 좋아질 것이다.

◈ 접촉수업을 해보라

어린아이들에게는 앞서 '신뢰'에 관한 장에서 살펴본 접촉수업을 진행해보라. "쓰다듬으면서 괴롭히는 사람은 없다"라는 덴마크 속담처럼 우리는 접촉수업이 공격성을 얼마나 줄여주는지 보았다. 우리는 쓰다듬고 만지고 접촉하는 행위가 지닌 힘을 깨달음으로써 아이들에게 정말 많은 도움을 줄 수 있을 것이다.

◈ 아이들이 짝이나 조를 선택하게 두지 마라

교사가 늘 아이들의 짝을 정하거나 조를 짜주어야 한다. 아이들이 짝이나 조를 직접 선택하게 두면 선택받지 못한 아이들에게는 심한 불안감이 생길 수 있다. 짝이나 조를 교사가 정해주는 간단한 변화만으로도 아이들의 소외감을 크게 줄일 수 있다.

◈ 함께 뭉치자

학교폭력 문제를 공론화할수록 아이들의 삶에 변화를 일으킬 수 있다. 학교폭력은 물론, 나쁜 집단역학의 바람직하지 않은 영향을 모두 줄일 수 있다. 여기서 소개한 아이디어 가운데 몇 가지를 교사와 다른 부모들에게 제안해보자. 우리가 일찍부터 교육의 의미를 다시 성찰하기만 해도 아이들과 사회 전체에 놀랍도록 긍정적인 영향을 미칠 수 있다. 덴마크 교육은 정말 믿기지 않을 정도로 간단하다. 하지만 그 효과는 참으로 크다. 그런 효과를 보려면 단지 사고방식을 전환하기만 하면 된다. 우리는 다 함께 변화를 이끌어낼 수 있다.

Trust

Empathy

Authenticity

Courage

Hygge

7장

: 휘게 :

행복을 유산으로 남겨주기 위한 특별한 습관

"팀원들이 '우리'를 위해
'나'를 내려놓을 정도로 서로 신뢰할 때
좋은 팀이 훌륭한 팀으로 거듭난다."

———

필 잭슨(Phil Jackson)

어릴 때부터 배우는 휘게 습관의 힘

전 세계를 휩쓴 휘게 열풍

비가 추적추적 내리는 2월의 어느 추운 아침, 나는 코펜하겐 외곽에 있는 한 학교의 '전체조회'에 참석해달라는 초청을 받았다. 전체조회는 대부분의 덴마크 학교에서 정기적으로 진행되는 행사. 내가 초청받은 학교에서는 전체조회 시간에 전교생이 같이 노래를 부르며 하루를 시작했다. 선생님 두 분이 행사를 이끌었고 한 분은 피아노 반주를 맡았다. 대부분 장화를 신은 많은 학생들 틈에 나는 다리를 꼬고 앉아 있었다. 처음에는 쑥스럽다는 생각에 노래를 따라하지 않았다. 마치 덴마크어를 모르는 것처럼. 어쨌든 난 참관하는 사람이었으니까. 하지만 사실은 단체로 노래를 부르는 것이 당황스러웠다.

아이들의 조화로운 목소리가 서서히 학교 강당 전체에 울려 퍼졌고, 나도 용기를 내어 노래를 따라 부르기 시작했다. 나는 강당 앞쪽 화면에 뜨는 가사에 시선을 고정한 채 내 노랫소리를 들을 수 있었다. 그러다가 어느새 소리의 강물에 휩쓸려가느라 '나'라는 존재에 대한 생각이 서서히 그러나 분명히 사라졌다. 나는 전체와 하나가 되면서 더 큰 존재의 일부가 된 것이다. 그것은 '나'가 아니라 '우리'였다. 내 마음 아주 깊은 곳에서 무언가가 올라오는 바람에 눈물이 솟았다. 나는 깨달았다. 이것이 바로 '우리가 되는 충만함'이라는 것을.

휘게라는 말을 지금 처음 들었는가? 그렇다면 기억해두라. 앞으로 이 말을 계속 들을 테니까. 2016년 '휘게(hygge)'라는 덴마크어가 매우 널리 퍼지면서 영국의 콜린스 영어사전에도 등재되었다. 몇 년 전만 해도 알려지지 않았던 단어가 이제는 전 세계적으로 유명한 말이 됐다. 사전에서는 휘게를 '행복과 만족을 주는 아늑함, 편안함, 유쾌함'이라고 정의한다.

나는 내 덴마크 가족과 함께 휘게를 경험한 지 14년이 지나서야 마침내 그게 무엇인지 깨달을 수 있었다. 잘 알고 있듯이, 휘게라는 구조물 안에는 그것을 작동시키는 내재된 규칙이 있다. 모두 함께 붙잡고 있는 그 구조물을 관통하는 요소에는 덴마크어로

'펠레스캅(fællesskab)', 즉 연대가 있다.

휘게는 부드럽고 아늑하고 따뜻한 분위기나 느낌일 뿐만 아니라, 사람들의 도움과 소리가 모여 그런 상태가 생겨나고 유지되는 양식이기도 하다. 바로 그런 점이 휘게를 아주 특별하게 한다. 덴마크 사람들은 휘게를 하면서 성장하기 때문에 자신이 휘게를 어떤 가치나 방법으로 배웠는지 깨닫지 못한다. 그렇지만 덴마크인이 아닌 사람들에게 휘게와 연대란 정확히 무엇일까? 덴마크 사람들은 휘게와 연대를 어떻게 배우고 가르칠까? 그리고 그 둘은 행복에 어떤 식으로 기여할까?

우리가 되는 충만함

휘게는 '위로하다'라는 의미를 지닌 고대 스칸디나비아어 '휘가(hygga)'에서 유래했다. 휘게는 다 함께 둘러앉아 아늑하고 편안한 여유를 누리는 것이다. 하지만 거기에서 더 나아가 그런 시간이 신성하다는 사실을 '의식'하고, 또 그 시간을 신성하게 대한다는 의미도 포함한다. 본질적으로는 가족이나 친구와 함께 보내는 오붓한 시간이라 할 수 있다.

덴마크 사람들은 휘게를 좋은 삶의 기본적인 모습이라고 여기기 때문에 다 함께 그런 삶을 만들려는 노력을 기울인다. 이렇게 다른 사람들과 함께하는 휘게는 덴마크 사람들이 '연대'라고 일컫는 결과로 나타난다. 연대는 본질적으로 팀이나 조화 속에서 하나가 되었다고 느끼는 화합을 의미한다. 덴마크 사람들이 그처럼 행복하게 성장하는 주된 이유 중 하나가 연대를 매우 중시하는 교육이다. 덴마크 사람들은 연대감과 행복이 나란히 함께 간다는 것을 안다. 그 때문에 덴마크 학교와 교육제도에서 연대는 좋은 삶과 더불어 가장 핵심적인 말이다. 그리고 연대를 키워가는 방법 중 하나가 바로 휘게다.

휘게가 덴마크 사람들의 행복에서 너무나 강력한 요인으로 여겨지다 보니 영국과 미국의 일부 대학에서는 휘게에 관한 강의가 개설되기 시작했다. 많은 사람들이 촛불을 켜놓고 좋은 음식을 먹고 근사한 분위기를 만드는 측면에서 휘게를 논한다. 하지만 그런 겉모습은 휘게의 표층에 불과하다. 그 실체는 사람들 눈에 보이는 것 이상으로 훨씬 심층적이다.

쉬기 위해 마련하는 마음속 공간

휘게를 심리적 공간이라고 한번 상상해보자. 휘게 공간으로 들어올 때는 모든 스트레스와 불만 등 부정적인 것들을 문간에 두고 온다. 집에 들어오면 코트와 신발을 벗는 것과 마찬가지다. 집 안에 들어오기 전에는 모든 것을 벗어야 한다.

'휘게'를 하는 동안에는 정치나 집안 문제, 자기 자랑, 험담 따위의, 불화를 일으키는 화제는 입에 올리지 않는다. 신랄한 비평이나 불평불만 등 심하게 부정적인 이야기도 꺼내지 않는다. 모두 일을 돕기 때문에 한 사람에게 일이 몰리는 경우도 없다. 공격하는 사람도 없고, 경쟁하는 사람도 없다. 유쾌하고 균형 잡힌 대화와 교감으로 그 순간의 음식, 게임, 음악, 분위기, 함께 있음을 즐기는 데만 집중한다.

간단히 말하면 이런 심리적 공간은 바깥세상에서 벗어날 쉼터를 제공한다. 평소에 불평을 하거나, 부정적인 생각을 하거나, 스트레스를 받거나, 남을 험담할 수 있는 시간은 얼마든지 있다. 하지만 '휘게' 시간은 한정되어 있음을 기억해야 한다. 다른 사람들과 휘게를 자주 실천할수록 휘게는 쉬워진다. 그리고 점점 단절되는 세상에서 이런 식의 연결은 매우 유익하고 절실하다.

이런 휘게의 불문율이 휘게를 정말 특별하게 만드는 요인이다. 덴마크 사람들은 휘게와 함께 성장하므로 이런 내재된 규칙이 존재한다는 사실을 의식하지 못한다(이 규칙은 이 장 마지막에 수록된 휘게 선서를 참조하길 바란다). 한마디로 휘게는 덴마크인의 문화유산이자 정체성이다. 덴마크 사람들과 대화하다 보면 휘게라는 말을 적어도 한 번은 듣게 된다.

덴마크의 휘게를 연구해온 미국의 문화인류학자들은 '휘게'스러운 소통이 손쉽게 이루어지는 자리에선 아무도 주목받지 않으려고 한다는 점에 감명을 받았다. 휘게는 가면을 벗어던지고 머리 아픈 문제들은 문간에 남겨두고서 다른 사람들과 함께 존재하는 힘을 깨닫는 시간이다.

마음챙김이 아니라 함께 있는 시간이다

현재 엄청난 인기를 끌고 있는 마음챙김(mindfulness)이라는 개념에 대해 들어봤을 것이다.

마음챙김은 보통 명상을 통해 이루어진다. 그리고 오프라 윈프리부터 우체부 아저씨까지 누구나 그것에 대해 얘기한다. 마음챙김은 지금 이 순간에 의식을 집중함으로써 얻는 고요한 정신 상태를 의미한다. 아무런 판단을 하지 않고 자신의 생각과 감정에 주의를 기울인다.

마음챙김은 과거를 다시 끄집어내거나 미래를 상상하는 것이 아니라, 지금 이 순간에 드는 생각과 느낌을 알아차리게 해준다. 그리고 많은 연구에서 마음챙김은 스트레스, 불안, 스트레스 호르몬인 코르티솔을 줄여주고 행복을 증가시키는 것으로 입증됐다.

휘게는 마음챙김을 다음 단계로 끌어올린다. 그것은 바로 '우리가 되는 충만함(we-fullness)'이다. 다시 말해, 판단이나 부정적인 생각 혹은 고민 없이 그 순간에 다른 사람들과 연결되는 상태다. '자신만의 시간(me time)'이 아니라 '우리의 시간(we time)'인

것이다. 그렇다면 이런 상태에서 생겨나는 긍정적 파급 효과는 얼마나 될까?

미국 브리검영대학교의 심리학 교수인 줄리안 홀트-룬드스타드(Julianne Holt-Lundstad)는 수만 명의 중년을 대상으로 사망 가능성을 가장 많이 줄여주는 요인을 조사했다. 홀트-룬드스타드 교수는 조사 대상자들의 식생활, 운동, 결혼 여부, 병원에 가는 빈도, 흡연이나 음주 여부 등의 생활 습관을 전면적으로 살펴보고는 수년 후에 생존자들을 확인하여 요인을 분석했다. 그 결과, 놀랍게도 장수에 기여하는 가장 중요한 요인은 다른 사람들과의 사회적 연결과 통합이었다.

이처럼 '사회적 유대'가 좋은 삶에 얼마나 중요한 역할을 하는지 보여주는 증거는 명백하다. 다른 사람들과 '연결된 느낌'은 모두의 삶에 목적과 의미를 부여한다. 사회적 유대는 수명을 늘리고 스트레스를 줄이며, 심지어 면역력도 키워준다. 그런데 일반적으로 우리 문화나 학교는 사회적 유대에 얼마나 많은 비중을 두고 그런 훈련을 제공하는지 의문스럽다.

덴마크에서 사회적 유대감은 중요한 사회 요인 가운데 하나다. 다양한 취미나 관심사에 따라 생겨나는 '단체 활동'부터 연대의 필요성에 대한 인식과 그 가치에 대한 생각이 교육에까지 광범위하게 영향을 미친다. 게다가 협동 정신도 교실에서부터 직장과 가정에 이르기까지 덴마크인의 생활 전면에서 발견된다. 바로 이런 소속감에서 좋은 삶을 살고 있다는 느낌이 자라난다.

우리는 특정 시간을 '휘게'에 온전히 쏟음으로써 가족이나 친구와 함께하는 안정된 공간을 만든다. 그리고 학교와 회사에도 그런 공간을 만들어 스트레스나 부정적인 생각 없이 다 함께 어울린다. 우리는 소속감을 좋은 삶의 중요한 요소로 가치 있게 여긴다. 하지만 그렇게 되려면 모두가 휘게를 바라야 하고, 휘게가 어떻게 이루어지는지 알아야 하며, 휘게의 효과를 인식해야 한다.

숙제 대신 휘게하는 아이들

삶에 집중하라!

덴마크어로 '미니멀리스티스크(minimalistisk)'라고 하는 미니 멀리즘은 덴마크인의 자연스러운 생활 방식이다. 그것은 선택된 소수를 위한 특별한 스타일이 아니다. 덴마크 디자인은 단순하고 아름다운 기능성 덕분에 세계적으로 유명하다. 이런 단순함과 깔끔함은 가구에서부터 건축, 장난감, 언어, 교육에 이르기까지 덴마크 사회 곳곳에서 발견된다. 덴마크 디자인은 맑고 깨끗하고 직선적인 느낌을 준다. 스칸디나비아 국가에 가본 적이 있거나 심지어 이케아(Ikea) 매장에만 가봤어도 내가 무슨 말을 하는지 알 것이다.

덴마크인들의 집에 가보면 산더미처럼 쌓인 잡동사니가 보이지 않는다. 집 안에는 대개 스칸디나비아풍의 가구가 있고, 실내는 원목과 금속 소재로 깔끔하게 디자인되었다는 점에서 대부분의 집은 비슷비슷하다.

덴마크의 건축가 아르네 야콥센(Arne Jacobsens)이 디자인한 달걀 의자(egg chair)와 탁자 위에 매달린 덴마크식 펜던트 조명이 있는 가정이 많고, 뱅앤올룹슨의 오디오 제품이나 텔레비전이 있는 집도 있다.

그들이 소유한 물건은 꽤 비싼 편인데다가 물건을 적게 소유하는 경향이 있기 때문에 전반적으로 소중히 다뤄진다. 집에는 언제나 양초가 많고, 소파에는 양모 담요가 몇 장 걸쳐져 있다. 아이들은 장난감을 한가득 가지고 있지 않으며, 장난감들도 매우 단순한 편이다.

나무로 만든 장난감은 덴마크에서 유행이 지난 적이 없다. 한마디로 유행을 타지 않는다. 아이가 있는 가정이나 어린이집, 유치원에는 늘 기본적인 장난감이 있다. 이는 '자유롭게 놀기'와 아주 비슷하다. 그런 환경은 아이들이 자연스럽게 상상력을 발휘하기 좋으므로 교육의 일환이 된다. 중요한 것은 '개별적인 모습'이 아니라 '전체적으로 비슷한 모습'이다.

덴마크 로스킬레 출신의 사회복지사 카밀라 셈로우는 이렇게 말한다. "우리는 평소 장난감과 물건을 덜 가지라는 권유를 받아요. 그게 아이들에게 좋다고 믿고요. 단순함과 기능성 그리고 자연을 추구하는 식품과 제품과 생활 방식이 대세랍니다." 실제로 덴마크인들의 생활 방식이 그렇다.

휘게와 연대를 연구할수록 스칸디나비아 디자인의 이런 단순함과 기능성이 덴마크 사람들의 행복 수준과 어떤 상관관계가 있지 않을까 하는 궁금증이 커져갔다. 물건에서 해방되었기 때문에 삶에서 중요한 것에 더 집중할 수 있게 되지 않았을까?

실제로 우리를 더 행복하게 해주는 것은 물건이 아니다. 심리학자 셰리 부르그 카터(Sherrie Bourg Carter)에 따르면, 어질러진 물건은 과도한 자극을 줘서 우리를 꼼짝 못하게 만들고, 뇌에 과부하가 걸리게 한다. 물건이 너무 많으면 우리는 불안하고 무기력하며, 압도당하는 느낌이 든다.

캘리포니아대학교 가족생활센터(Center on Everyday Lives of Families)의 연구에 따르면 어질러진 집에 사는 여성에게서 스트레스 호르몬인 코르티솔의 수치가 더 높게 나타났다. 이 모든 물건과 어수선한 환경이 생활에 방해가 되는 것은 물론이고, 중요한 일에 집중하지 못하도록 주의를 빼앗는다.

휘게와 연대는 휴대전화나 컴퓨터 같은 화면에 주의를 뺏기지 않고 현재를 인식하는 것 말고는 아무것도 필요로 하지 않는다.

그런데 덴마크 사람들에겐 필요한 것이 하나 더 있다. 그것은 바로 양초다. 덴마크는 유럽 전체에서 양초를 가장 많이 소비하는 국가다. 연간 국민 1인당 무려 6킬로그램의 양초를 태운다. 덴마크에서는 밤이나 낮이나 항상, 집이나 가게, 카페에서도 양초가 타고 있다.

나는 양초를 시간이 눈앞에서 지나가는 휘게에 곧잘 비유한다. 양초가 타는 모습을 가만히 바라보고 있으면 나도 모르게 빠져든다. 진짜로 빠져들게 된다. 타오르는 불꽃, 따스하고 포근한 기운, 초가 녹는 모습은 자연스럽게 존재를 느끼게 한다. 아마도 양초는 우리가 현재에 머물러 있음을 잠재의식 속에서 상기시켜주는 것 같다.

옛날 옛적 조상들이 불가에 빙 둘러앉아 있었던 것처럼 우리도 이곳에 옹기종기 모여 있다. 또한 인생은 다 타고 나면 사라지는 양초처럼 유한하다. 촛불이 언제든 바람에 날려 꺼질 수 있듯이, 언제 떠날지 모르는 인생에서 중요한 일들에 집중하라고 양초는 우리를 일깨워준다. 결국 정말 중요한 것은 사랑하는 사람들과 함께 있는 시간이다. 우리 집에서는 양초를 켜면 휘게가 시작됐다는 신호다.

아늑한 삶을 위해 함께함이 필요한 이유

펠레스캅 또는 펠레스(fælles)라는 말은 고대 스칸디나비아어에서 유래했다. 펠레스캅은 덴마크 학교 교육 과정의 중요한 부분이다. 이 단어는 명사, 동사, 형용사로 쓰이면서 마음의 상태를 나타낸다. 펠레스캅은 공통된 가치 또는 합의된 뜻으로 함께 묶여 있거나, 같은 시각 또는 관심사를 공유하고 함께 행하는 사람들의 집합이다. 그것은 소속감이자 휘게와 공동체의 부산물이다.

덴마크 사람들은 학교에서 적극적으로 휘게를 가르친다고 생각하지 않는다. 그럼에도 휘게 교육은 미묘하게 이루어진다. 앞에서 몇 차례 이야기했던 대로 휘게는 주로 학급 시간에서 다뤄진다. 교사와 학생들은 학급 시간에 필요하면 특정 안건에 대해 이야기를 나누지만, 나머지 시간에는 오로지 휘게에만 전념한다.

휘게는 교사와 학생들이 다 함께 게임을 하거나, 케이크를 먹거나, 아늑하고 편안한 시간을 보내는 것을 의미한다. 6~16세 아이들은 학급 시간이 일주일에 한 번으로 정해져 있지만, 교사가 생각하기에 반에서 논의해야 할 문제가 있거나 연대에 문제가 생겼다고 판단하면, 언제든지 그 시간을 마련할 수 있다.

덴마크에서는 학급 시간을 그 반의 선택이 아니라 핵심으로 본다. 다른 문화에서는 아이들이 배우고 활동하고 발전하기 위해 노력하느라 그냥 함께 '있는' 시간을 내지 못한다. 대체 누가 그런 일에 신경을 쓰겠는가? 하지만 덴마크 밖의 학교들에서 나타난 학급 시간의 엄청난 효과를 눈으로 보고 직접 체험해보면 적은 시간을 들여 반 전체의 행복을 극적으로 끌어올릴 수 있다는 사실이 참으로 놀랍다. 아이들도 그 시간을 정말 좋아한다.

이런 행복은 다시 자존감과 자신감으로 돌아온다. 우리는 다른 사람들과 함께 있는 것만으로도 기분이 좋을 때, 혹은 분투하거나 경쟁하거나 성취하지 않고 내 본연의 모습으로 돌아왔을 때, 마음을 잘 쉬게 하는 법 그리고 다른 사람과 함께 잘 쉬는 법을 배운다. 우리가 되는 충만함은 바로 이렇게 생겨난다. 그리고 그럴 때 기분도 좋아진다.

덴마크의 일부 학교에서는 심지어 소파와 베개가 있는 휘게실(hygge room)도 마련해놓았다. 그곳은 아이들이 편히 쉴 수 있는 진정한 '휘게 공간'으로 지정된 장소다.

덴마크어로 펠레스캅, 즉 연대에는 두 가지가 있다. 하나는 쉽게 솟아나는 즐거운 성격의 연대다. 그래서 함께 케이크를 먹고 차를 마시거나, 재미있는 게임을 하거나 함께 지내는 사람들과 협력이 잘될 때, '우리가 되는 충만함'을 느끼게 된다. 노력하지 않아도 집단의 일원이 되어 즐겁고 편안한 느낌이 드는 것이다.

또 다른 성격의 연대로는 집단의 일원이 되기 위한 노력에서 얻는 '우리가 되는 충만함'이다. 미묘한 차이가 있지만 중요한 연대다. 이런 '의무적 연대'는 어떤 개인이나 집단에 협력하거나 충성하는 노력의 형태로 나타난다. 나는 그런 연대를 '책임 있는 연대'라고 부른다. 우리는 그것을 배울 수 있다고 생각하지 않지만, 덴마크 교육에서는 이를 정말로 중요하게 다룬다.

의무적 연대, 곧 책임 있는 연대를 강조하는 압살론공립학교의 카스퍼 니올름(Kasper Nyholm) 교장 선생님은 "연대에서 뭘 얻으려면 나도 뭔가를 줘야 합니다. 원하는 걸 자기 방식대로 다 얻지 못할 수도 있기 때문에 어느 정도 변화를 줘서 타협해야 돼요. 인간은 사회적 동물입니다. 우리는 무인도에 사는 개인이 아니에요. 당연히 서로 의지하려는 노력이 필요하죠. 그 말은 자기 바람과는 다른 일을 해야 할 때도 있다는 뜻입니다"라고 말한다.

덴마크인의 사상에 지대한 영향을 미친 유명한 철학자이자 신학자 뢰스트룹은 《윤리적 의무(Ethical Demand)》라는 책에서 "개인이 살아가면서 타인에게 어떤 도움도 받지 않는다면, 그 사람에게는 인간관계가 존재하지 않는 것이다"라고 멋지게 표현했다. 기본적으로 사람은 다른 사람들과 있을 때는 자기 자신만 생각할 수가 없다. 사람은 공동체 안에서 태어나 살아간다. 그 공동체가 가족이든 학교든 직장이든 사회든 남에게 의지할 때 긍정적 반응을 기대할 수 있는 법이다.

오늘날 덴마크 사람들의 의식을 형성하는 데 지대한 영향을 미친 또 다른 철학자이자 교육개혁가 니콜라이 그룬트비(Nikolai Frederik Severin Grundtvig)는 에베레스트산을 혼자 오르거나 멀리 사막을 홀로 걷는다고 해서 자아를 발견할 수 있는 것은 아니라고 말했다. 오히려 나 자신을 다른 사람들에게 비춰봄으로써 내가 누구이고, 어떤 사람이 되고 싶은지 알게 된다는 것이다. 개인성이 개인주의가 되지 않고 자의식이 이기심이 되지 않으려면, 우리는 공동체 안에서 나 자신을 발견해야 한다. 또한 이런 것이 가정과 학교 교육의 목표가 되어야 한다.

하지만 점점 개인주의와 경쟁이 증가하는 문화 속에서 때때로 이런 사실을 잊어버린다. '나'와 개인주의를 중요하게 여기는 것이 우리 문화의 기본적 성격이긴 하지만, 그런 문화가 과연 가정, 일터, 학교, 인간관계에서 우리를 최대로 행복하게 해줄 수 있을까?

우정이 만드는 단단한 행복

30만 명 이상에게 실시한 2016년 덴마크 국가번영조사를 분석해보면, 학교의 '연대 수준'은 행복 수준과 깊은 상관관계가 있었다. '우리가 되는 충만함'이 큰 학교는 학교에 가고 싶은 마음, 학습, 적극적 참여, 역량, 마음의 평화 등 좋은 삶을 이루는 '모든 측면'이 향상되는 긍정적 효과가 나타났던 것이다.

하버드대학교가 변혁적교수학습지원센터(CTTL)와 공동으로 진행한 연구 결과를 기억하는가? 행복은 동기부여나 학업성취도와 깊은 관련이 있으며, 행복의 가장 큰 예측 변수는 학생들의 사회적 관계라고 했던 연구 결과 말이다. 정말 놀라운 결과였다. 우리는 이제야 그런 연구를 진지하게 시작했지만, 스칸디나비아 국가에서는 오랫동안 이런 사실에 주목해왔다.

어른의 행복을 연구한 결과를 전부 떠올려보면 아이의 행복에도 이런 결과가 나오는 것이 충분히 이해된다. 단지 우리 문화에서 개인주의가 증가한다는 이유만으로 그런 결과에 주목하는 것은 아니다. 결과를 보면 질문이 자연스레 떠오른다. 어떤 차이가 있기에 이런 큰 인식의 전환이 이루어졌을까?

덴마크 교사들은 자기 학급의 연대 수준을 지속적으로 파악하고 주의 깊게 살펴본다. 이런 일도 그들의 직무에 속한다. 그 방법 중 하나가 소시오그램을 만들어 그 결과를 바탕으로 수업 계획을 짜는 것이다.

교사는 '연대 수업 계획'에 특별히 시간을 써야 한다. 예를 들어 학급의 연대가 현저히 떨어졌다는 생각이 들면 향후 몇 주 동안은 팀워크 활동을 계획한다.

교사의 수업 계획은 학생들이 각자의 강점과 약점을 상호 보완할 수 있도록 함께 과제를 수행하게 하는 것이다. 덴마크에서 25년 넘게 수학을 가르치는 미국인 교사 켄 팍스먼(Ken Foxman)

은 쪽지시험을 치르긴 하지만 '점수'는 중요하지 않다고 말한다.

"학생들이 실수를 해도 괜찮습니다. 중요한 것은 아이들이 실수에서 배우고, 해법을 친구와 같이 알아낸다는 점입니다. 아이들은 서로 가르쳐줍니다. 그래서 제 시간도 절약된답니다!"

앞에서도 이야기했듯이 덴마크에선 재능이 있거나 인기가 많은 아이는 다른 친구들을 도와야 한다는 책임감을 느낀다. 저학년 반을 비롯해 많은 학급에 가보면 "나 자신에게 물어본 다음 친구에게 묻고, 어른에게 물어보라"는 문구가 교실 벽에 붙어 있다. 문제의 답을 모를지라도 혹시 내가 실제로는 알고 있을 수도 있으니 우선 나를 믿고서 나 자신에게 다시 물어본다. 그래도 확신이 들지 않으면 친구와 같이 머리를 맞대어보고, 그다음에 어른에게 물어보라. 이런 과정은 실생활에 훨씬 더 분명하게 반영된다. 답을 모를 때마다 선생님에게 쪼르르 달려갈 수는 없는 노릇이니 말이다.

관련 연구에 따르면 서로 가르쳐야 하는 학생들이 자료를 이해하기 위해 더 열심히 노력하고 그 내용을 더 정확히 기억해내며, 더 효과적으로 활용한다고 한다. 게다가 그렇게 공부하면 공감 능력도 길러진다. 자연스레 경쟁을 유발하는 개인 학습과 달리, 함께 공부하는 학생들은 다양한 자원을 최대한 활용해서 창의적이고, 무제한적이며, 고차원적인 사고력을 발휘한다.

쉬는 시간은 더 나은 공동체를 만들고 협력을 더 잘 이끌어낼 수 있는 또 다른 중요한 기회다. 교사는 운동장에서 일어나는 일들을 눈여겨보고 나중에 그 문제에 대해 학생들과 이야기를 나눌 수 있다. 또한 어린아이들에게는 일주일 동안 쉬는 시간에 같이 놀 친구를 돌아가며 정해줄 수도 있다. 아이들이 같이 놀 상대를 고르지 않게 놀이 짝이나 조를 미리 정해준다. 이런 일들을 강제로 진행하지 않는다. 너무 어려운 사안은 토의를 거치는데, 이 모든 과정이 교육의 일환이다.

"연대가 늘 쉽게 생겨나지는 않습니다. 때론 협력하기 싫을 때도 있어요. 그러니까 다른 사람의 말을 듣거나 그와 타협하고 싶지 않은 마음도 있다는 거죠. 하지만 공동체 안에서 살아가려면 이런 것도 다 배워야 해요. 우리는 학생들이 전체를 위해 자신을 좀 양보하면서 참여하는 법을 배우길 바랍니다."

압살론공립학교 교장 카스퍼 니올름의 말이다.

이런 식의 연대 활동은 용기와 관용, 공감 능력과 회복탄력성을 길러준다. 아이들이 종종 익숙하고 편안한 구역에서 나와 다양한 친구들과 함께 어울려 공부하고 놀다 보면 놀라운 발견을 하기 때문이다.

우리는 인생의 정말 많은 부분을 '나' 중심의 학업에 매달리며 보낸다. 시험을 보는 것도 '나'이고, 점수를 받는 것도 '나'다. 그리고 '내' 책상에 앉아 '내' 숙제를 한다. 이처럼 우리가 받는 교육은 주로 개인의 경험에 머물러 있지만, 이후 대부분의 사람들은 팀으로 일해야 하는 직장을 계속 다니게 된다.

우리는 협력하고 소속되는 법을 배우는 일이 얼마나 귀중한 능력인지 간과한다. 회사에서도 마찬가지다. 연대감이 높고 협력이 잘되면 사람들은 더욱 행복해지고 의욕도 커진다. 남의 희생으로 늘 최고가 되는 사람이나 뒤통수를 칠 것 같은 사람은 아무도 좋아하지 않는다. 직장에서 중학교나 고등학교 시절에나 했던 별난 행동을 보이는 것도 바람직하지 않다. 아이들의 세계에게도 그렇듯, 그런 상황은 절망적일뿐더러 주변 사람들까지 나쁘게 물들인다.

팀 분위기가 좋은 직장에서는 일이 즐겁다. 그래서 실제로 덴마크 회사들도 휘게와 연대를 무척 중시한다. 그런 맥락에서 '일하기 좋은 직장을 연구하는 기관(Great Place to Work)'의 연구 결과, 덴마크가 유럽에서 가장 일하기 좋은 직장들이 있는 국가로 뽑혔다는 사실이 별로 놀랍지 않다. 여기서 어떤 추세가 보이지 않는가?

요즘 회사들이 찾는 인재는 별무리에서 혼자만 빛나려고 노력하는 사람이 아니라, 진정으로 함께 일하고 협력할 수 있는 사람이다. 미국의 듀폰(DuPont) 최초의 여성 최고경영자였으며 팀워크를 매우 중시하는 엘렌 쿨먼(Ellen Kullman)은 이렇게 말한다.

"같이 일하거나 활동할 사람을 늘 선택하진 못하겠지만, 그들과 어떻게 소통하고 같이 일할지는 선택할 수 있습니다. 사람들과 일하면서 다른 이들의 강점과 약점을 이해하는 법을 많이 배우면 누구와도 함께 일할 수 있습니다."

함께 노래하는 학교 전체조회 시간

학교에서 연대를 키우는 또 다른 방법은 '전체조회'다. 이 시간에는 오로지 연대감과 소속감을 고취할 목적으로 전교생 혹은 일부 학생들이 한자리에 모인다.

학교에 따라 매일, 일주일에 한 번, 한 달에 한 번, 아니면 필요할 때마다 이런 시간을 마련한다. 노래는 덴마크 문화의 중요한 부분이기 때문에 보통 '전체조회'에는 노래하는 순서가 많이 들어간다. 학교마다 노래책이 있기에 부를 노래가 떨어지는 일은 절대 없다. 이처럼 전교생이 노래하는 사례는 이 장 첫머리에서도 이미 소개했었다. 또한 학교에서는 전체조회 시간에 명상을 하기도 하고 바닷가로 소풍을 가기도 한다. 실제로 모든 학생이 집단의 일원으로 조화를 이루는 활동이라면 뭐든지 할 수 있다.

합창은 화합을 이루고 우리가 되는 충만함을 느끼게 하는 매우 흥미로운 형태의 활동이다. 개개인이 협력하여 전체에 기여해야 한다. 만약 개인이 노래를 너무 크게 부르면 그 사람은 다른 사람들의 노랫소리를 듣지 못한다. 반대로 너무 작게 부르면 자기 목소리가 들리지 않는다. 협동 정신을 발휘해 상승효과를 일으켜야만 제대로 합창이 된다.

우연인지 모르겠지만 노래는 덴마크의 휘게에도 큰 부분을 차지한다. 저녁 식사, 파티, 행사 등 많은 모임에서 단체로 부르는 노래가 빠지는 경우는 거의 없다. 일단 쑥스러운 느낌을 극복하면 '우리가 되는 충만한' 느낌은 꽤 큰 감동을 준다. 얼굴에는 미소가 저절로 피어나고, 마음에는 따뜻함이 차오른다.

옥스퍼드브룩스대학교의 심리학자 닉 스튜어트(Nick Stewart)는 합창단원들을 대상으로 조사 연구를 실시했다. 이때 단체로 노래를 부르면 사람들이 더욱 행복해질 뿐만 아니라 의미 있는 집단의 일원이라고 느낀다는 것을 알아냈다. 함께 노래하는 동안 각자의 호흡과 움직임이 동시에 일어나는 공시성(synchronicity)이 강력한 소속감을 불러일으키는 것이다.

더구나 연구 결과를 보면 합창단원들은 실제로 노래하는 동안 심장박동도 맞출 수 있었다. 함께 노래하면 스트레스가 줄어들고 신뢰감과 유대감을 높이는 '행복' 호르몬인 옥시토신이 분비된다. 과학 학술지 《진화와 인간 행동(Evolution and Human Behavior)》에 실린 연구 논문에 따르면, 합창은 심장을 안정시키고 엔도르핀 수치를 높여준다고 한다. 게다가 세상을 낙관적으로 바라보게 하고 기분과 자존감을 끌어올리며, 스트레스와 우울감을 줄여준다.

세계적인 베스트셀러 저자 대니얼 핑크(Daniel Pink)는 신작 《언제 할 것인가: 쫓기지 않고 시간을 지배하는 타이밍의 과학적 비밀(When: The Scientific Secrets of Perfect Timing)》에서 합창이 몸·마음·정신 건강에 이롭다는 사실은 반론의 여지가 없기 때문에 사람들이 새로운 운동으로 삼아야 한다고 말한다. 참으로 놀라울 따름이다. 누구나 그 힘을 느끼기만 하면 되니 말이다!

숙제보다 힘이 되는 휘게 실천법

덴마크 아이들은 중학교에 들어가기 전까지 숙제가 거의 없다. 그래서 방과 후에는 신나게 놀거나 부모와 함께 단란한 '휘게' 시간을 보낸다. 그 시간에는 가족이 함께 따뜻한 초콜릿 음료를 마시며 놀고, 같이 음식을 요리해 먹으며 텔레비전 가족 프로그램을 보기도 한다.

숙제가 아주 적긴 하지만, 학교 안에는 '숙제 카페'라는 공간도 마련되어 있다. 성적은 고학년이 되어서야 나오므로 아이들은 각자의 속도에 맞춰 공부한다. 그래서 스트레스와 경쟁이 적다. 최근의 교육 개혁 때문에 아이들의 숙제가 예전보다 많아졌다고 불평하는 부모들도 더러 있지만, 다른 나라 아이들의 숙제에 비하면 아무것도 아니다.

대부분 숙제가 학교 교육에 꼭 필요한 부분이라고 생각한다. 하지만 점점 더 많은 연구에서 이와 상반된 결과가 나오면서 변화가 일고 있다. 듀크대학교의 해리스 쿠퍼(Harris Cooper) 교수는 많은 조사와 광범위하고 종합적인 분석을 통해 초등학교 수준에서는 숙제가 학업에 도움이 된다는 증거가 없다는 결과를 내놓았다.

쿠퍼 교수는 "숙제가 얼마나 되든지 간에 초등학생의 학업 성과를 올린다는 증거는 없습니다"라고 말한다. 그리고 중학생에게는 숙제가 학업에 도움이 되는 비중이 적고, 고등학생은 저녁에 숙제하는 시간이 두 시간 이하여야 도움이 된다고 한다. 또한 숙제가 학교에 대한 아이의 태도에 부정적 영향을 준다고 한다. 어렸을 때는 대개 숙제 때문에 공부가 좋아지기는커녕 학교가 싫어지는 것이다. 실제로 이런 경험에 공감하는 부모가 많다.

숙제는 '21세기 새로운 가족 만찬'이라는 별명을 얻기도 했다. 숙제에 지쳐버린 아이가 투덜대다가 쓰러진다. 부모는 잔소리를 하다가 안 되면 아이를 구슬린다. 이런 가족 싸움은 종종 부모가 아이를 윽박지르고, 아이가 눈물을 터뜨리면서 끝을 맺는다. 결국 아이의 숙제는 아이를 도우려던 부모에게 돌아가는 경우가 다반사다. 애리조나대학교의 교육학 교수 에타 크랄로벡(Etta Kralovec)도 "연구 결과는 아주 확실합니다. 초등학교 수준에서는 숙제가 도움이 되지 않습니다"라고 말하면서 쿠퍼 교수의 의견에 동의했다.

스칸디나비아 국가에서는 숙제가 어린아이들의 학교생활에 포함되지 않는다. 교육 부문에서 세계 정상인 핀란드와 행복 부문에서 세계 정상인 덴마크에서는 아이가 숙제를 하는 대신 마음껏 놀게 하고, 가족과 휘게에 우선순위를 둔다. 이제 미국에서도 많은 부모가 어린 자녀들의 숙제에서 손을 떼고 있으며, 전국의 초등학교들은 숙제를 줄이거나 심지어 없애기 시작했다. 프랑스도 숙제를 없애는 교육 정책을 준비하고 있다.

숙제가 우리 문화의 기본 값이 된 지 오랜 시간이 지났음에도 우리는 한 번도 그것을 의심한 적이 없었다. 그러나 현재 발표된 연구 결과와 더불어 덴마크의 행복 지수를 보면, 다른 길은 없는지 질문을 던져야 할 때가 된 것은 아닐까?

숙제에 찬성하는 사람들은 그 이유를 아이들이 숙제에서 책임을 배우기 때문이라고 설명한다. 하지만 아이들에게 책임을 가르칠 방법은 정말 많다. 가령 집안일을 돕거나 반려동물을 돌보거나, 도시락 통을 챙기거나 심지어 옷을 입는 일도 어린아이들에게 책임을 가르쳐준다.

또한 가족이 함께 모여 아늑하고 편안한 시간을 보내는 휘게도 책임을 가르칠 수 있다. 우리는 아이들에게 그런 시간이 가족의 소중한 가치라고 가르치는 일을 자주 잊는다. 그런 가치는 앞서 논의한 '책임 있는 연대'이며, 거기에는 노력이 따른다. 그것은 일정 시간 자기 일을 제쳐놓고 상대방에게 느끼는 책임으로서, 말하자면 '가족팀'의 일원이 되는 것이다. 가족을 팀이라고 보는 관점은 강한 소속감을 길러준다. 책임 있는 연대란 전체에 속하기 위해 자신의 일부를 양보하는 일이다. '자신만의 시간'이 아니라 '우리의 시간'이다.

책임 있는 연대는 함께 요리하기, 함께 놀기, 함께 청소하기, 전화기를 들여다보지 않고 현재 내 곁에 있는 사람과 함께하기 같은 일들이다. '우리의 시간'에 아이들은 쉽게 동화된다. 그리고 어른의 모습을 그대로 비춰주기도 한다. 하지만 그런 시간을 보내려면, 가족이 많든 적든 간에 모든 가족 구성원이 휘게에 기여할 수 있도록 노력해야 한다.

부모는 자녀의 본보기가 된다. 그러므로 전화기를 꺼놓고, 일에도 신경을 끄고서 휘게에 전념해야 한다. 이런 식으로 하면 많은 노력을 들이지 않고도 의미 있는 변화를 만들 수 있다. 장기적으로 얻는 이점을 생각해보면, 휘게야말로 가장 중요한 '숙제'가 아닐까 싶다.

휘게를 즐기기 위한 덴마크식 방법

✦ 휘게 선서를 하라

휘게 규칙을 알고 실천하면 실제로 더 나은 가정으로 완전히 바뀔 수 있다. 많은 사람들이 휘게 선서문을 인쇄해 냉장고에 붙여놓고 온 가족에게 휘게 규칙을 숙지시킨다고 한다(휘게 선서문은 339~340쪽 에 나온다).

✦ 화면과 일을 끊고 휘게에 접속하라

이 얘기는 휘게 선서에 나오지만 한 번 더 강조하고 싶다. 부모는 자 녀의 본보기가 된다. 아이가 공동체의 일원이 되고 현재에 충실하길 바란다면, 가정에서 전화기를 꺼놓고 화면에 아무것도 뜨지 않게 해야 한다. 아이는 어른을 비추는 거울이다. 전체에 속하려면 자신의 일부를 양보해야 한다. 이것이 바로 책임 있는 연대다.

🍃 물건을 줄여라

미니멀리즘을 신봉할 필요는 없지만 비우는 일은 엄청난 치유 효과가 있다. 많은 물건을 갖고 있어서 주변이 어지러워지면 스트레스가 생기고 중요한 일에 집중하지 못하게 된다. 실제로 쓸모 있는 물건이 아니라면 그것이 정말 필요한지 자문해보라. 쇼핑은 줄이고, 시간적 여유를 늘려라. 자신에게 "이게 정말 필요할까?"라고 물어라. 더 단순한 존재가 됨으로써 정신적 여유를 만들어내고 더 나아가 좋은 삶의 중요한 요소, 곧 사랑하는 사람들과 연결되는 일에 집중하라.

🍃 함께하는 자리를 만들어라

가정에서든 학교에서든 단체로 즐기는 야외 활동을 계획하라. 함께 노래하기나 명상하기, 아니면 그냥 재미있게 놀기와 같은 단순한 활동이어도 괜찮다. 조화 속에서 우리가 되는 충만함을 느끼는 활동을 하면 행복이 커진다. 그것이 바로 책임 있는 연대를 가르치는 일이다. 그러려면 가정이나 학교에서 휘게 시간이 필요하다는 것을 인식하고, 우리 삶의 중요한 부분으로 받아들여야 한다. 함께 '하는' 시간보다는 함께 '있는' 시간을 마련하라. 우리가 모두 간절히 바라는 것은 바로 소속감이다.

◈ 팀 스포츠를 계속하라

팀 스포츠는 어려서부터 나이 들어서까지 덴마크 사람들의 삶에서 큰 부분을 차지한다. 여기서 중요한 것은 승리가 아니라 건강, 즐거움 그리고 화합이다. 덴마크에서는 거의 절반에 가까운 인구가 스포츠 동호회에 가입해 팀 스포츠에 참여하고 있으며, 그중 4분의 1은 고령자다. 그들은 팀 스포츠 활동을 자랑스럽게 여기고, 좋은 삶의 중요한 요소라고 믿는다.

반면 미국 아이들의 70퍼센트가 13세 무렵에 운동을 그만둔다. 팀 스포츠는 경쟁이 너무 심해서 더 이상 즐겁지 않다면서 말이다. 그 때문에 놓치는 모든 이점을 고려하면 걱정스러운 상황이다. 아이들이 단체 운동을 하면서도 경쟁하지 않고 즐겁게 최대한 오래하도록, 그리고 어른이 되어도 계속하게 해줘야 한다. 연대로 얻는 심리적 이점을 생각해보면 충분히 그럴 만한 가치가 있다.

◈ 휘게가 숙제라고 생각하라

이제 많은 부모가 유치원과 초등학교에서 내주는 숙제에 찬성하지 않는다. 그리고 아이가 자유롭게 놀고 가족과 함께 시간을 보내는 것을 훌륭한 교육으로 여긴다. 휘게와 더불어 놀이를 통한 학습의 이점을 깨닫는 부모와 교사가 많아질수록 이런 교육 운동에 더욱 적극적으로 참여할 수 있다. 다시 말하지만 이런 교육관에서 변화를 일으키는 핵심은 팀과 화합이다. 아이들의 마음속에 불안이 급격히 커진다면, 단순한 교육으로 돌아가 아이들이 숙제 스트레스 없이 보낼 휴식 기간을 줘야 한다. 더구나 어린아이들에게는 숙제가 도움이 된다는 증거도 없지 않은가. 우리는 시급한 '숙제'에 시간과 노력을 들여야한다. 그 숙제는 바로 가족으로서 책임 있는 연대를 하고 휘게에 접속하는 일이다.

⊹ ─── 휘게 선서 ─── ⊹
(덴마크 방식)

휘게는 마음 놓고 함께할 수 있는 공간을 제공하는 것에 의의가 있다. 휘게를 우리가 들어가는 공간이라고 상상해보라. 모든 사람이 휘게 규칙을 이해하고 따르기 위해 노력하면, 아늑하고 편안한 휘게 상태가 될 것이다. 휘게 선서는 일정 시간 동안 휘게 공간에 들어오는 모든 참여자가 휘게가 어떻게 진행되는지 알 수 있도록 미리 생각하고 얘기해볼 내용을 담고 있다. 휘게는 저녁 식사 자리가 될 수도 있고 바비큐 파티가 될 수도 있으며, 편한 모임일 수도 있다. 한 명도 빠짐없이 그때가 휘게 시간임을 알아야 한다. 이런 방식으로 더 나은 전체를 만들기 위해 모두가 한정된 시간에 노력을 기울이면 된다.

우리는 '일요일 저녁 식사' 때 휘게를 한다. 모두 안심하고 아무런 경계를 하지 않아도 되는 아늑하고 편안한 분위기를 만드는 일에 팀으로서 서로 도울 것을 약속한다.

우리는 다음과 같이 노력할 것에 동의한다.

★ 전화기와 태블릿 PC를 꺼놓는다.

★ 개인 문제는 문간에 두고 온다. 그 문제에 집중할 시간은 따로 있다. 휘게
는 일상에서 스트레스를 주는 것들을 바깥에 두고 다른 사람들과 마음 놓
고 편히 쉴 수 있는 공간을 만드는 일이다.

★ 쓸데없는 불평을 하지 않는다.

★ 한 사람에게 일이 몰리지 않도록 각자 일을 찾는다.

★ 실내에 있으면 촛불을 켠다.

★ 음식과 음료를 즐기려고 의식적으로 노력한다.

★ 정치 문제 같은 논란이 많은 화제를 꺼내지 않는다. 싸움이나 논쟁을 일으
키는 주제는 휘게에 맞지 않다. 그런 토론은 다른 때에 하면 된다.

★ 과거에 있었던 재미있고 유쾌하며, 기분이 좋아지는 이야기를 서로 나눈다.

★ 자기 자랑을 과하게 하지 않는다. 자랑은 미묘한 불화를 일으킬 수 있다.

★ 경쟁하지 않는다('나'가 아니라 '우리'를 생각한다).

★ 남을 험담하거나 부정적인 측면에 너무 집중하지 않는다.

★ 게임을 한다.

★ 우리를 사랑해주는 주변 사람들에게 감사하는 마음을 갖도록 의식적으로
노력한다.

날짜 _____   서명 _____

감사의 말

내게 집과 교실 문을 기꺼이 열어준 덴마크 가정과 학교의 선생님, 학생, 전문가, 부모님들을 비롯한 모든 분께 감사를 전하고 싶다. 특히 카밀라 셈로우, 압살론공립학교의 로테 마센, 카스퍼 니올름, 헬레 박토프트, 레네 크리스토페르센, 켄 팍스먼, 그 외 일일이 거론하지 못한 모든 관계자 분께 감사한다.

예스퍼 율과 헬레 옌센의 지지와 우정은 이 책을 쓰는 밑바탕이 되었다. 덴마크의 육아와 교육, 공감, 대인관계 능력에 관한 놀라운 통찰을 제시해준 그들의 노고에 감사한다.

내가 삶에 대한 호기심의 끈을 놓지 않고, 실수에서 배우고 언제나 다시 시도하게 가르쳐주시고 믿어주신 부모님과 언니에게 감사한다.

그리고 마지막으로, 《나의 덴마크식 육아》부터 이 책까지 늘 있는 그대로의 모습으로 내게 영감을 주고 나를 격려해준 덴마크 가족과 친구들에게 고마움을 전한다.

남편 쇠렌, 딸 소피아, 아들 세바스티안은 내 삶을 비추는 등대이자 날마다 내게 가장 중요한 삶의 교훈을 주는 소중한 가족이다. 그들은 내가 살아가는 '이유'다.

덴마크식 행복 교육을 실천하기 위하여

시간적으로 여유가 있는 날이면, 나는 주로 라디오 뉴스쇼를 들으면서 아침식사를 한다. 2019년 새해가 시작된 첫 주의 어느 날이었다. 그날 아침에 듣던 뉴스쇼에 초대된 사람은 효암학원 채현국 이사장이었다. 팔십이 훨씬 넘은 나이에도 삶과 세상을 바라보는 그의 시선은 정의로우면서도 따뜻했다. 인터뷰 중에 진행자가 '지금처럼 가혹한 경쟁 사회를 비판하는 당신은 어떤 마음으로 학교를 운영하는가'라는 취지의 질문을 던졌다. 그러자 "우리 아이들을 '신뢰'하는 것이 중요하다"라고 채현국 이사장은 짧지만 단호하게 대답했다. 신뢰…. 익숙해서 별로 특별할 게 없는 말인데도 그날따라 유난히 낯설고 강렬하게 가슴에 꽂혔다.

아이들을 '신뢰'한다? 도대체 아이들의 무엇을 신뢰한다는 것일까? 신뢰는 어떻게 하는 것이며, 또 신뢰하면 아이들의 삶과 교육에 어떤 긍정적인 효과가 있을까? 그날 진행된 인터뷰의 초점은 교육이 아니었기 때문에 더 이상의 설명은 듣지 못했다. 그러나 그의 한마디가 내 마음속의 많은 질문들을 떠올렸다.

생각을 곱씹다가 불현듯 한 가지 깨달음이 일었다. 한국 교육이 그토록 오랜 세월 생명력을 갖지 못한 채 방향을 잃고 헤맸던 이유. 그것은 바로 우리가 아이들을 신뢰한 적이 없었고 그럴 마음도 없었으며, '아이의 관점'에 서서 교육의 방향과 내용을 성찰하지 않았기 때문일 수 있겠구나 하는 깨달음 말이다.

한국 교육은 줄곧 어른의 시선으로 교육을 바라봤고, 사회(더 구체적으로는 기업)가 필요로 하는 인간을 만들어 공급하는 것을 교육의 가장 중요한 책무로 여겨왔다. 그리고 바로 이 지점에서 한국 교육과 덴마크 교육이 결정적으로 갈라선다는 생각이 들었다.

1. 우리가 몰랐던 덴마크 사회에 대한 진솔한 이야기

모방에서 이해로, 관점을 바꾸기

이 책의 목차만 힐끗 훑어봐도 확인할 수 있듯이, 아이들을 먼저 신뢰하는 것이 덴마크 교육의 알파요, 오메가다. 덴마크 아이들이 세상에서 가장 행복한 삶을 살아가는 사람들로 성장할 수 있었던 까닭은 무엇일까? 앞서 언급했던 신뢰를 포함하여 공감이나 진솔함, 용기, 연대 의식과 같은 휘게한 삶을 위한 핵심 가치들을 가정에서, 그리고 학교 교육을 통해서 어릴 때부터 자연스럽게 체득하기 때문이라는 것이 이 책이 우리에게 들려주는 덴마크 교육 이야기의 핵심 내용이다.

모든 제도나 체제는 보수적이다. 제도와 체제가 보수적이라는 말은 본질적으로 그것을 운영하는 사람의 의도와 그 운영자들이 지향하는 가치를 실현하려는 속성이 있다는 뜻을 담고 있다. 교육체제, 교육제도도 마찬가지다. 한국 교육은 오랫동안 외국 교육체제나 제도, 내용 등을 수입해서 이식(移植)하는 방식으로 현안을 해결하고자 했다. 일본, 미국, 독일, 영국, 프랑스, 아일랜드, 핀란드, 스웨덴 등을 거쳐 최근엔 덴마크 교육이 한국 교육자들의 관심을 끌고 있다. 이제는 관점을 바꿨으면 좋겠다. 교육체제나 제도, 내용을 '모방'하는 수준에서 벗어나서 교육을 운영하는 사람들의 시선이나 지향하는 가치들이 무엇인지 '이해'하는 쪽으로 선회하자는 것이다.

덴마크의 행복은 교육에서 온다

이를테면 이 책에서 다뤘던 다섯 가지 삶의 가치가 덴마크 교육뿐만 아니라 사회 구석구석에까지 어떻게 영향을 끼치면서 실현되는지를 함께 공부해보는 것이다. 주(駐) 싱가포르 덴마크 대사를 역임한 외르겐 외스트룀 묄레(Jørgen Ørstrøm Møller)는 《비즈니스 타임스(Business Times)》에 기고한 '북유럽 국가들이 성공한 이유'라는 제목의 글에서 이렇게 말했다.

"그러면 북유럽 모델의 단점은 무엇인가? 아마도 사회적 낭비 비용(social waste)이 가장 큰 문제로 꼽힐 것이다. 그래서 어떤 사람들은 '인심 좋은' 사회복지제도를 비난하고 싶어 한다. 학생들 중에는 대학에 진학해서 등록금도 내지 않고 매달 일정액의 생활보조비도 받으면서 막상 공부는 게을리하는 사람들도 있다. 실업자 중에는 어떻게 하든 일하는 것을 피하려는 사람들도 있다. 덴마크에도 분명 제도를 악용하는 사람들이 있다. 하지만 모든 사람이 다 그런 것은 아니며, 또 설사 제도를 악용한다고 하더라도, 그런 사람들도 사회복지제도가 끌어안아야 할 사람들임은 분명하다."

무상급식으로 엄청난 홍역을 치른 한국의 교육을 생각해보자. 그리고 공부를 게을리하는 사람이 있을 것이라는 사실을 알면서도 대학등록금의 전액 국가 지원은 물론, 매달 생활보조비까지 지급하는 덴마크 교육을 비교해보자. 양국의 차이가 과연 제도의 다름에서만 기인하는 것일까?

제도를 악용하려는 사람이 있음을 잘 알면서도 모든 사람이 다 그런 것은 아니라는 '신뢰'나, 실업 상태에 있는 사람과 그 가족의 어려움에 대해 '공감'할 수 있는 능력이 없었다면 어떻게 됐을까? 제도를 악용하는 사람마저 끌어안을 수 있는 것이 사회복지라는 '연대' 의식이 사회 저변에 깔리지 않았거나, 사회적 낭비 비용과 진보적 사회복지제도라는 뚜렷하게 갈등하는 두 진영 사이에서의 '진솔'한 대화가 가능하지 않은 상태라면, 덴마크 사람들 특유의 아늑하고 자유로운 '휘게'한 삶도, 그리고 그러한 행복한 삶을 가능하게 한 덴마크 교육도 어떻게 가능할 수 있었겠는가!

그런데 덴마크라는 나라가 처음부터 이러지는 않았을 것이다. 어쩌다 보니 이렇게 됐다고 말하는 것은 넌센스다. 분명 이유가 있었을 텐데, 그렇다면 그 비결이 무엇일까? 이 책은 가장 중요한 비결이 바로 '교육'임을 분명히 하고 있다. 그러면서 덴마크 교육을 제대로 이해하려면 당신의 문화라는 색안경을 벗어던지고 덴마크 사람들의 시선, 관점에서 바라보라고 조언한다. 덴마크 문화 속에 녹아든, 덴마크 사람들의 삶 속에 스며든 가치관에 서야 덴마크 가정에서, 그리고 학교에서 일어나고 있는 다양한 교육활동과 내용을 제대로 볼 수 있다는 말이다.

아이와 어른이 동시에 달라지는 배움

미국에서 성장했고 덴마크 사람과 결혼해서 덴마크에서 가정을 꾸린 이 책의 저자 제시카 조엘 알렉산더는 덴마크와 미국이라는 문화적 경계를 넘나들며 재밌고 명확한 필치로 덴마크 아이들이 가정과 학교에서 배우는 다섯 가지 삶의 가치에 대해서 생동감 넘치게 설명해주었다. 하나같이 만만찮은 주제들이지만 저자가 덴마크 교육이라는 물속으로 직접 풍덩 뛰어들어 자녀도 길러보고 다양한 수업도 참관하는 노력을 했기 때문에 이처럼 쉽고 재미있게 이야기를 풀어갈 수 있지 않았을까 싶다.

그리고 이 책에서 직접 다루지 않았지만 번역하는 과정에서 이런 내용도 함께 알아두시면 덴마크 교육을 훨씬 더 입체적으로 이해하는 데 도움이 되겠다고 생각했던 이야기 두 가지를 덧붙이고자 한다.

첫 번째, '아이들을 어떻게 교육할 것인가'라는 문제와 '교육을 담당할 사람을 어떻게 양성할 것인가'라는 문제를 떨어뜨려서 생각해서는 안 된다는 사실이다. 이 책을 덮기 전에 덴마크 아이들의 교육에서 상수(常數)적 요소인 부모나 교사는 어떤 과정을 거쳐서 행복을 우선시하는 교육을 실현할 수 있는 힘을 얻게 되었는지를 진지하게 성찰해보는 시간을 가져보시길 권한다. 그러면 이 책이 비워둔 여백까지도 독자 스스로 입체적이고 풍요롭게 채

워낼 수 있을 것 같다.

덴마크 사람들이 교육을 통해서 세계에서 가장 행복한 사회를 만들었듯, 우리도 교육을 통해서 한국을 그런 사회로 바꿀 수 있을지 질문을 던졌으면 좋겠다. 함께 생각해보자, 세상은 어떻게 바뀌는지를.

역사적으로 수많은 사회정치적 변혁들 중에서 많은 경우가 그 수명을 오랫동안 지속하지 못했다. 그 현상을 보면 세상을 바꾸기 위해서는 필요조건으로서의 사회정치적 변화도 중요하지만 그 사회 구성원의 변화, 즉 충분조건으로서의 '사람의 달라짐'이 함께 일어나야 한다. 그리고 이때 '사람의 달라짐'은 한 사람이 또 다른 삶과 만나면서 이전의 삶을 돌이킬 수 없을 정도로 변화시켰을 때를 말한다. 즉 삶과 삶이 만나서 또 다른 설레는 삶을 촉발하는 것, 이것이 세상을 변화시키는 작동 원리라고 볼 수 있다. 이 책에서는 그 작동 원리로서의 가치를 말한다. 다시 말해 부모와 자녀, 교사와 학생이라는 두 삶의 만남을 매개하는 가치가 바로 신뢰이며 공감이고, 진솔한 대화이며 용기이자 연대감이라고 설명한다.

배움의 목적은 삶이다

그런데 만약 교사나 부모가 성장 과정에서 자기 나이에 어울리는 삶을 진지하게 살아볼 수 있는 기회조차 없었다면? 뿐만 아니라 부모가 자기 삶에 충실하지 않은 채, 오직 자녀의 입시에만 골머리를 앓고 있다면? 또 학교 교육도 아이들의 충만한 삶을 지원하지 못하면서 그저 유명 입시학원 흉내를 내는 데 급급한 수준을 벗어나지 못한다면? 그렇다면 학교를 떠난 이후에 아이들의 삶은, 그리고 그들이 만들어갈 미래 사회는 어떤 모습이 될까?

한국 교육이 삶을 변화시킬 수 있는 힘을 가지기 위해서는 교육제도의 혁신 이전에 최소한 교사와 부모가 먼저 자기 삶을 제대로 살 수 있도록 돕는 교육 프로그램이 필요하다. 즉 교사나 부모가 이 세상의 역동적인 관계망 속에서 대나무가 어떻게 '마디'를 만들면서 성장하는지를, 나침반이 어떻게 '진동'하면서 방향을 가리키는지를 직접 보여주는 육아와 교육 환경이 전제되어야 한다. 그래야만 덴마크식 '삶을 위한 교육'이 한국의 경쟁적 교육 풍토 속에서도 성공적으로 이식되어 비로소 그 싹을 틔울 수 있을 것이다.

그리고 이런 이유 때문에 앞으로 한국 교육이 나아가야 할 길을 덴마크 교육 경험에서 찾으려는 독자들에게 앞서 이 책의 여백까지도 생각해보자고 권한 것이다. 이 책이 들려주는 가정과 학교에서의 교육 실천 내용뿐만 아니라 그런 교육을 담당하는 부모와 교사는 어떤 과정을 거쳐서 부모다워지고 교사다워졌을까를 함께 상상한다면, 이 책이 담은 통찰이 결코 가볍지 않음을 깨달을 수 있다. 앞에서 관점을 제도의 '모방'에서 가치의 '이해'로 옮겨야 한다는 말을 했던 것도 바로 이런 뜻을 함께 담고 있다고 보시면 된다.

오래전에 성공회대학교에서 덴마크 교육에 관한 특강이 진행된 적이 있었다. 강연 후 질의응답 시간에 한 학부모가 덴마크처럼 한 명의 담임선생님이 9년간 계속해서 같은 학급을 맡게 되는 경우, 문제는 없는지 질문한 적이 있다(중간에 바뀌더라도 한 번 정도 바뀐다고 한다). 당시 강연자였던 덴마크 자유교원대학(자유학교의 교사를 양성하는 곳)의 역사학 교수 칼 에기디우스(Karl Aegidius)는 이렇게 말했다.

"한국 분들이 이런 질문을 자주 해서 한 명의 교사가 계속 같은 학급을 맡는 것이 문제가 될 수도 있다는 사실을 여기 와서 처음으로 생각해보게 되었습니다. 그런데 그런 의구심을 갖는 분들에게 한 가지 질문을 먼저 던져보시라고 답하고 싶습니다. 그것은 교사답지 못한 사람이 교사가 될 수 있는가 하는 질문입니다. 덴마크에서는 교사의 자격을 갖추지 못한 사람이 교사가 될 수 없습니다. 교사로서의 품격이 없는 사람도 교사가 될 수가 없습니다. 따라서 교사다운 교사가 책임지는 학급이라면 기간은 문제가 될 이유가 없지 않겠습니까! 그리고 오히려 장기간 함께함으로써 아이들을 깊게 알게 되고, 학교에서 아이들을 가정에서의 부모처럼 잘 돌볼 수 있는 장점이 있다고 봅니다."

그날 사회를 보면서 학교와 교사의 '이유'에 대해서 다시 한번 더 깊이 생각해볼 수 있는 시간을 가질 수 있었고, 우리 교육이 그동안 무엇을 소홀히 해왔는지를 깨달을 수 있었다.

참고로 덴마크 사람들은 학창 시절은 물론, 학교를 졸업하고 노동시장에 진입한 후에도 일하는 분야나 직위에 관계없이 항상 자신의 필요에 적합한 교육 기회가 보장된다. 덴마크 사람들은 평생학습 영역에서는 '세계 챔피언'이라고 평가받을 정도다.

알려진 바로는 국민총생산(GNP)의 4퍼센트를 평생학습에 쓴다고 한다. 어떤 단계에서 일하든 매년 덴마크 노동력의 50퍼센트 정도가 다양한 학습에 참여하고 있단다. 그러니 덴마크 사람들은 일상이 배움이라고 해도 과언이 아니다. 맞춤형 평생학습이 제공하는 다양한 교육 프로그램마다 덴마크 사람들 특유의 휘게한 삶을 위한 다양한 가치들이 담겨 있다. 그 때문에 결코 가볍지 않은 삶의 주제일지라도 부모든 교사든 그저 자기들이 배운 만큼, 살아가면서 실제로 경험한 만큼 자녀나 학생들과 진솔하게 대화할 수 있는 것이다.

그룬트비와 콜, 덴마크 교육의 기초를 닦다

두 번째, 덴마크 교육은 근본적으로 민주적이고 건강한 시민 양성을 목표로 한다. 이는 덴마크 자유교육의 정신적 두 기둥인 크리스텐 콜(Christen M. Kold)과 그룬트비의 교육사상에서 비롯한다고 볼 수 있는데, 이 사실을 함께 생각하면서 이 책을 읽었으면 좋겠다. 특히 그룬트비는 비단 교육 영역뿐 아니라 덴마크 전체 사회의 구석구석에 절대적인 영향을 끼쳤다.

덴마크 코펜하겐에서 태어났으나 해외에서 오랜 시간 살면서 세계 각지의 새와 북해의 석유 사업, 그리고 알래스카 여행에 관해 여러 권의 책들을 출간하고, 지금은 가족과 함께 덴마크로 돌아와 글쓰기와 사진작업에 전념하는 모르텐 스트랑예의 예를 들어보자. 다른 곳에서 오랫동안 생활하여 거의 '이국인(異國人)'이 된 모르텐 스트랑예는 모국 덴마크의 '속살'에 대한 느낌을 자신의 책《덴마크(Denmark)》에서 이렇게 서술하고 있다.

"…덴마크 사회는 갖가지 역설로 가득하다. 전반적인 획일성과 너무 남다르게 행동하는 것을 그대로 넘기지 않는 사회적 압력이 있다. 그런가 하면 권위에 도전해서 목청을 높이는 반항적인 태도도 있다. 사람마다 사물에 대한 자기 나름의 견해를 가지고 있어서 공통적으로 통하는 통념이 별로 없다. 누군가 나서서 흡연이 건강에 나쁘다고 주장했다면, 다음 날 다른 의사가 대중 앞에 나서서 담배가 그렇게 위험한 것은 아니며 오히려 긴장을 이완시키는 효과가 있다는 증거를 제시하고, 나아가 흡연자의 권리를 주장하는 사회운동단체를 구성할지도 모른다. 믿기 어렵지만 이런 일이 실제로 벌어지는 것을 내가 직접 목격했다."

다른 사회들처럼 서로 모순적이고 역설적인 생각과 행동들이 존재하는 덴마크에서 모르텐 스트랑예가 가장 강렬하게 경험한 덴마크의 '속살'은 역시 '인도주의 전통에 세워진 사회'다. 덴마크의 기본적 가치들에 기초한 복지제도와 정부의 법 집행에 대해 불만을 가진 사람들은 앞에서 인용한 《비즈니스 타임스》 기고 글에서도 언급된 바와 같이 덴마크에도 많다.

그러나 그런 사람들조차도 "덴마크에 문제가 있다면 다른 나라에서는 더 심할 것"이라는 확고한 신념을 가지고 있다는 사실이 그가 발견한 덴마크 사람들의 '자존심'이다. 그러면 무엇이 이런 '차이'를 만들어냈을까? 우리가 덴마크 교육을 깊이 들여다볼 이유가 바로 여기에 있다. 이런 덴마크 교육의 사상적 기초를 세운 사람이 그룬트비이고, 그런 교육사상을 실천한 사람이 콜이다. 그래서 그룬트비와 콜의 교육사상을 함께 공부해보시면 이 책을 읽으면서 저자가 감동해 마지않던 덴마크 교육이 하루아침에 '어쩌다' 생겨난 것이 아니라는 사실을 이해할 수 있다.

2. 민주시민교육은 무엇인가?

덴마크 교육은 본질적으로 민주시민교육의 성격을 띤다. 이 말이 어떤 의미인지 궁금할 것이다. 큰 틀에서 보면 비정부기구와 같은 덴마크 전역의 평민대학에서는 교사와 관계자들이 모여 시민교육에 반드시 담아내야 할 핵심 가치로 다음과 같은 내용을 합의했다.

그런데 이들의 합의에 주목하는 이유는 평민대학이 덴마크 시민교육 영역에서 중요한 위치를 차지하고 있기 때문이다. 그래서 이들의 합의가 덴마크 시민교육의 발전 방향에 중요한 영향을 준다. 합의된 원칙들 가운데 이 책에서 말하는 '덴마크 학교에서 가르치는 다섯 가지 삶의 가치'와 관련된 것, 세 가지만 소개하면 다음과 같다.

제1원칙: 인격의 존엄성과 평등의 원칙

이 원칙의 기본 철학은 교사와 학생, 학생과 학생 등, 사람이 사람을 만날 때는 동등한 존엄이 기초가 되어야 한다는 것이다. 교사가 학생을 만나고, 시민이 시민을 만날 때, 동등한 존엄성을 지닌 인격체로서 서로 존중하며 관계를 맺어야 한다. 역할로 보면 자녀와 부모, 학생과 교사는 분명히 다르지만, 인간으로서의 존엄성이 서로 다르게 대우받아서는 안 된다.

우리가 개방적이고 서로 대화를 나누는 교육을 만들어가기 위해서는 먼저 각자의 인격은 존엄하고 평등해야만 한다. 개방적이고 서로 대화를 나누며 변화하는 교육을 구성하기 위해서는 상호적인 교육, 즉 교육 방법과 내용 등 모든 부분에서 교사와 학생, 그리고 관련된 모든 사람의 상호작용이 가능해야 한다.

또한 상호작용을 해야 대화적 교육이 가능하고, 이런 대화적 교육이 다시 상호작용을 가능하게 한다. 개인이 서로 만날 때나 혹은 교육 과정에서 학생과 교사는 서로 다른 관점을 가질 수 있다. 이때 상호작용을 위해서는 다른 관점에 대해서 개방적인 자세를 가져야 한다. 인격의 존엄성에 대한 평등의식은 자기와 다른 의견을 수용할 수 있는 분위기와 자세를 가지는 데 영향을 준다.

제2원칙: 자유의 원칙

여기서 자유의 원칙은 시민들이 스스로 자기 삶을 주관하고 자유로운 인격으로 성장하게 돕는 것을 뜻한다. 바로 이것이 시민교육의 최종 목표인 것이다. 평민대학에선 자유를 일종의 '성숙함'으로 이해한다. '성숙함'은 '자기의 이유'와 함께 자존감도 포함하는 개념이다. 스스로를 존중할 수 있어야 자유로울 수 있기 때문이다. '성숙함'은 또한 자유와 책임성이 서로 연결되어 균형과 조화를 이루어야 한다는 뜻도 담고 있다. 자유는 책임성과 조화를 이룰 때 비로소 의미를 갖는다.

제3원칙: 공동체의식과 서로에 대한 동지의식, 연대와 협력의 원칙

우리가 기본적으로 같이 나누려고 하는 시민의식의 핵심 중 하나가 바로 공동체적인 정체성이다. 우리가 말하는 공동체적 정체성이란 개인주의적인 것에 대한 공동체의식을 의미한다. 말 그대로 자신의 삶을 살되, 그 삶 속에 다른 사람과 이웃에 대한 배려와 관심이 처음부터 자연스럽게 배어 있어야 한다. 그런 삶이 되도록 이끄는 것이 평민대학의 교육원칙이다.

평민대학은 자유와 책임과 자기가 속한 공동체에 대한 헌신이 조화를 이뤄야 문명화된 시민사회라는 생각으로 시민교육을 진행한다. 자유와 책임과 공동체의식이 조화롭게 녹아든 민주적인 사회를 건설하기 위해서는 전제가 필요하다. 바로 모든 사람에게 동등하게 기회를 보장하는 것이다.

덴마크 교육을 넓고 깊게 이해하기

최근에 덴마크 교육이 부쩍 우리의 관심을 끌고 있다. 그리고 그러한 추세에 발맞춰 덴마크 교육과 관련된 자료나 책자가 하나 둘 소개되고 있다. 하지만 아직까지는 접하는 자료나 책자 대부분이 덴마크 교육제도나 교육 과정에 대한 개괄적 소개 수준을 벗어나지 못하고 있다. '무엇'을 '어떻게' 하고 있는지를 이제 막 들여다보기 시작한 상황이라는 말이다.

정작 중요한 '왜'라는 시각에서 접근하는 전문 자료는 아직 접하지 못했고, 바로 이 점에서 이 책이 기존의 자료들과는 확연히 구별되는 교육학적 의미를 갖는다고 생각한다. '왜' 그런 교육과정을 도입하는지, '왜' 그런 수업을 하는지, '왜' 그런 교육 내용이 우리 아이들의 삶에 중요한지를, 교육철학적·가치론적 관점에서 접근한 책은 바로《행복을 배우는 덴마크 학교 이야기: 덴마크 학교에서 가르치는 다섯 가지 삶의 가치》뿐이기 때문이다. 그렇기 때문에 이 책이 덴마크 교육에 대한 이해의 폭을 의미 있는 수준으로 깊고 넓게 해줄 것이라고 기대된다.

그리고 이러한 교육철학적·가치론적 안내를 받으면서 부모로서 혹은 교사로서 이 책이 핵심적으로 다루는 행복한 삶을 위한 다섯 가지 가치들을 가르치기 위해 어떤 준비와 노력을 해야 하는지를 함께 성찰한다면, 그리고 덴마크 교육은 역사적으로는 콜과 그룬트비의 아름다운 교육사상과 실천에 맞닿아 있으며, 사회적으로는 건강하고 민주적인 시민 양성이라는 궁극적 목표를 향하고 있다는 사실을 염두에 두며 이 책의 여백을 채워나간다면, 분명 덴마크 교육에 대해서 훨씬 더 입체적인 관점을 세울 수 있을 것이다.

이 책이 나오기까지 함께 애쓰신 분들에게 깊은 감사의 마음을 표현하고 싶다.

우선 이 책의 번역 과정 전체를 함께해주신 전문 번역가 허윤정 선생님께 가장 먼저 깊은 감사의 마음을 전한다. 허윤정 선생님은 우리 동네 책 읽기 모임에서 만났고, 그 인연으로 무척 바쁜 일정에 쫓기면서도 설 연휴까지 모두 이 번역 작업에 쓰실 정도로 헌신적으로 도와주셨다. 이 책의 번역은 허윤정 선생님과의 공동 작업이었는데, 번역 도움만 받은 것이 아니라 번역은 어떻게 하는 것인지 제대로 배운 시간이기도 했다. 이 자리를 빌려 깊은 감사의 마음을 전한다.

다음으로 내 딸이면서 영혼의 동반자인 고재영에게도 고마운 마음을 전하고 싶다. 사실 재영이는 건강 문제로 인해 대학원 학업도 잠시 멈춘 상황이었다. 그런데도 번역 글 전체를 읽으면서 문장을 다듬어주었을 뿐만 아니라 특히 의학이나 심리학, 컴퓨터와 관련된 부분의 번역 내용을 확인하고 수정해주었다. 책 내용이 참 좋아서 도와줄 힘이 생겼다는 재영이 말을 위안 삼아 함께 작업을 마칠 수 있었다. 참 감사하다.

그리고 감사의 글을 쓰면서 떠오른 또 한 사람이 있는데, 옮긴이 후기에서 잠깐 언급한 자유교원대학 역사학 교수이셨던 칼 에기디우스 선생님께도 감사하다는 말을 전하고 싶다. 지난 20년 동안 칼 에기디우스 선생님과 함께 덴마크와 한국을 수시로 함께 돌아다니면서 보고, 듣고, 배울 수 있었다. 그래서 이 책의 번역을 제안받았을 때 해보자는 엄두를 쉽게 낼 수 있었던 것 같다. 그룬트비의 정신을 정통으로 이어받은 덴마크 사람으로 평가받고 계신 칼 에기디우스 선생님의 한국 사랑을 독자에게도 함께 전한다.

끝으로 생각정원 출판사의 박재호 대표님과 강혜진 팀장님께도 깊은 감사의 마음을 전한다. 부족한 사람을 믿고 좋은 책의 번역 작업을 맡겨준 것도 물론 고맙지만, 오로지 번역에만 전념할 수 있게 최선을 다해서 옮긴이를 지원하고 배려하는 마음씨가 더 감사했다. 부디 한국 독자들에게 이 책이 따뜻한 힘이 되었으면 좋겠다. 독자들이 책을 통해 서로 지지하고 응원하면서 한국의 아이들이 더 행복해질 수 있다면 가장 큰 기쁨일 것이다.

끝으로 이 책에선 전혀 언급되지 않았지만 꼭 알아두어야 할 덴마크 특유의 세 가지 교육기관을 간략하게 소개하는 것으로 덧붙이는 글을 마무리하고자 한다.

덴마크만의 특별한 교육체제

🌱 평민대학

민주시민교육을 위한 가장 최초의, 중요한 노력으로 평가받고 있는 덴마크 평민대학'은 덴마크 자유주의 성인교육(liberal adult education)의 전통에 기초한, 일반 청소년과 성인을 위한 교육기관이다. '자유주의 성인교육'은 공교육 영역에서는 사용되지 않는 교육 방법론까지도 포함하는 개념이다. 이는 19세기 철학자이자 시인이며, 교육가이자 성직자였던 그룬트비가 주도한 종교운동에서 뿌리를 찾을 수 있다.

자유주의 성인교육이 발전해온 기간 내내 덴마크 사회에서는 교육과 문화, 지식과 계몽 사이에 늘 긴장이 있었다. 초창기에는 교육에 대한 농민의 욕구를 만족시키는 데 초점을 맞추었지만, 당시 민중의 문화를 전파하고 계몽하는 일도 중요한 목표로 삼았다.

평민대학은 덴마크에서 하나의 교육기관, 하나의 학교에 불과하다. 하지만 덴마크인들의 일상에 많은 영향을 끼친다. 평민대학은 일반학교와는 달리, 교실 형태, 교과목, 수업 방식 등을 자유롭게 결정한다는 특징이 있다. 각각의 평민대학은 설립철학과 이념에 따라 다양하게 운영된다. 예를 들어 수업 연한도 서로 다르다. 이론과 실제를 연결시킨 과목, 전통적으로 가르치던 것과는 전혀 다른 과목, 범교과적 주제들, 혁신적인 교육 방법의 도입, 소규모 학습동아리, 강의, 워크숍, 학생 주도 수업 등 학교의 철학과 이념, 상황에 맞게 운영한다.

그런데 여기서 유의할 점은 평민대학 간의 차이가 결코 '구조적' 차원의 것이 아니라 내용적 차이일 뿐이라는 사실이다. 이상적으로 들릴지는 모르겠지만, 다른 사람, 다른 생명, 자연과 관계된 자신의 실존 문제가 모든 과목의 핵심적인 내용이어야 한다는 것은 평민학교가 가진 공통의 문제의식이다.

그렇기에 이러한 교육 내용에 대해서는 시험이 있을 수 없다. 시험뿐만 아니라 학교가 학생들에게 주는 제약도 없기 때문에, 평민대학은 학생의 의지와 자발적 참여, 그리고 학생들에게 의욕을 불어넣어줄 수 있는 교사의 능력에 의존할 수밖에 없다.

평민대학이 가장 중요하게 생각하는 것은 모두의 관심사인 '존재

(existence)'에 대해서 '계몽(enlightenment)'하는 것이다. '존재'에 대해서 '계몽'하는 것은 여러 의미를 담고 있다. 사회와 역사에 대한 계몽, 우리와 항상 함께하는 자연에 대한 계몽, 그리고 우리도 그 일부인 우주에 대한 계몽. '계몽'이라는 말은 이 모든 종류의 계몽을 다 포함하고 있으며, 평민대학은 앞으로도 이러한 위대한 '계몽' 작업을 계속해나갈 것이라고 관계자들은 말한다.

🌱 자유학교

덴마크에서는 만 6세에 초등학교에 입학한다. 이후 초중등학교 9년 과정이 의무교육 기간이다. 그런데 여기서 의무교육(compulsory education)이 의무취학(compulsory schooling)을 의미하는 것이 아니라는 사실이 중요하다.

9년간 '의무적'으로 교육을 받아야 한다. 하지만 그곳이 '정부가 정한 교육과정을 따르는 공교육기관, 즉 공립학교'일 필요는 없다는 뜻이다. 예를 들어, 덴마크에는 교사자격증이 없는 교사를 채용할 수 있고 교과 운영에서도 자율권이 있는 '자유학교(Free School)'가 꽤 많다. 그렇기 때문에 학교를 선택할 수도 있고, 아니면 학부모가 직접 학교를 만들 수도 있다.

실제로 덴마크의 의무교육 대상 학생들 중 공립학교에 다니는 학생들의 비율이 90퍼센트에 못 미치며 10퍼센트를 넘는 아이들이 자유학교에 다니고 있다. 대부분의 자유학교는 학생 수가 100명 안팎이다. 학생 수가 25명 정도만 넘으면 정부보조금을 받기 때문에 운영상의 어려움이 크지 않다. 뿐만 아니라 학생 수가 적어서 훨씬 더 가족적 분위기에서 공부할 수 있다는 장점이 있다.

반면 덴마크의 모든 공립학교가 무상교육이지만 자유학교에는 학비가 있다. 하지만 자유학교 운영비의 75~80퍼센트를 국가가 지원하고 있기 때문에 나머지만 학비로 충당하면 된다. 등록금뿐만 아니라 지역사회의 기부금도 있기 때문에 실제로 학부모들이 부담하는 학비는 전체 수업료의 약 15~20퍼센트 정도라고 한다. 그리고 가정 형편이 어려운 학생을 위한 장학금제도도 잘 준비되어 있어서, 학비에 대한 걱정은 거의 없는 편이다. 특히 북유럽의 생활비 물가가 매우 높다는 사실을 고려하면 덴마크 학부모들에게 그리 큰 부담 액수는 아닌 듯싶다.

역사적으로 보면 평민대학 출신들이 자기 마을의 발전에 대한 의욕과 열정을 키워서 각자의 마을에 돌아가 학습동아리도 만들고, 마을 사람들을 위해서 정치적 혹은 문화적인 주제에 대해서 강연도 했다. 특히 마을 어린이를 위한 교육기관도 세워나가는데, 이렇게 생겨난 것이 바로 자유학교다. 그리고 앞에서 언급한 성공회대에서 강의한 칼 에기디우스 교수가 속해 있던 자유교원대학은 바로 이 자유학교 교사를 양성하는 전문 교육기관이다.

❧ 애프터스쿨

덴마크 교육체제의 또 다른 특징으로, 한국의 초중등 과정에 해당하는 9년제 공립학교나 자유학교를 마치고 나면 '애프터스쿨'(after school)이라고 하는 10학년의 과정이 있다. '애프터스쿨'은 덴마크어 '에프터스콜러(efterskole)'를 영어로 번역한 말이다.

한국에는 없는 체제라 번역하기가 어려운 '에프터스콜러'는 덴마크의 초중등학교에 해당하는 과정을 졸업하거나 졸업하기 직전인 8~10학년 과정의 학생들(14~18세 청소년들)이 선택해서 갈 수 있는 기숙형 평생교육기관(continuation school)으로, 1년 과정이 대부분이지만 경우에 따라선 2년도 가능하다고 한다. 한국으로 치자면 중학교 2학년에서 고등학교 1학년 사이의 청소년들이 선택할 수 있는 특성화된 교육기관이다. 최근 한국에서 중학교 1학년 시기에 도입하기 시작한 '자유학년제'나 '전환학년제'가 바로 이 에프터스콜러를 모델로 한 것으로 보면 될 것 같다.

최근 덴마크에는 음악이나 미술과 같은 다양한 문화예술 영역이나 디자인, 그리고 운동과 같은 아웃도어 활동 등에 초점을 맞춘 다양한 유형의 에프터스콜러가 운영되고 있다. 정규 교육과정에서 잠시 벗어나 1~2년의 시간 동안 자신의 삶을 성찰하고 향후 진로에 대해서도 설계할 수 있게 돕기 때문에 학생들이나 학부모 모두로부터 환영받고 있다고 한다.

덴마크 평민대학*

덴마크의 'Folk High School'을 번역하는 것이 생각만큼 쉽지 않다. 어떤 이는 '국민고등학교'라고 하기도 하고, 또 어떤 이는 '민중대학', '시민대학' 혹은 '민족고등학교'라고 하기도 한다. 그런데 나는 'Folk High School'을 '평민대학'이라고 번역하는 것이 좋다고 본다.

그 이유는 1958년 충남 홍성에 세워진 풀무농업고등기술학교의 설립자 이찬갑은 그룬트비가 덴마크를 일으켜 세우는 한 수단으로서의 'Folk High School'에 주목하고, 그것의 '순 조선식' 적용으로서 '위대한 평민'을 기르는 풀무학교를 세웠기 때문이다. 즉 이찬갑은 'Folk'를 '평민'으로 본 것인데, 이것은 매우 정확한 해석이라고 본다.

그룬트비의 'Folk'는 '민중'이나 '시민', '민족' 그 어느 하나에 배타적으로 초점을 맞춘 것이 아닌 이 세 가지를 모두 포함하는 개념이며, 따라서 '평민'은 시대에 따라 그 구성원이 달라진다. 예를 들면 농촌사회의 평민은 농민이지만, 산업화시대에는 도시의 임금노동자가 평민의 주류를 이루기 때문에, 'Folk High School'의 주 구성원이 1930년대를 기준으로 농민에서 도시 노동자로 바뀌는 것이다.

풀무학교의 교훈은 '위대한 평민'(이것이 최근에 '더불어 사는 평민'으로 바뀌었다)인데, 이것은 그룬트비의 'Folk High School'의 정신을 매우 정확하게 반영한 것이라고 볼 수 있다. 그리고 여기서 'High School'은 고등학교가 아니라, (전문적) 대학을 의미하는 것이기 때문에, 결론적으로 'Folk High School'은 '평민대학'으로 번역하는 것이 적절하다고 본다.

행복을 배우는 덴마크 학교 이야기

초판 1쇄 발행 2019년 4월 22일
초판 9쇄 발행 2024년 12월 13일

지은이 | 제시카 조엘 알렉산더
옮긴이 | 고병헌

발행인 | 박재호
주간 | 김선경
편집팀 | 강혜진, 허지희
마케팅팀 | 김용범
총무팀 | 김명숙

디자인 | 김윤남
표지일러스트 | 최윤라
교정 | 윤정숙
종이 | 세종페이퍼
인쇄 · 제본 | 한영문화사

발행처 | 생각정원 Thinking Garden
출판신고 | 제25100-2011-320호
주소 | 서울시 마포구 양화로 156(동교동) LG팰리스 814호
전화 | 02-334-7932 **팩스** | 02-334-7933
전자우편 | 3347932@gmail.com

ISBN 979-11-88388-80-6 (03370)

이 도서의 국립중앙도서관 출판예정도서목록(CIP)은 서지정보유통지원시스템 홈페이지
(http://seoji.nl.go.kr)와 국가자료공동목록시스템(http://www.nl.go.kr/kolisnet)에서
이용하실 수 있습니다.(CIP제어번호: CIP2019014508)